내일은

KB066117

정미나 지음

SQL

with MySQL™

기초 입문편 ||||||||||||||||||||||||||||||||||||

비전공자&입문자를 위한 **SQL**의 **모든 것!**

SQL

SQL 코딩테스트 문항 수록

입문자의 실수 패턴을 분석한 **에러 완벽 정리**

파이썬을 이용한 다이어리 구축

SQL 전문가 유튜버 정미나의 쉬운 용어로 배우는 SQL 노하우 공개

김앤북
KIM&BOOK

내일은

정미나 지음

SQL with MySQL

기초 입문편 |||||||||||||||||||||||||||||

김앤북
KIM&BOOK

초판1쇄 인쇄 2024년 4월 8일
초판1쇄 발행 2024년 4월 15일
지은이 정미나
기획 김응태, 손혜인, 정다운
디자인 서제호, 서진희, 조아현
판매영업 조재훈, 김승규, 문지영

발행처 ㈜아이비김영
펴낸이 김석철
등록번호 제22-3190호
주소 (06728) 서울 서초구 서운로 32, 우진빌딩 5층
전화 (대표전화) 1661-7022
팩스 02)3456-8073

ISBN 978-89-6512-925-7 13000
정가 24,000원

잘못된 책은 바꿔드립니다.

더 멋진 내일(Tomorrow)을 위한 내일(My Career)

내일은 SQL

<내일은 시리즈>란?

'내일(Tomorrow)의 내일(My Career)을 위해'라는 중의적인 의미를 담은, 김앤북 출판사의 '취업 실무&자격증 시리즈' 도서입니다.

<내일은 SQL> 이렇게 만들었습니다.

1. 휴대 편의성 증진

무겁고 두꺼운 도서, 들고 다니기 힘들고 불편하시죠? 〈내일은 SQL〉은 1권, 2권으로 분권하여 가볍게 들고 다닐 수 있도록 하였습니다.

2. 한 권으로 입문부터 실전까지 완성

입문용 도서와 실무용 도서를 따로 찾아 다니며 구매하시지는 않으셨나요? 이제 〈내일은 SQL〉의 기초 입문편과 응용 실전편으로 입문부터 실전까지 마스터 하세요!

3. 코딩은 몸으로 익혀야 진짜 공부

눈으로만 읽고서 공부를 다했다고 착각하고 있지는 않으신가요? 코딩은 수학과 같아서 직접 손으로 입력하며 연습해야 진짜 학습 효과가 있습니다. 직접 연습해 볼 수 있는 여러 구성을 체험해 보세요.

4. 코딩 중 발생할 수 있는 각종 에러 해결법 제시

분명히 배운대로 코딩을 진행 중인데 자꾸 에러가 발생할 때마다 스트레스 받으시죠? 에러가 왜 발생하며, 에러를 어떻게 해결해야 하는지 그 방법을 정리해드렸습니다.

5. 실무 마스터를 위한 SQL과 파이썬을 연동하여 다이어리 만들기

분명 책을 읽고 다 이해했다고 생각했는데, 막상 실무에서 적용해 보려고 하니 무엇부터 시작해야 하고 어떻게 마무리해야 하는지 혼란스러우시다고요? 이를 위해 프로젝트를 처음부터 끝까지 진행해 보는 구성을 제시하였습니다.

혜택 안내

1. SQL 스크립트, 챕터 요약 정리 다운로드(PC)

김앤북(www.kimnbook.co.kr) 사이트 접속

〉 상단 카테고리 중 '자료실'의 자료 다운로드 클릭

〉 도서명 '내일은 SQL' 클릭

〉 첨부파일 다운로드

2. 무료강의(PC/모바일)

유튜브에서 '김앤북' 또는 'SQL전문가 정미나' 검색

SQL이란?

핫한 언어 SQL!

데이터가 지니는 가치가 점점 올라가고 기업이나 개인에게 중요한 자산으로 여겨지면서 데이터를 다루는 언어인 SQL 또한 인기를 더해가고 있는 추세입니다.

예전에는 SQL이 IT인들의 전유물이었다면, 요즘은 마케터나 기획자, 분석가들에게도 많이 애용되고 있습니다. 그런 이유로 SQL은 비전공자들에게도 핫한 언어가 되었습니다.

모든 프로그래밍 언어가 그러하듯 SQL도 글로만 읽는 것보다 직접 코드를 작성해보고 실행하여 데이터를 출력해 보는 것이 훨씬 효율적인 학습 방법입니다. 복잡한 설치 과정을 거치지 않고도 간단하게 인터넷에서 SQL을 테스트 해볼 수 있는 무료 사이트들이 있으니 적극 이용해 보는 것을 추천합니다.

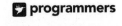

[무료 사이트]
- W3Schools
  www.w3schools.com

- SQL Teaching
  www.sqlteaching.com

- Programmers Schools
  shools.programmers.co.kr

- SQL Fiddle
  sqlfiddle.com

더 멋진 내일(Tomorrow)을 위한 내일(My Career)
내 일 은 S Q L

"왜?"

대학 시절 컴퓨터를 전공한 저는 늘 이 질문을 마음에 품고 살았습니다. 프로그래밍과 데이터베이스를 배우면서도 실질적으로 이걸 어떻게 써먹을 수 있는지에 대한 혜안이 부족했고 지금 배우는 지식이 실제 시스템에서 어떻게 응용되는지를 설명해 줄 수 있는 사람이 없었던 탓에 당시 이걸 왜 배워야 하는지를 정확하게 알지 못한 채로 그저 이론 지식만을 습득했던 것 같습니다.

학교에서 공부하든지 회사에서 업무하든지 내가 하는 행위에 대한 목적의식을 갖는 것은 매우 중요합니다. 목적의식은 우리가 행하는 모든 활동에 방향성과 의미를 부여합니다. 데이터 분석가나 백엔드 개발자를 꿈꾸는 모든 분이 이 책을 통해 자신의 미래에 대한 그림을 그려볼 수 있으면 좋겠습니다.

SQL 언어가 여러분의 인생에 조금이나마 좋은 영향을 주길 바라며 무한한 가능성을 지닌 여러분이 모두 잘 되길 응원하겠습니다.

저자 정미나

도서 구성

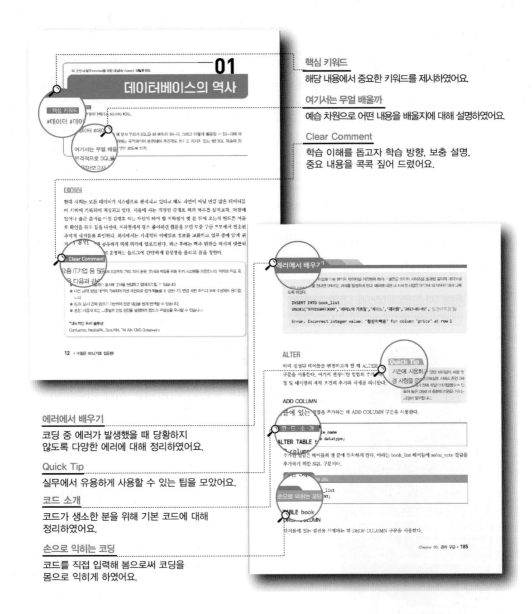

핵심 키워드
해당 내용에서 중요한 키워드를 제시하였어요.

여기서는 무얼 배울까
예습 차원으로 어떤 내용을 배울지에 대해 설명하였어요.

Clear Comment
학습 이해를 돕고자 학습 방향, 보충 설명,
중요 내용을 콕콕 짚어 드렸어요.

에러에서 배우기
코딩 중 에러가 발생했을 때 당황하지
않도록 다양한 에러에 대해 정리하였어요.

Quick Tip
실무에서 유용하게 사용할 수 있는 팁을 모았어요.

코드 소개
코드가 생소한 분을 위해 기본 코드에 대해
정리하였어요.

손으로 익히는 코딩
코드를 직접 입력해 봄으로써 코딩을
몸으로 익히게 하였어요.

코딩테스트 예제

코딩테스트 예제
이론 설명을 제대로 이해했는지 점검할 수 있도록
다양한 코딩테스트 예제를 수록하였어요.

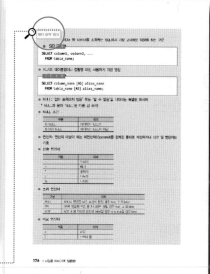

챕터 요약 정리
챕터에서 학습한 내용을 장기 기억할 수
있도록 복습하게 하였어요.

실제 예제를 통해 좀 더 자세히 알아보도록 하자.

```
USE mydb;

CREATE TABLE tokyo_olympic (
    item      VARCHAR(10),
    team      VARCHAR(3),
    player    VARCHAR(20),
    medal_type  VARCHAR(10),
    medal_cnt   INT
);

INSERT INTO tokyo_olympic VALUES('양궁','KOR','San Ao','금',3);
INSERT INTO tokyo_olympic VALUES('양궁','KOR','Je Deok Kim','금',2);
INSERT INTO tokyo_olympic VALUES('양궁','KOR','Woojin Kim','금',1);
INSERT INTO tokyo_olympic VALUES('양궁','KOR','Jin Hyek Oh','금',1);
INSERT INTO tokyo_olympic VALUES('양궁','TUR','Kete Gazoz','금',1);
INSERT INTO tokyo_olympic VALUES('양궁','ROC','Elena Osipova','은',2);
INSERT INTO tokyo_olympic VALUES('양궁','ROC','Ksenia Perova','은',1);
INSERT INTO tokyo_olympic VALUES('양궁','ROC','Svetlana Gomboeva','은',1);
INSERT INTO tokyo_olympic VALUES('양궁','TPE','Chih-Chun Tang','은',1);
INSERT INTO tokyo_olympic VALUES('양궁','MEX','Gabriela Bayardo','은',1);
INSERT INTO tokyo_olympic VALUES('양궁','JPN','Takaharu Furukawa','동',1);
INSERT INTO tokyo_olympic VALUES('양궁','MEX','Luis Alvarez','동',1);
INSERT INTO tokyo_olympic VALUES('양궁','GER','Lisa Unruh','동',1);
INSERT INTO tokyo_olympic VALUES('양궁','JPN','Yuki Kawata','동',1);
INSERT INTO tokyo_olympic VALUES('양궁','ITA','Lucilla Bouri','동',1);
```

[SQL 스크립트]

SQL 스크립트
[SQL 스크립트]를 다운로드할 수 있어요.
QR코드를 확인해 보세요.

데이터를 조회하여 보자.

```
SELECT * FROM tokyo_olympic;
```

CONTENTS

더 멋진 내일(Tomorrow)을 위한 내일(My Career)
내 일 은 S Q L

제2권 | 응용 실전편

더 멋진 내일(Tomorrow)을 위한 내일(My Career)

데이터와 데이터베이스

01

데이터베이스의 역사

✓ 핵심 키워드

#데이터 #데이터베이스 #DBMS #SQL

여기서는 무얼 배울까

본격적으로 SQL을 학습하기에 앞서 우리가 SQL을 왜 배워야 하는지, 그리고 어떻게 활용할 수 있는지에 대해 알아보고자 한다. 모든 행위에는 목적의식이 분명해야 추진력도 생기고 지치지 않는 법! SQL 학습의 동기부여가 되는 정보들을 가득 얻어 보도록 하자.

데이터

현대 사회는 모든 데이터가 시스템으로 관리되고 있다고 해도 과언이 아닐 만큼 많은 데이터들이 서버에 기록되어 저장되고 있다. 서울에 사는 직장인 김대호 씨의 하루를 살펴보자. 아침에 일어나 출근 준비를 마친 김대호 씨는 자신이 타야 할 지하철이 몇 분 뒤에 오는지 핸드폰 어플로 확인을 하고 집을 나선다. 지하철에서 평소 좋아하던 웹툰을 보던 도중 구글 포토에서 전송된 추억의 사진들을 확인한다. 회사에서는 거래처와 이메일로 정보를 교환하고 업무 중에 알게 된 지식들은 동료들과 공유하기 위해 위키에 업로드한다. 퇴근 후에는 맥주 한잔을 마시며 넷플릭스를 시청한 뒤 자신이 운영하는 블로그에 간단하게 감상평을 올리고 잠을 청한다.

> **Clear Comment**
>
> 요즘 IT기업 등 많은 곳에서 프로젝트 관리, 지식 공유, 문서화 작업을 위해 위키 시스템을 이용합니다. 위키의 주요 특징은 다음과 같습니다.
> - 협업: 여러 사용자가 동시에 문서를 편집하고 업데이트할 수 있습니다.
> - 버전 관리: 편집 내역이 기록되어 이전 버전으로 쉽게 되돌릴 수 있습니다. 변경 사항 추적과 오류 수정에도 용이합니다.
> - 링크: 문서 간의 링크가 가능하여 관련 내용을 쉽게 탐색할 수 있습니다.
> - 권한: 사용자 또는 그룹별로 편집 권한을 설정하여 정보의 무결성을 유지할 수 있습니다.
>
> *대표적인 위키 솔루션
> Confluence, MediaWiki, DokuWiki, Tiki Wiki CMS Groupware

서울교통공사에서는 지하철과 관련된 데이터를 승객들이 편리하게 이용할 수 있도록 공공데이터로 제공하고 있다. 그리고 여러 포탈 사이트에서는 만화책을 웹으로 볼 수 있도록 지속적으로 웹툰을 업로드하며, 구글 클라우드나 위키 사이트에서는 사용자가 직접 데이터를 등록하고 관리할 수 있는 서비스를 제공하기도 한다. OTT 서비스에서는 언제든 볼 수 있는 영상들이 제공되고 심지어 지극히 개인적인 글들도 이제는 블로그에 저장하고 있으니 우리 생활 전반의 데이터들이 시스템화되었다고 볼 수 있겠다.

이렇게 데이터는 어디에나 존재하고 있지만 모든 데이터가 정보로서의 가치를 갖는 것은 아니다. 여러 데이터가 모여 의미 있는 결과를 도출할 때 데이터는 정보가 되고 그렇지 않은 데이터는 그냥 자료로 남게 된다.

데이터는 가공되지 않은 날것의 형태, 어떤 값을 가지고 있는 자료 그 자체이다. 데이터를 분석하고 가공하여 정보를 생성하고, 정보로부터 지식을 쌓으며, 그 지식으로는 지혜를 얻을 수 있다.

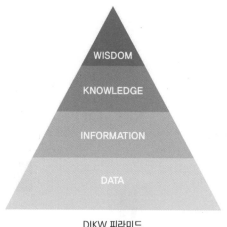

DIKW 피라미드

데이터베이스

데이터베이스의 개념은 컴퓨터가 탄생하기 이전부터 존재했지만 그 시절의 데이터는 종이로 된 문서로 관리 및 보관되었다. 따라서 문서를 보관할 물리적인 공간이 필요했으며, 데이터의 탐색과 백업 또한 매우 어려웠다. 간단한 예로 병원에서 환자가 진료받는 상황을 생각해 보자. 지금은 의사나 간호사들이 환자의 질병 및 증상을 의료시스템에 입력하여 병원 데이터베이스에 저장하고 있지만 과거에는 모두 진료 기록지에 펜으로 기록하여 문서로 보관하였다.

현재 가장 많이 사용되고 있는 관계형 데이터베이스 모델은 1970년대에 영국의 컴퓨터 과학자인 에드거 프랭크 "테드" 커드(Edgar Frank "Ted" Codd)에 의해 탄생하게 되었는데, 이후 IBM에 의해 이 모델을 사용하기 위한 SEQUEL(지금의 SQL)이 개발되었다.

관계형 데이터베이스는 관계형 모델을 기반으로 하는 데이터베이스로 흔히 RDB(Relational Database)라고도 불린다. 다음에 나오게 될 데이터 모델링 파트에서 자세하게 다루겠지만 관계형 데이터베이스 모델은 각 엔터티들이 서로 관계를 맺고 있는 모델이며, 하나의 엔터티는 2차원의 표 형태로 구성된다.

식별자(Identifier)	속성(Attribute)	
PRODUCT_CODE	PRODUCT_NAME	MANUFACTURER
100001	신라면	농심
100002	불닭볶음면	삼양
100003	짜파게티	농심
100004	진라면	오뚜기
100005	비빔면	팔도
100006	참깨라면	오뚜기

튜플(Tuple) / 인스턴스(Instance)

2000년대에 와서 non-SQL 또는 non-relational이라고 일컬어지는 NoSQL 데이터베이스가 등장하게 되었다. NoSQL 데이터베이스는 관계형 데이터베이스에 비해 정돈되지 않은 방식으로 데이터를 저장하여 일관성이 느슨해지지만 그런 이유로 데이터에 행해지는 일부 작업이 더 빨라진다는 특징이 있다. 관계형 데이터베이스와 NoSQL 데이터베이스는 각각의 절대적인 좋고 나쁨을 따지기보다 어플리케이션의 목적에 맞게 적합한 것을 채택하는 것이 바람직할 것이다.

DBMS

DBMS(DataBase Management System)는 데이터베이스를 관리하고 컨트롤하기 위한 소프트웨어이다. 일반적으로 프로젝트 초기인 어플리케이션 설계 단계에서 빠질 수 없는 것 중 하나가 DBMS를 선택하는 일이다. 예를 들어, 데이터의 정합성과 일관성이 매우 중요한 시스템인 경우 관계형 DBMS(RDBMS)인 Oracle, MySQL, SQL Server, PostgreSQL, MariaDB 등을 선택할 수 있다. 반면에 대용량의 데이터를 빠르게 처리하는 것이 우선인 시스템의 경우 NoSQL DBMS인 MongoDB, Cassandra, DynamoDB, HBase 등을 선택할 수 있다.

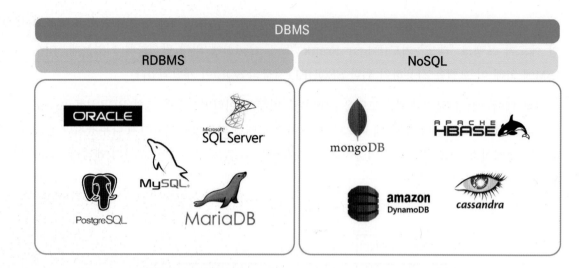

SQL(Structured Query Language)은 RDBMS에서 사용되는 표준 언어이다. RDBMS의 종류가 다양한 만큼 각각의 특징들이 존재하지만 거기서 사용되는 언어인 SQL의 문법은 크게 다르지 않다. 물론 디테일한 부분이나 함수와 같은 영역은 차이가 있을 수 있지만 똑같은 영어라도 미국식, 영국식, 인도식이 조금씩 차이가 있는 것과 비슷한 정도라고 생각하면 이해가 쉽겠다.

이 책에서 다루게 될 MySQL은 1995년 스웨덴의 AB사에서 제작되었는데, 여기서 'My'는 공동 창립자인 몬티 와이드니어스(Monty Widenius)의 딸 이름에서 따왔다. 이후 AB사의 자산이었던 MySQL은 2000년에 오픈 소스로 전환되었고 지금껏 대표적인 오픈 소스 RDBMS로 자리매김하였다. 2008년 썬 마이크로시스템즈가 AB사를 인수한 이후 2010년 썬 마이크로시스템즈가 오라클에 인수 합병되면서 현재는 오라클의 소유이다.

02

데이터 모델링

✓ 핵심 키워드

#모델링 #엔터티 #정규화

여기서는 무얼 배울까

SQL을 작성하기 위해서는 데이터가 어떤 구조로 저장되어 있는지 파악하는 일이 선행되어야 한다. 데이터의 구조를 도식화한 것이 데이터 모델이며, 데이터 모델을 파악하면 내가 원하는 데이터가 어떤 테이블에 저장되어 있는지 알 수 있고, 그것을 토대로 SQL도 작성할 수 있다. 이제부터 SQL 작성의 길잡이가 되는 데이터 모델링에 대해 알아보도록 하자.

데이터 모델

데이터 모델(Data Model)은 데이터의 흐름을 추상화하여 모형으로 그려낸 것이다. 어느 의류 회사에서 새로운 브랜드를 런칭하여 브랜드 몰 사이트(예 자라, H&M, 무신사 등)을 새롭게 구축하기로 했다고 가정해 보자. 우선 브랜드 몰 구축을 위한 TF팀*이 꾸려지고 프로젝트가 착수될 것이다. 그리고 맨 처음 시스템 아키텍처** 설계 단계에서 데이터 모델링이 진행될 것이다.

그렇다면 브랜드 몰에 적합한 데이터 모델은 어떤 형태일지 한번 생각해 보자. 우선 큰 범주로 나누어 본다면 고객, 주문, 상품 정도로 분류될 수 있을 것이다. 아래는 한 고객은 여러 번 주문이 가능하고 한 번의 주문으로 여러 상품을 주문할 수 있으며, 하나의 상품은 여러 번 주문될 수 있도록 설계된 모델이다.

기초 용어 정리

* **TF팀**: Task Force. 특정한 목적을 위해 임시로 편성된 조직. 목적 달성 후에 해체되기도 하지만 정규팀으로 조직 개편되기도 함
** **시스템 아키텍처**: System Architecture. 전체 시스템에 대한 구조 및 기능 정의

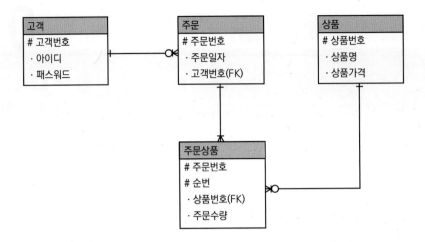

이제 큰 그림은 그려졌으니 점차 상세한 사항들을 덧붙여 가며 가지치기를 해보자. 아래는 한 고객이 여러 개의 배송지를 저장해 놓을 수 있고 하나의 카테고리에는 여러 상품들이 매핑될 수 있으며 한 건의 주문에 대해 복수 배송이 가능하도록 설계된 모델이다.

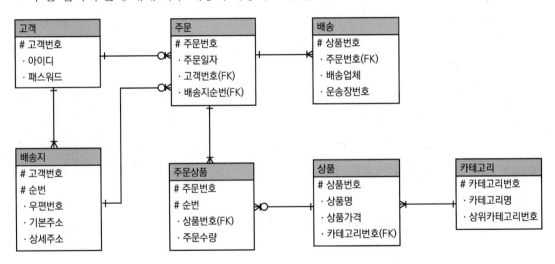

위와 같은 그림을 ERD(Entity Relationship Diagram)라고 한다. ERD는 데이터의 흐름을 나타냄으로써 시스템의 전반적인 프로세스를 담고 있는 설계도이다. 초반에 잘 설계된 데이터 모델은 프로젝트가 원활하게 진행되는 데

Quick Tip

ERD 표기 방식에는 여러 가지가 있지만 IE/Crow's Foot(까마귀발 표기법) 방식을 가장 많이 사용합니다.

에 큰 역할을 하지만, 반대의 경우 데이터 모델의 잦은 변경이 발생하게 되면서 전체 팀원들에게 고난과 시련을 안겨 줄 수 있다. 그렇기 때문에 데이터 모델링은 매우 중요한 작업이며 또한 신중하게 행해져야 한다.

엔터티

엔터티(Entity)는 유사한 데이터들끼리의 집합이다. 논리 모델인 엔터티를 물리 모델로 나타내면 테이블이 된다. 쉽게 말해 엔터티는 우리가 사용하게 될 테이블의 개념을 정의해 놓은 것이라고 생각하면 된다.

논리 데이터 모델	물리 데이터 모델
엔터티	테이블
속성	컬럼
튜플, 인스턴스	로우
주 식별자	Primary Key(PK)
외부 식별자	Foreign Key(FK)

데이터베이스를 커다란 집이라고 비유한다면 테이블은 그 안에 존재하는 방이라고 할 수 있다. 우리가 쓰는 방이 용도 별로 침실, 서재, 드레스 룸 등으로 사용되는 것처럼 테이블도 각각의 용도에 맞는 데이터를 저장하고 있다(예 학생 테이블, 강의 테이블, 수강신청 테이블 등).

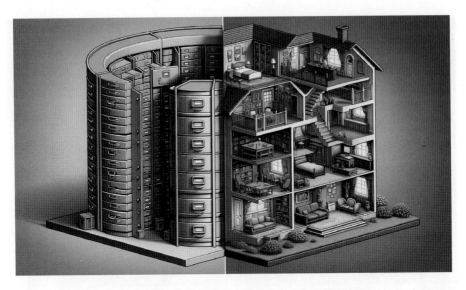

아래는 어느 백화점의 고객 테이블에 대한 예시이다. 이 테이블은 고객에 대한 기본적인 개인정보를 저장하고 있다.

id	name	email	mobile	address	join_date
1	박재범	pjb@example.com	01012345678	서울시 강남구	2024-01-01
2	정용진	jyj@example.com	01023456789	부산시 해운대구	2024-01-02
3	공현주	ghj@example.com	01034567890	경기도 수원시	2024-01-03

고객 테이블에서

address
서울시 강남구
부산시 해운대구
경기도 수원시

이것은 하나의 컬럼, 즉 속성을 나타내고

1	박재범	pjb@example.com	01012345678	서울시 강남구	2024-01-01

이것은 하나의 로우, 즉 인스턴스를 나타낸다.

데이터가 모여 하나의 엔터티를 형성하기 위해서는 필요한 항목들이 있는데 내용은 다음과 같다.

① 업무에 필요해야 한다.

② 구별을 가능케 하는 식별자(PK)가 있어야 한다.

③ 두 개 이상의 인스턴스(로우)를 가지고 있어야 한다.

④ 두 개 이상의 속성(컬럼)을 가지고 있어야 한다.

⑤ 다른 엔터티와 한 개 이상의 관계를 가지고 있어야 한다.

Quick Tip

속성에 저장되는 데이터를 속성값이라고 합니다.

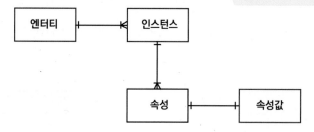

🔍 **더 알아보기**

식별자(Identifier)

식별자는 특정 데이터를 식별 가능케 하는 고유한 값을 의미하며 대표적인 식별자로 기본키와 외래키가 있다.

1. **기본키(Primary Key, PK)**
   하나의 테이블 내에서 각 행을 고유하게 만드는 값으로, 하나의 컬럼이 될 수도 있고 여러 개 컬럼의 조합이 될 수도 있다. 기본키로 설정된 데이터는 중복될 수 없고 반드시 데이터가 존재해야 한다.
   예 고객ID, 사번, 학번, 군번

2. **외래키(Foreign Key, FK)**
   다른 테이블의 행을 참조하는 컬럼을 의미하며 참조 테이블과 관계를 맺기 위해 설정된다.
   예 수강 테이블의 [수강생학번] 컬럼이 학생 테이블의 기본키인 [학번] 컬럼을 참조

엔터티의 이름을 정할 때는 업무에서 실제로 사용되는 용어를 사용해야 하며, 해당 엔터티가 담고 있는 데이터가 무엇인지 명확하게 표현되어야 한다. 그리고 복수가 아닌 단수 명사로 표현되어야 하며 띄어쓰기는 하지 않는다.

● 엔터티 명명의 올바른 예
  – 회원, 강사, 환자, 출판사, 주문

● 엔터티 명명의 올바르지 않은 예
  – 고객상품(의미가 명확하지 않음), 상품가격이력들(단수 명사가 아님), 회원의 등급(띄어쓰기)

속성

속성(Attribute)은 엔터티에 대해 자세하게 설명해 주는 요소이다. 예를 들어, '회원'이라는 엔터티에는 '아이디', '패스워드', '이름', '핸드폰번호' 등의 속성이 존재할 수 있고 '상품'이라는 엔터티에는 '상품명', '상품가격', '배송비' 등의 속성이 존재할 수 있다. 속성은 더 이상 나눌 수 없는 독립된 저장 단위로 한 개의 속성값만 가질 수 있다. 예를 들어, 상품 엔터티의 상품가격

속성이 한 개 이상의 속성값을 가지게 되는 경우(상품가격이 시시때때로 변하는 경우) 상품가격이라는 별도의 엔터티를 생성하여 정규화하는 것이 바람직하다.

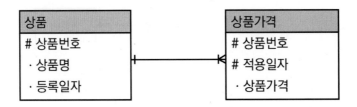

관계

관계(Relationship)는 엔터티 간의 연관성을 나타낸다. 우리가 누군가와 관계를 맺을 때 서로 간의 연결 고리가 필요하듯 엔터티 간에도 관계를 맺기 위해 서로가 연결이 가능한 속성을 가지고 있어야 한다.

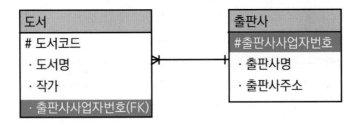

위 그림에서 출판사와 도서는 '출판하다'라는 관계를 가지며 하나의 출판사는 여러 권의 책을 출판할 수 있으므로 출판사 : 도서는 1 : N의 관계를 가진다고 할 수 있다.

정규화

정규화(Normalization)는 데이터의 정합성*을 위해 하나의 엔터티를 더 작은 단위로 쪼개는 과정이다.

제1정규형

모든 속성은 반드시 하나의 값만 가져야 하고 유사한 속성은 반복되지 않아야 한다. 이 규칙에서 벗어나면 제1정규화를 수행한다. 아래 그림에서 before 모델의 경우 카테고리

Quick Tip

카테고리 속성의 속성값이 2개인 데이터가 존재하는 경우를 의미합니다.

를 조회 조건으로 '과일'인 데이터를 출력하려고 할 때 스테비아 방울 토마토가 누락이 되는 결과를 초래할 수 있다. 왜냐하면 스테비아 방울 토마토의 카테고리는 '과일, 채소'이기 때문이다.

상품코드	상품명	카테고리
100001	스위티오 바나나	과일
100002	하우스감귤	과일
100003	스테비아 방울 토마토	과일, 채소
100004	팽이버섯	채소
100005	햇감자	채소

제1정규화

상품코드	상품명
100001	스위티오 바나나
100002	하우스감귤
100003	스테비아 방울 토마토
100004	팽이버섯
100005	햇감자

상품코드	카테고리
100001	과일
100002	과일
100003	과일
100003	채소
100004	채소
100005	채소

기초 용어 정리
***정합성:** 데이터의 값이 서로 일치함을 의미. 정합성이 높아야 데이터의 신뢰도가 높아진다고 할 수 있음

아래 그림에서 before 모델의 경우 모든 상품이 카테고리를 2개씩 가지고 있는 것이 아니기 때문에 카테고리2 속성으로 인한 공간의 낭비가 발생할 수 있다. 그리고 만약 카

Quick Tip
카테고리1, 카테고리2처럼 유사한 속성이 반복되는 경우를 의미합니다.

테고리가 3개인 상품이 등장한다면 카테고리3 속성을 추가해야 하는 일이 발생할 수도 있다.

상품코드	상품명	카테고리1	카테고리2
100001	스위티오 바나나	과일	NULL
100002	하우스감귤	과일	NULL
100003	스테비아 방울 토마토	과일	채소
100004	팽이버섯	채소	NULL
100005	햇감자	채소	NULL

제1정규화

상품코드	상품명
100001	스위티오 바나나
100002	하우스감귤
100003	스테비아 방울 토마토
100004	팽이버섯
100005	햇감자

상품코드	카테고리
100001	과일
100002	과일
100003	과일
100003	채소
100004	채소
100005	채소

제2정규형

엔터티의 모든 일반속성은 반드시 모든 주식별자에 종속되어야 한다. 이 규칙에서 벗어나면 제2정규화를 수행한다.

Clear Comment

주식별자란 엔터티의 인스턴스, 즉 하나의 행을 고유하게 만들어 주는 속성을 의미하며 기본키(Primary Key)라고도 부릅니다.

주식별자의 특성
● 유일성: 해당 엔터티 내에서 유일해야 합니다. 예 주민등록번호, 학번, 사번 등
● 불변성: 일단 생성된 후에는 되도록 값이 변경되어서는 안 됩니다.
● 최소성: 주식별자를 구성하는 속성의 수는 가능한 한 최소로 정의되어야 합니다.

아래 그림에서 before 모델의 경우 데이터 이상 현상이 발생할 수 있다. 출석을 하지 않으면 수강생을 입력할 수 없는 입력 이상 현상과 수강생 이름이 변경될 경우 해당 수강생에 해당하는 모든 데이터를 변경해야 하는 수정 이상 현

Quick Tip
수강생이름 속성이 주식별자 중 수강생번호 속성에만 종속되는 경우를 의미합니다.

상이 그것이다. after 모델처럼 제2정규화를 하게 되면 출석 여부와 관계없이 모든 수강생에 대한(네이마르까지) 입력이 가능하고 수강생 이름이 변경될 경우에도 하나의 속성값만 변경하면 된다.

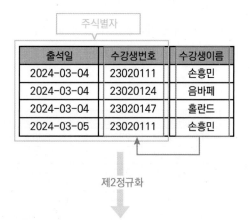

제3정규형

주식별자가 아닌 모든 속성 간에는 서로 종속될 수 없다. 이 규칙에서 벗어나면 제3정규화를 수행한다.

아래 그림에서 before 모델의 경우 제2정규형처럼 데이터 이상 현상이 발생할 수 있다. 수업을 하지 않는 강의실을 입력할 수 없는 입력 이상 현상과 강의실 이름이 변경될 경우 해당 강의실에 해당하는 모든 데이터를 변경해야 하는

> **Quick Tip**
> 강의실이름 속성이 일반속성인 강의실번호 속성에 종속되는 경우를 의미합니다.

수정 이상 현상이 그것이다. after 모델처럼 제3정규화를 하게 되면 빈 강의실(아르키메데스)까지 입력이 가능하고 강의실 이름이 변경될 경우에도 하나의 속성값만 변경하면 된다.

주식별자

출석일	수강생번호	강의실번호	강의실이름
2024-03-04	23020111	B302	가우스
2024-03-04	23020124	B302	가우스
2024-03-04	23020147	B302	가우스
2024-03-05	23020111	A201	피타고라스

제3정규화

출석일	수강생번호	강의실번호
2024-03-04	23020111	B302
2024-03-04	23020124	B302
2024-03-04	23020147	B302
2024-03-05	23020111	A201

강의실번호	강의실이름
A201	피타고라스
B302	가우스
C406	아르키메데스

반정규화

반정규화(De-Normalization)는 데이터의 조회 성능을 향상시키기 위해 불가피하게 데이터의 중복을 허용하는 작업이다. 정규화가 모두 끝난 후 반정규화를 하게 되는데 얼핏 들으면 기껏 정규화를 해 놓고는 왜 다시 반정규화를 하는지 의문을 가질 수도 있겠지만 여기에는 사연이 있다. 예를 들어, 아래와 같은 데이터 모델이 있다고 가정해 보자.

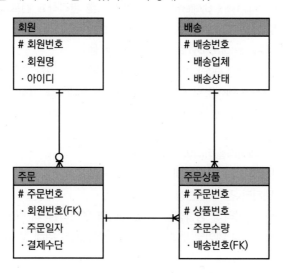

특정 회원의 배송상태를 조회하기 위해서는 여러 번의 JOIN이 필요하다. 이런 경우 아래와 같이 속성을 추가하여 새로운 관계를 생성해 줌으로써 성능을 개선할 수 있다.

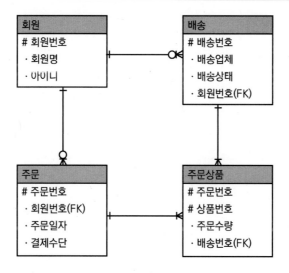

위와 같은 유형을 관계의 반정규화라고 하는데 이 밖에도 여러 가지 반정규화 유형이 있다. 하지만 기본적으로 반정규화는 데이터 정합성을 보장할 수 없기 때문에 반드시 필요한 경우에만 행해져야 할 것이다.

- 데이터: 가공되지 않은 날것의 형태, 어떤 값을 가지고 있는 자료 그 자체
- 데이터의 순환: 데이터 → 정보 → 지식 → 지혜 → (지혜를 통해 다시 데이터를 생성)
- 과거의 데이터: 종이로 된 문서로 관리 및 보관
- 현재의 데이터: 데이터베이스 시스템에 저장
- DBMS(DataBase Management System): 데이터베이스를 관리하고 컨트롤하기 위한 소프트웨어
- RDBMS: Oracle, MySQL, SQL Server, PostgreSQL, MariaDB 등
- NoSQL: MongoDB, Cassandra, DynamoDB, HBase 등
- SQL(Structured Query Language): 데이터베이스를 사용하기 위한 언어
- 데이터 모델(Data Model): 데이터의 흐름을 추상화하여 모형으로 그려낸 것
- ERD(Entity Relationship Diagram): 데이터의 흐름을 나타냄으로써 시스템의 전반적인 프로세스를 담고 있는 설계도
- 엔터티(Entity): 유사한 데이터들끼리의 집합
- 속성(Attribute): 엔터티에 대해 자세하게 설명해 주는 요소
- 관계(Relationship): 엔터티 간의 연관성
- 정규화(Normalization): 데이터의 정합성을 위해 하나의 엔터티를 더 작은 단위로 쪼개는 과정
- 반정규화(De-Normalization): 데이터의 조회 성능을 향상시키기 위해 불가피하게 데이터의 중복을 허용하는 작업

부록. MySQL 환경 세팅

MySQL은 기본적으로 두 가지 버전으로 제공된다.

1. MySQL Community Edition

  – 무료 버전

  – 오픈 소스이며, GNU General Public License(GPL)에 따라 배포

  – 개인 개발용 소규모 시스템에 적합

  – MySQL의 기본 기능을 제공하지만 Enterprise Edition에 포함된 고급 기능, 관리 도구 및
   기술 지원 등은 제공하지 않음

2. MySQL Enterprise Edition

  – 상업용 버전으로 유료

  – 대기업 및 중대형 비즈니스에 적합한 고급 기능과 도구 등을 제공

  – 추가 보안 기능, 백업, 모니터링, 클러스터링, 고급 최적화 및 기술 지원을 포함

우리는 여기서 Community Edition을 설치하여 사용할 예정이며 윈도우(Windows) OS를 기
준으로 설명할 것이니 참고하도록 하자.

◆ MySQL 설치하기

MySQL 사이트(https://dev.mysql.com)로 이동하여 DOWNLOADS 버튼을 클릭한다.

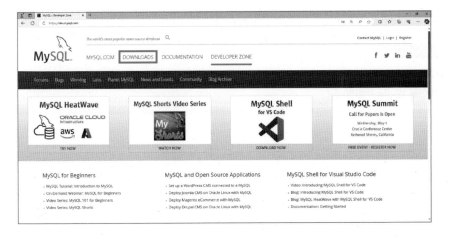

하단에 있는 MySQL Community (GPL) Downloads를 클릭한다.

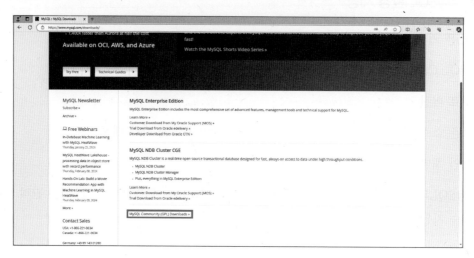

MySQL Installer for Windows를 클릭한다.

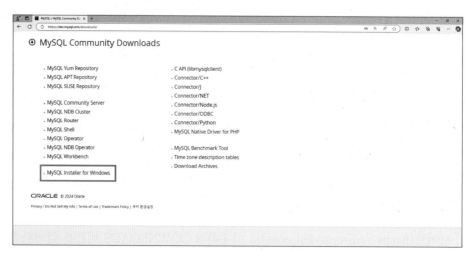

mysql-installer-cmmunity-8.0.36.0.msi 파일을 다운로드 받는다.

Clear Comment

원고를 집필하는 현 시점의 최신 버전으로 여러분이 지금 보고 있는 최신 버전과는 다를 수 있으며, 여러분이 지금 보고 있는 그 버전을 받아도 무방합니다.

회원가입이나 로그인을 해도 되지만 모두 귀찮다면 하단의 No thanks, just start my download.를 클릭하면 바로 다운로드가 진행된다.

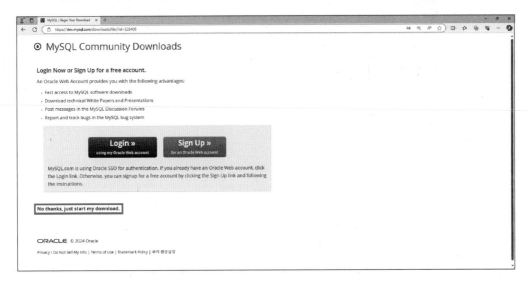

다운로드 폴더로 이동하면 방금 다운로드 된 설치 파일이 보인다. 잽싸게 더블 클릭!

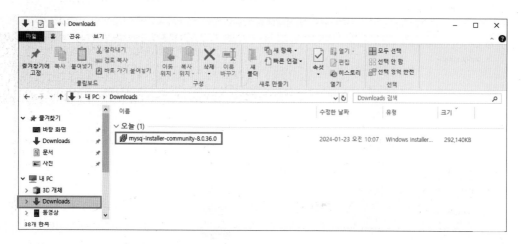

Installer가 열리고 있다.

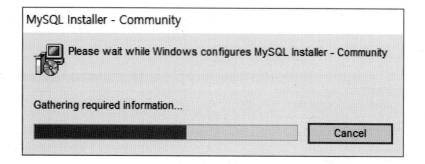

안녕, 돌고래야!

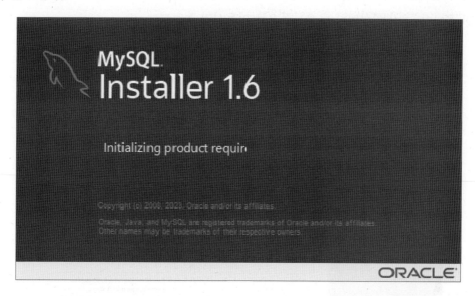

MySQL Installer 창이 나타나면 Custom을 선택하고 하단의 Next를 클릭한다.

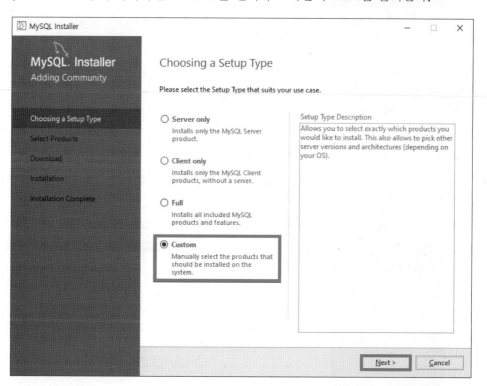

Select Products에서 설치할 항목들을 선택한다. 우선 MySQL Servers 〉 MySQL Server 〉 MySQL Server 8.0을 선택하여 오른쪽으로 이동시켜 놓는다.

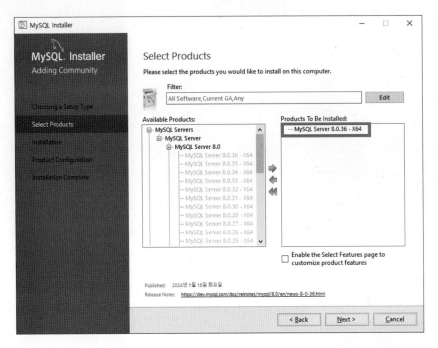

Documentation 〉 Samples and Examples 〉 Samples and Examples 8.0를 선택하여 오른쪽으로 이동시킨 후 하단의 Next 버튼을 클릭한다.

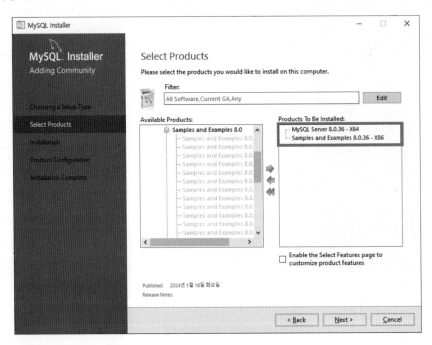

Installation에서 2개의 항목을 확인한 후 하단의 Execute 버튼을 클릭한다.

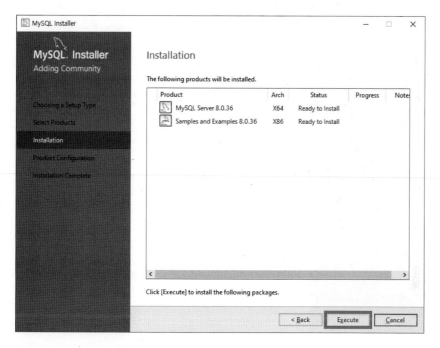

설치가 완료됐으면 하단의 Next 버튼을 클릭한다.

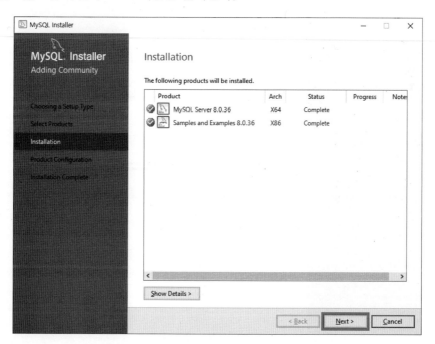

Product Configuration에서 환경 설정을 위해 하단의 Next 버튼을 클릭한다.

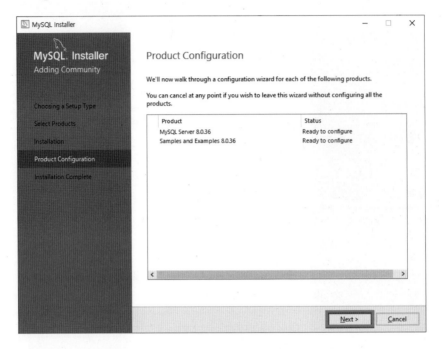

아래와 같이 설정이 되었으면 하단의 Next 버튼을 클릭한다.

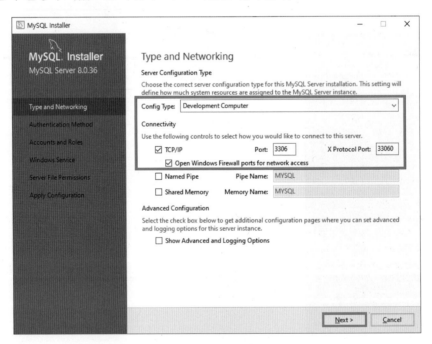

Authentication Method에서 인증 방식을 선택한다. 무난하게 Use Legacy Authentication Method(Retain MySQL 5.x Compatibility)를 선택하고 하단의 Next 버튼을 클릭한다.

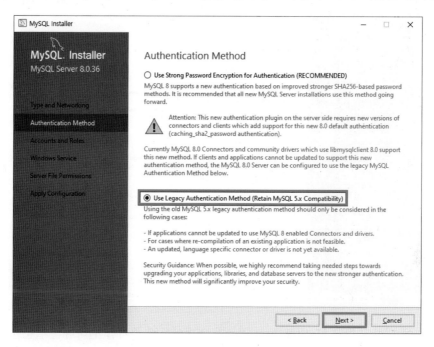

MySQL의 Root 계정 패스워드를 설정한다. 이 패스워드는 나중에 데이터베이스 접속 시 사용되므로 꼭 기억해 두도록 하자. 패스워드 설정이 끝났으면 하단의 Next 버튼을 클릭한다.

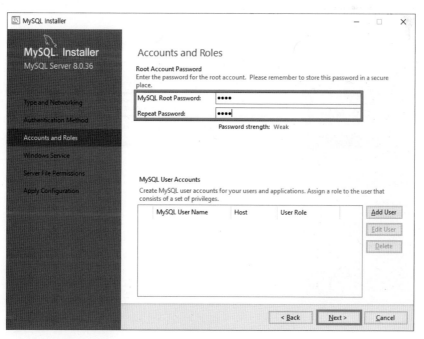

아래와 같이 Windows Service Name을 설정하고 하단의 Next 버튼을 클릭한다.

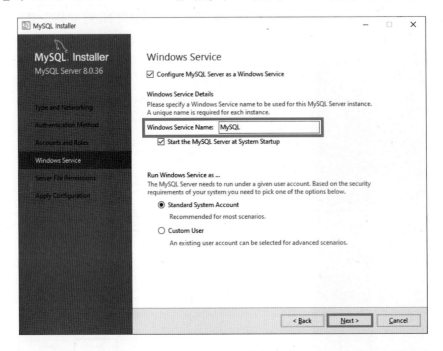

Server File에 대한 권한을 MySQL Installer가 업데이트해 주기를 원하냐는 질문에 아래와 같이 선택한 후 하단의 Next 버튼을 클릭한다.

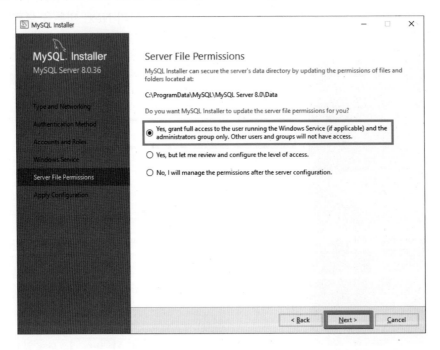

하단의 Execute 버튼을 클릭하면 설정된 내용들이 적용되는 것을 확인할 수 있다.

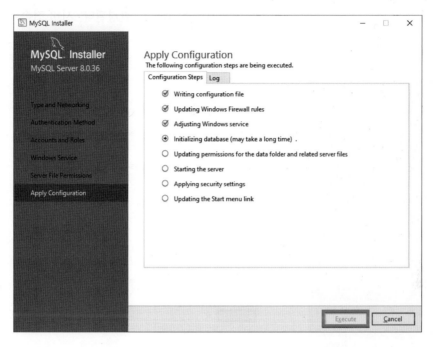

MySQL Server 8.0.36의 설정이 완료되었다. 이제 Samples and Examples 8.0.36을 설정하기 위해 하단의 Next 버튼을 클릭한다.

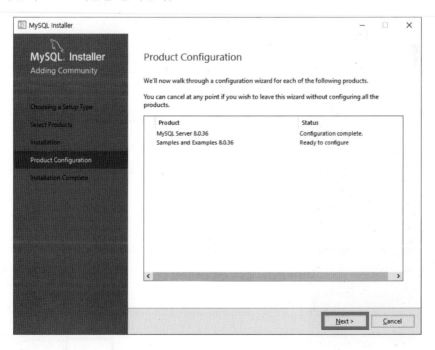

MySQL Server 8.0.36 서버에 접속하기 위해 아까 설정해 놓았던 패스워드를 입력하고 Check 버튼을 클릭하면 서버의 Status가 Connection succeeded.로 변경된다. 서버 접속에 성공했으니 계속해서 하단의 Next 버튼을 클릭한다.

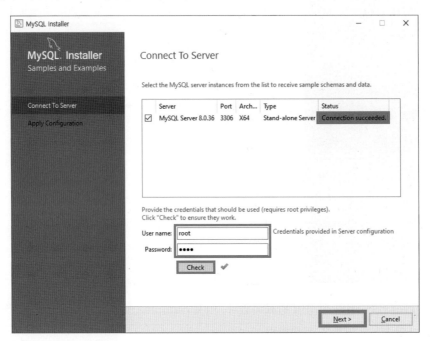

하단의 Execute 버튼을 클릭하면 설정된 내용이 적용된다.

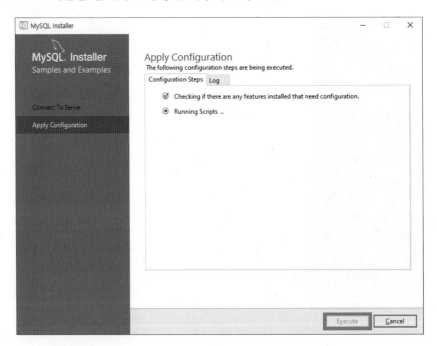

설정이 모두 완료되었으면 하단의 Next 버튼을 클릭한다.

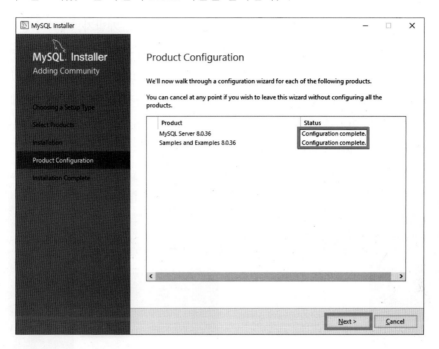

드디어 MySQL 설치가 완료되었다.

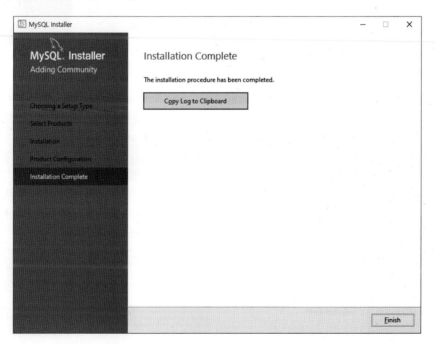

◆ DBeaver 설치하기

DBeaver는 데이터베이스 시스템을 사용하기 위한 관리 도구로, 개발자, 데이터 분석가, DBA 등 다양한 전문가들이 실무에서 실제로 사용하고 있는 소프트웨어이다. 특정 DBMS만을 다룰 수 있는 다른 툴과는 다르게 DBeaver는 MySQL뿐만이 아니라 Oracle, PostgreSQL, MariaDB, SQL Server, SQLite 등 다양한 DBMS를 지원하며 Classic 버전, Dark 버전 등의 테마를 지원하여 트렌디한 UI로도 인기를 얻고 있다. DBeaver 사이트(https://dbeaver.io)로 이동한 뒤 상단에 있는 Download 버튼을 클릭한다.

Windows (Installer)를 클릭하여 설치 파일을 다운로드 받는다.

다운로드 폴더로 이동하면 방금 다운로드된 설치 파일이 보인다. 잽싸게 더블 클릭!

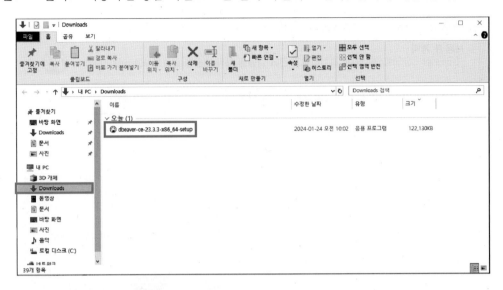

한국어를 선택하고 OK 버튼을 클릭한다.

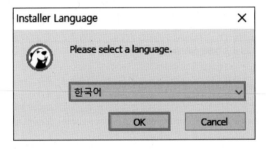

하단에 있는 다음 버튼을 클릭하여 DBeaver Community 설치를 시작한다.

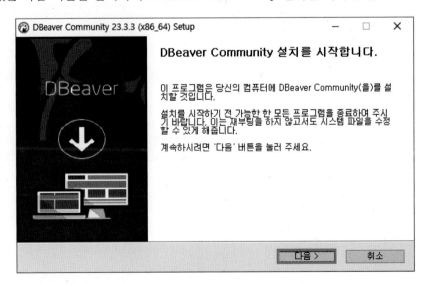

설치를 진행하기 위해 하단에 있는 동의함 버튼을 클릭한다.

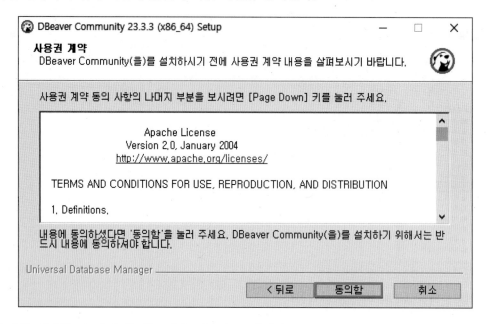

사용자를 선택한 후 하단에 있는 다음 버튼을 클릭한다.

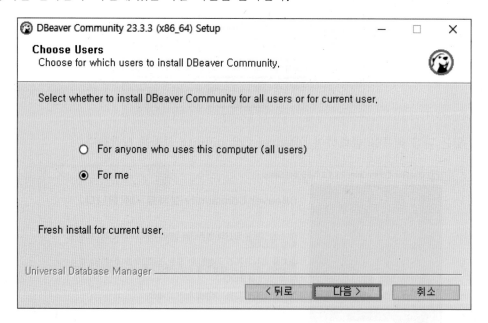

아래와 같이 선택한 후 하단에 있는 다음 버튼을 클릭한다.

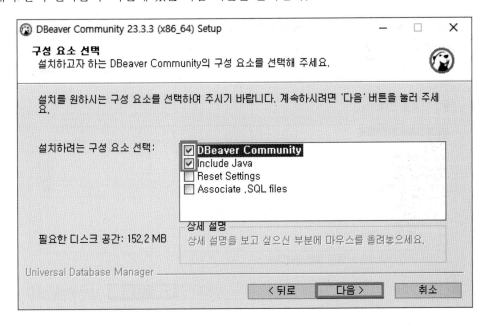

설치 위치를 선택한 후 하단에 있는 다음 버튼을 클릭한다.

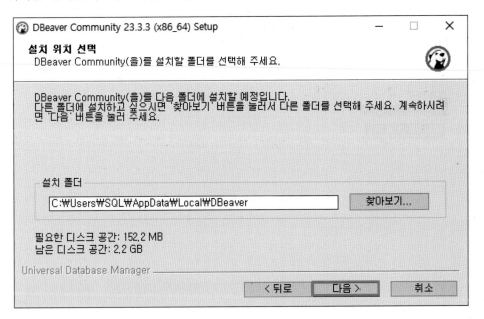

바로 가기 아이콘이 생성될 시작 메뉴 폴더를 선택한 후 하단에 있는 다음 버튼을 클릭한다.

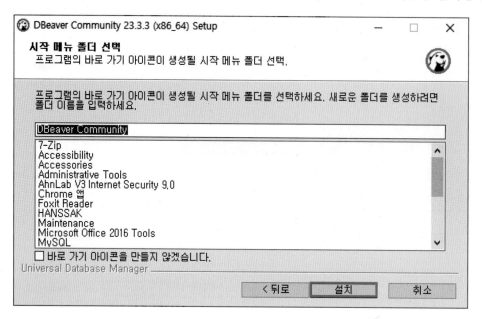

DBeaver가 설치되는 것을 지켜본다.

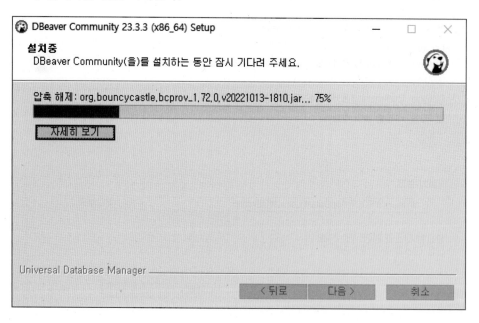

설치가 완료되면 하단에 있는 마침 버튼을 클릭한다.

DBeaver를 실행시킨다.

Sample Database를 생성할 것인지 묻는 알림창이 뜨는데 이 책에서는 이용하지 않을 예정이지만 필요하다면 생성해도 무방하다.

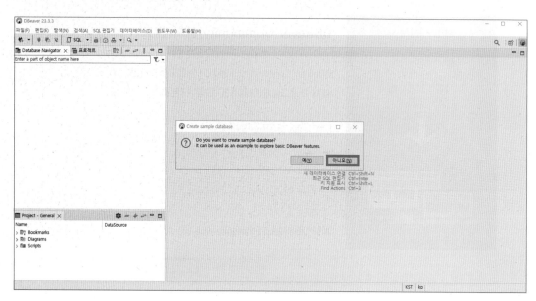

아까 설치해 놓은 MySQL과 연결하기 위해 왼쪽 상단에 있는 플러그 아이콘을 클릭한 뒤 MySQL 로고를 선택하고 다음 버튼을 클릭한다.

다음 페이지와 같이 설정한다. Password 란에는 MySQL 설치 시 설정했던 패스워드를 입력한다.

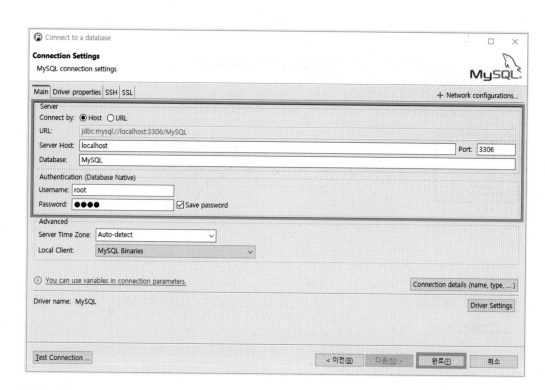

하단에 있는 Test Connection을 클릭하여 정상적으로 연결이 되는지 체크한 뒤 완료 버튼을 클릭한다(중간에 Download driver files 창이 뜬다면 Download 버튼을 클릭하여 받아 준다).

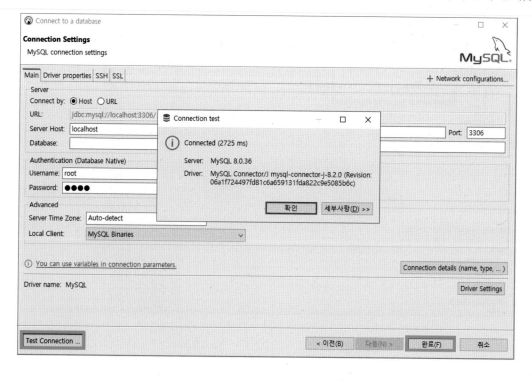

연결이 끝나면 왼쪽 메뉴에 MySQL이 추가된 것을 확인할 수 있다.

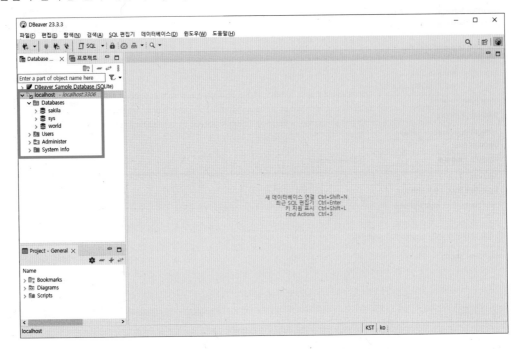

앞으로 생성하게 될 테이블과 데이터를 위한 공간을 만들어 주기 위해 SQL 편집기를 연다.

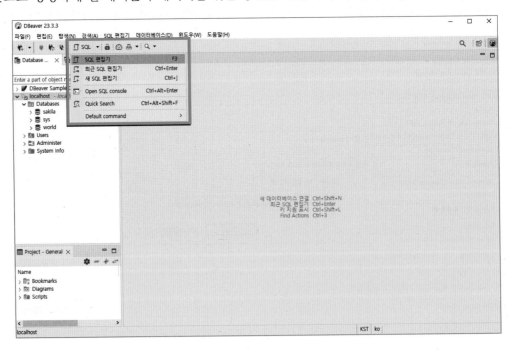

SHOW DATABASES; 명령어를 작성 후 실행을 시켜 주면 아래와 같이 현재 생성되어 있는 Database들이 출력된다. (실행을 위한 단축키는 Ctrl + Enter↵ 이다.)

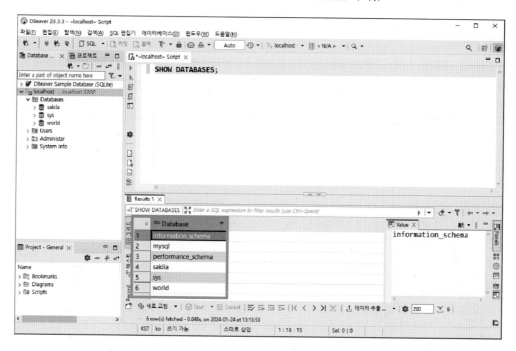

CREATE DATABASE mydb; 명령어를 실행하여 mydb라는 이름의 데이터베이스를 생성해 준다. 앞으로 이 mydb 데이터베이스를 이용하여 SQL 테스트를 할 것이다.

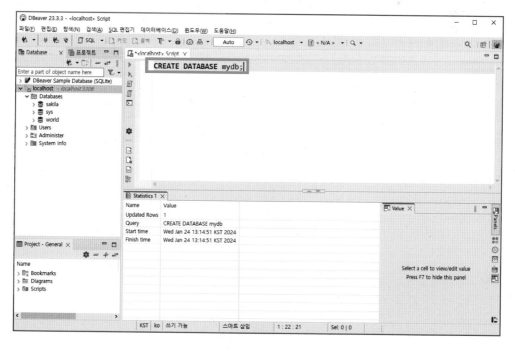

앞서 생성한 mydb 데이터베이스에서 SQL 테스트를 하기 위해서는 실행할 SQL문 앞에 아래와 같이 명령어를 수행해 주어야 한다.

```
USE mydb;
```

이 명령어를 사용하는 이유는 이후로 실행되는 모든 SQL이 'mydb'라는 특정 데이터베이스 내에서 실행되도록 하기 위함이다. 이 명령은 사용자가 여러 데이터베이스를 다루는 환경에서 특정 데이터베이스에 대한 작업을 시작하기 전에 필수적으로 실행해야 하는 명령어로, 만약 깜빡하고 누락했을 경우 'No database selected'라는 에러가 발생할 수 있다.

왼쪽 메뉴에서 Databases를 새로고침 하면 방금 생성한 mydb 데이터베이스가 표시되는 것을 확인할 수 있다.

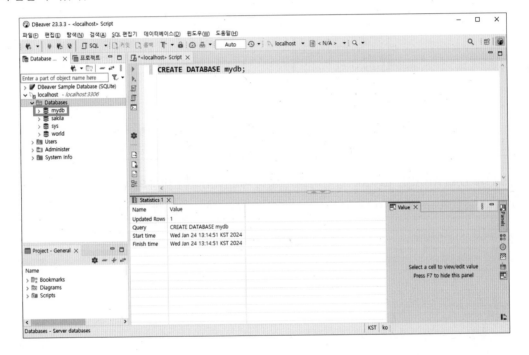

내 일 은 S Q L

SQL - Easy

01

SELECT

#SQL #SELECT #FROM #NULL #ALIAS

여기서는 무얼 배울까

챕터 1에서 데이터가 데이터베이스라는 저장소에 담겨 있다는 것을 알았다. 이제 그 데이터의 실체를 들여 다보기 위해서 어떻게 해야 하는지 살펴보도록 하자. 지금부터 배우는 명령어들은 데이터베이스에게 내가 필요로 하는 데이터를 보여 달라고 요구하는 언어라고 이해하면 된다. 말 그대로 데이터베이스에게 '명령'을 내리는 것이다.

SELECT ~ FROM 절

SELECT ~ FROM 절은 데이터를 조회하는 SQL에서 가장 코어적인 역할을 하며 기본 문법은 다음과 같다.

코·드·소·개

```
SELECT column1, column2, ...
  FROM table_name;
```

- SELECT: 조회하고자 하는 컬럼을 지정한다.
- column1, column2, ...: 조회하고자 하는 컬럼명을 나타내며 컬럼명 대신 '*'을 넣으면 테 이블의 모든 컬럼이 출력된다.
- FROM: 조회하고자 하는 데이터가 있는 테이블명을 지정한다.
- table_name: 조회할 테이블명을 나타낸다.

기본적으로 SQL의 구조는 영문법과 유사하게 구성되어 있다. 그래서 SQL을 모르는 사람이 보 아도 대략적으로 어떤 의미인지 파악하는 데에 크게 어려움이 없다. 위 문장을 직역해 보면 'column1, column2, ... 를 선택한다. table_name으로부터' 정도의 뜻이 되며 위 SQL을 실행시키면 지정한 테이블로부터 특정 컬럼이 조회되어 출력된다. 그럼 실제 예제를 살펴보도록 하자.

손으로 익히는 코딩

```
USE mydb;

CREATE TABLE customer (
    cno     VARCHAR(4),
    name    VARCHAR(10),
    birth_date    VARCHAR(8),
    mobile    VARCHAR(11),
    reg_date    DATE
);

INSERT INTO customer
VALUES(1001, '손흥민', '19920708', '01000001111', '2023-04-03');
INSERT INTO customer
VALUES(1002, '유재석', NULL, '01011112222', '2023-05-01');
INSERT INTO customer
VALUES(1003, '이지은', '19930516', '01022223333', '2023-06-12');
INSERT INTO customer
VALUES(1004, '김연아', '19900905', NULL, '2023-08-20');
INSERT INTO customer
VALUES(1005, '차은우', '19970330', '01044445555', '2023-12-25');

COMMIT;
```

[SQL 스크립트] 입문_ch2-1-1-customer.sql

위와 같이 테이블과 데이터를 생성한 뒤 customer 테이블을 전체 조회해 보자.

손으로 익히는 코딩

```
SELECT * FROM customer;
```

cno	name	birth_date	mobile	reg_date
1001	손흥민	19920708	01000001111	2023-04-03
1002	유재석	NULL	01011112222	2023-05-01
1003	이지은	19930516	01022223333	2023-06-12
1004	김연아	19900905	NULL	2023-08-20
1005	차은우	19970330	01044445555	2023-12-25

아래는 customer 테이블에서 cno, name, birth_date 컬럼을 선택하여 출력하는 SQL이다. SELECT 절의 컬럼 순서는 테이블의 컬럼 순서와 무관하게 지정할 수 있으며, SELECT 절에 표기된 순서대로 데이터가 출력된다.

손으로 익히는 코딩

```
SELECT cno,
       name,
       birth_date
  FROM customer;
```

실행 결과

cno	name	birth_date
1001	손흥민	19920708
1002	유재석	NULL
1003	이지은	19930516
1004	김연아	19900905
1005	차은우	19970330

위 SQL은 아래 SQL로 대체될 수 있으며 위 SQL과의 차이점은 컬럼명 앞에 해당 컬럼이 속한 테이블명을 명시해 줌으로써 출처를 나타낸다는 것이다.

손으로 익히는 코딩

```
SELECT customer.cno,
       customer.name,
       customer.birth_date
  FROM customer;
```

위 SQL 수행 시 다음과 같이 동일한 결과가 출력된다.

cno	name	birth_date
1001	손흥민	19920708
1002	유재석	NULL
1003	이지은	19930516
1004	김연아	19900905
1005	차은우	19970330

앞서 언급한 것처럼 customer 테이블의 모든 컬럼을 출력하고자 하는 경우 SELECT 절에 cno, name, birth_date, mobile, reg_date 등 전체 컬럼명을 직접 표기할 수도 있지만 아래와 같이 작성할 수도 있다.

 손으로 익히는 코딩

```
SELECT * FROM customer;
```

실행 결과

cno	name	birth_date	mobile	reg_date
1001	손흥민	19920708	01000001111	2023-04-03
1002	유재석	NULL	01011112222	2023-05-01
1003	이지은	19930516	01022223333	2023-06-12
1004	김연아	19900905	NULL	2023-08-20
1005	차은우	19970330	01044445555	2023-12-25

여기서 *(asterisk)는 '모든 것'이라는 의미를 가지고 있으며 위 SQL을 실행했을 때 출력되는 데이터의 컬럼 순서는 테이블 생성 시 설정한 컬럼 순서와 동일하다. SELECT ~ FROM 절은 데이터베이스에서 데이터를 조회하는 가장 기본적인 구문으로 다양한 방식으로 확장하여 사용될 수 있으므로 확실하게 알아 두어야 한다.

ALIAS

직장 생활을 하다 보면 'ASAP'란 용어를 종종 듣게 된다. 'ASAP'는 'As Soon As Possible'의 줄임말로 '가능한 되도록 빨리' 라는 의미를 가지고 있으며, 흔히 'ASAP(아삽)으로 처리해 주세요.'라는 식으로 사용되고는 한다. 이렇게 'As Soon As Possible'을 'ASAP'으로 사용하자고 정해 놓은 것처럼 테이블이나 컬럼에도 이름 대신 별칭을 지정해 줄 있는데 이것을 Alias라고 한다.

```
SELECT column_name [AS] alias_name
  FROM table_name [AS] alias_name;
```

Alias는 'AS' 키워드를 사용하여 정의할 수 있으나 생략해도 무방하다. 아래 SQL은 birth_date 컬럼에 'btdt'라는 Alias를 지정하고 customer 테이블에 'c'라는 Alias를 지정하였다. 참고로 컬럼 Alias에는 'AS' 키워드를 사용하였고 테이블 Alias에는 'AS' 키워드를 생략하였다.

Quick Tip

SQL을 작성하는 방식에 대한 표준을 정해 놓고 다 같이 지킬 것을 권고하는 기업들이 많이 있습니다. 개인이 연습할 때는 취향대로 SQL을 작성해도 무방하나 실무를 할 때는 표준을 따르는 것이 협업하기에 바람직하겠지요?

 손으로 익히는 코딩

```
SELECT c.cno,
       c.name,
       c.birth_date AS btdt
  FROM customer c;
```

실행 결과

cno	name	btdt
1001	손흥민	19920708
1002	유재석	NULL
1003	이지은	19930516
1004	김연아	19900905
1005	차은우	19970330

만약 테이블에 Alias를 지정해 놓고 Alias 대신 원래 테이블명을 사용한다면 DBMS는 에러를 발생하게 된다.

```sql
SELECT customer.cno,
       customer.name,
       customer.birth_date
  FROM customer c;
```

```
Error. Unknown column 'customer.cno' in 'field list'
```

Alias를 지정했을 경우에는 Alias를 사용하거나 (문법적인 오류가 없는 선에서) 생략하는 것 중에 선택해야 한다.

```sql
SELECT c.cno,
       c.name,
       birth_date
  FROM customer c;
```

Quick Tip

해당 SQL에서는 테이블이 1개밖에 없으므로 Alias를 생략해도 무방합니다.

실행 결과

cno	name	birth_date
1001	손흥민	19920708
1002	유재석	NULL
1003	이지은	19930516
1004	김연아	19900905
1005	차은우	19970330

그리고 간혹 결과 데이터의 헤더명을 한글로 표기해야 하는 경우가 있는데 그런 경우에는 Alias를 " "(큰 따옴표)로 감싸 주면 된다.

Quick Tip

실무를 할 때 데이터베이스에서 조회한 데이터를 Excel 파일로 Export하여 타 부서에 전달해야 하는 경우가 종종 있는데, 이때 컬럼명을 한글로 변경하여 표기해 주면 전달받은 사람이 한결 수월하게 데이터의 의미를 파악할 수 있습니다.

 손으로 익히는 코딩

```sql
SELECT cno AS "회원번호",
       name AS "이름",
       birth_date AS "생년월일"
  FROM customer;
```

회원번호	이름	생년월일
1001	손흥민	19920708
1002	유재석	NULL
1003	이지은	19930516
1004	김연아	19900905
1005	차은우	19970330

Alias는 테이블명이나 컬럼명의 길이가 긴 경우 SQL을 보다 간결하게 작성할 수 있게 하고 쿼리의 가독성을 높여 주기 때문에, 특히 복잡한 SQL에서 매우 유용하다고 할 수 있다.

NULL

데이터베이스에서 NULL은 '값이 존재하지 않음' 또는 '알 수 없음'을 나타내는 특별한 표시어로, 빈 문자열이나 숫자 0과는 다르며 어떤 명시적인 데이터도 없다는 것을 의미한다. 실제로 NULL을 조회하면 데이터가 NULL 값으로 출력이 된다.

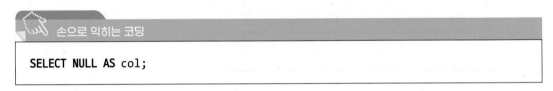

손으로 익히는 코딩

```
SELECT NULL AS col;
```

실행 결과

col
NULL

주의해야 할 점은 NULL과 문자 'NULL'은 다른 값이라는 것이다.

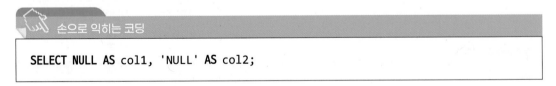

손으로 익히는 코딩

```
SELECT NULL AS col1, 'NULL' AS col2;
```

실행 결과

col1	col2
NULL	NULL

표면적으로는 같아 보이지만 둘은 엄연히 다른 데이터이다.

🔍 더 알아보기

NULL의 활용

1. 불명확한 데이터

   해당 컬럼의 데이터가 존재하지 않거나 아직 알 수 없는 상태일 경우 그 값을 NULL로 지정할 수 있다. 예를 들어, 어떤 고객이 아직 주소 정보를 입력하지 않았을 경우 해당 컬럼에는 NULL을 할당하게 된다.

2. NULL과의 연산

   NULL은 다른 어떤 값과도 비교할 수 없으며 심지어 다른 NULL과도 비교가 불가하다. 즉, NULL과의 연산은 무조건 false를 반환한다.

3. 데이터 집계 시 NULL

   대부분의 집계 함수는 NULL 값을 무시하고 연산을 한다. 예를 들어, 데이터의 합계를 구하는 SUM 함수나 평균을 구하는 AVG 함수의 경우 집계 대상에서 NULL 값을 제외시키고 계산한다.

그 많던 도넛은 누가 다 먹었을까

다음은 도넛 가게에서 판매하는 도넛에 대한 데이터가 담긴 donut_info 테이블이다. donut_info 테이블은 다음과 같으며 name, price, description, nutrition, allergy, reg_date는 각각 도넛 이름, 가격, 상세 설명, 영양 정보, 알러지 정보, 등록 일자를 의미한다.

Column Name	Data Type
name	VARCHAR
price	INT
description	VARCHAR
nutrition	VARCHAR
allergy	VARCHAR
reg_date	VARCHAR

📍 donut_info

name	price	description	nutrition	allergy	reg_date
커피도넛	2500	커피 우유를 재해석한 부드러운 우유 도넛	244kcal	밀,대두,계란,우유	20230404
먼치킨	500	부드러운 크림을 넣은 한입 크기 도넛	40kcal	밀,대두	20230201
카페모카롤	1800	향긋한 모카의 맛과 향을 느낄 수 있는 제품	329kcal	밀,대두,우유	20220112
스트로베리 필드	1700	예쁜 딸기가 상큼, 새하얀 슈가 파우더가 입안에서 스르륵	223kcal	밀,대두	20220522
허니후리터	1800	도너츠 반죽을 손가락으로 꾹꾹, 틈새 사이로 진한 벌꿀 시럽	322kcal	NULL	20230211
보스톤 크림	1500	부드러운 크림과 달콤한 초콜릿이 조화를 이룬 제품	226kcal	밀,대두,우유	20230715
글레이즈드	1500	더욱 촉촉하고 부드러워진 달콤한 정통 도넛	199kcal	밀,대두	20221224
올리브 츄이스티	1700	향긋한 올리브유가 들어간 쫄깃한 도넛	216kcal	밀,대두,계란,우유	20220829
카카오 후로스티드	1700	카카오의 진한 맛과 부드러운 도넛, 일곱 빛깔 무지개 컬러	198kcal	밀,대두,우유	20220602
스위트 듀얼하트	2500	NULL	297kcal	밀,대두,우유	20231114

Q1 도넛의 이름과 가격, 상세 설명을 출력하는 SQL을 작성하려면 어떻게 해야 할까?

*SQL을 실행하면 다음과 같이 출력되어야 한다.

name	price	description
커피도넛	2500	커피 우유를 재해석한 부드러운 우유 도넛
먼치킨	500	부드러운 크림을 넣은 한입 크기 도넛
카페모카롤	1800	향긋한 모카의 맛과 향을 느낄 수 있는 제품
스트로베리 필드	1700	예쁜 딸기가 상큼, 새하얀 슈가 파우더가 입안에서 스르륵
허니후리터	1800	도너츠 반죽을 손가락으로 꾹꾹, 틈새 사이로 진한 벌꿀 시럽
보스톤 크림	1500	부드러운 크림과 달콤한 초콜릿이 조화를 이룬 제품
글레이즈드	1500	더욱 촉촉하고 부드러워진 달콤한 정통 도넛
올리브 츄이스티	1700	향긋한 올리브유가 들어간 쫄깃한 도넛
카카오 후로스티드	1700	카카오의 진한 맛과 부드러운 도넛, 일곱 빛깔 무지개 컬러
스위트 듀얼하트	2500	NULL

Quick Tip

테이블에서 특정 컬럼을 출력하고자 할 때는 SELECT 뒤에 원하는 컬럼명을 콤마(,)로 연결하여 작성하면 됩니다.

정답

```
SELECT name,
       price,
       description
  FROM donut_info;
```

Q2 도넛의 이름과 영양 정보를 출력하되 영양 정보 항목의 헤더명이 kcal_info로 출력되도록 SQL 을 작성하려면 어떻게 해야 할까?

*SQL을 실행하면 다음과 같이 출력되어야 한다.

name	kcal_info
커피도넛	244kcal
먼치킨	40kcal
카페모카롤	329kcal
스트로베리 필드	223kcal
허니후리터	322kcal
보스톤 크림	226kcal
글레이즈드	199kcal
올리브 츄이스티	216kcal
카카오 후로스티드	198kcal
스위트 듀얼하트	297kcal

Quick Tip

컬럼에 Alias를 지정하면 해당 컬럼명 대신 지정한 Alias대로 데이터가 출력됩니다.

정답

```
SELECT name,
       nutrition AS kcal_info
  FROM donut_info;
```

좋은 책을 읽는다는 것은 과거의 가장 훌륭한 사람들과 대화하는 것이다.

다음은 서점에서 판매하는 책에 대한 데이터가 담긴 book 테이블과 책에 대한 주문 정보가 담긴 order_info 테이블이다. book 테이블은 다음과 같으며 book_id, book_name, writer, price는 각각 도서 아이디, 도서명, 작가, 가격을 의미한다.

Column Name	Data Type
book_id	VARCHAR
book_name	VARCHAR
writer	VARCHAR
price	INT

order_info 테이블은 다음과 같으며 order_code, member_id, book_id, order_date는 각각 주문 코드, 회원 아이디, 도서 아이디, 주문 일자를 의미한다.

Column Name	Data Type
order_code	VARCHAR
member_id	VARCHAR
book_id	VARCHAR
order_date	DATE

🔍 book

book_id	book_name	writer	price
230907	마흔에 읽는 쇼펜하우어	강용수	17000
231214	흔한남매	백난도	14500
240105	내가 한 말을 내가 오해하지 않기로 함	문상훈	19800
230302	세이노의 가르침	세이노	7200
230830	퓨처 셀프	벤저민 하디	19800
230428	도둑맞은 집중력	요한 하리	18800
231030	남에게 보여주려고 인생을 낭비하지 마라	쇼펜하우어	17500
230925	생각이 너무 많은 어른들을 위한 심리학	김혜남	17800
230922	요즘 어른을 위한 최소한의 세계사	임소미	18800
231127	이처럼 사소한 것들	클레어 키건	13800

order_code	member_id	book_id	order_date
24010901	aaa10	230907	2024-01-09
24010902	bbb20	230302	2024-01-09
24010903	ccc30	231127	2024-01-09
24010904	ddd40	230922	2024-01-09
24011001	aaa10	231030	2024-01-10
24011002	ccc30	230907	2024-01-10
24011003	eee50	231127	2024-01-10
24011004	fff60	230428	2024-01-10
24011005	bbb20	240105	2024-01-10
24011006	ggg70	230428	2024-01-10
24011101	aaa10	230907	2024-01-11
24011102	ccc30	230925	2024-01-11
24011103	eee50	231127	2024-01-11
24011104	ggg70	230922	2024-01-11
24011105	bbb20	231030	2024-01-11
24011106	ddd40	230907	2024-01-11
24011107	fff60	230830	2024-01-11
24011201	aaa10	230830	2024-01-12
24011202	bbb20	240105	2024-01-12
24011203	ccc30	230428	2024-01-12

Q3 판매하고 있는 책의 도서명, 작가, 가격을 조회하려고 한다. 데이터의 헤더명을 한글로 출력하는 SQL을 작성하려면 어떻게 해야 할까?

*SQL을 실행하면 다음과 같이 출력되어야 한다.

도서명	작가	가격
마흔에 읽는 쇼펜하우어	강용수	17000
흔한남매	백난도	14500
내가 한 말을 내가 오해하지 않기로 함	문상훈	19800
세이노의 가르침	세이노	7200
퓨처 셀프	벤저민 하디	19800
도둑맞은 집중력	요한 하리	18800
남에게 보여주려고 인생을 낭비하지 마라	쇼펜하우어	17500
생각이 너무 많은 어른들을 위한 심리학	김혜남	17800
요즘 어른을 위한 최소한의 세계사	임소미	18800
이처럼 사소한 것들	클레어 키건	13800

Quick Tip

컬럼에 Alias를 한글로 지정하려면 Alias를 " "(큰 따옴표)로 감싸 주어야 합니다.

정답

```
SELECT book_name AS "도서명",
       writer AS "작가",
       price AS "가격"
  FROM book;
```

Q4 책을 구매한 이력이 있는 회원들의 정보를 조회하려고 한다. 회원 아이디, 주문 일자를 출력하는 SQL을 작성하려면 어떻게 해야 할까?

*SQL을 실행하면 다음과 같이 출력되어야 한다.

member_id	order_date
aaa10	2024-01-09
bbb20	2024-01-09
ccc30	2024-01-09
ddd40	2024-01-09
aaa10	2024-01-10
ccc30	2024-01-10
eee50	2024-01-10
fff60	2024-01-10
bbb20	2024-01-10
ggg70	2024-01-10
aaa10	2024-01-11
ccc30	2024-01-11
eee50	2024-01-11
ggg70	2024-01-11
bbb20	2024-01-11
ddd40	2024-01-11
fff60	2024-01-11
aaa10	2024-01-12
bbb20	2024-01-12
ccc30	2024-01-12

Quick Tip

테이블에서 특정 컬럼을 출력하고자 할 때는 SELECT 뒤에 원하는 컬럼명을 콤마(,)로 연결하여 작성하면 됩니다.

정답

```
SELECT member_id,
       order_date
  FROM order_info;
```

02

WHERE

#WHERE #조건절 #연산자

여기서는 무얼 배울까

WHERE 절이 없는 SQL이란 소세지 없는 핫도그와 같다고 할 수 있다. 소세지 없는 핫도그를 상상해 본 적 있는가. 아무리 설탕을 묻히고 케첩과 머스터드 소스를 뿌려 댄다 한들 어쩐지 완전해 보이지가 않는다. WHERE 절은 SQL에서 그만큼 핵심적인 구문으로 FROM 절 다음에 위치하며 수많은 데이터 중에서 내가 원하는 데이터만을 추려 낼 수 있게 한다. 여기에서는 그런 WHERE 절을 작성하는 방법에 대해 배워 볼 것 이다.

연산자

연산자(Operator)는 연산의 대상이 되는 피연산자(Operand)를 정해진 룰대로 계산하거나 비교 및 할당하는 기호이다. 예를 들어, '+'는 피연산자들에 대한 더하기 기호이고, '−'는 피연산 자들에 대한 빼기 기호이며 '⟨'과 '⟩' 등은 두 개의 피연산자를 비교하는 데 사용되는 기호이다.

산술 연산자(Arithmetic Operators)

SQL에서 산술 연산자는 기본적인 수학 연산을 하는 데 사용된다.

기호	의미
+	더하기
−	빼기
*	곱하기
/	나누기
%	나머지

아래는 산술 연산자를 이용한 기본적인 SQL 예시이다.

① 더하기

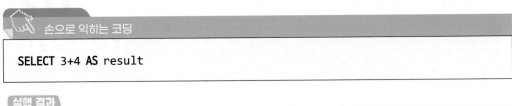

```
SELECT 3+4 AS result
```

실행 결과

result
7

② 빼기

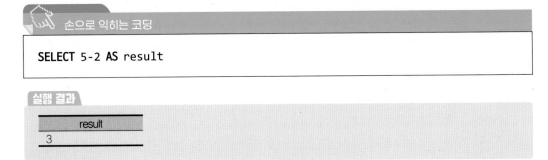

손으로 익히는 코딩

```
SELECT 5-2 AS result
```

실행 결과

result
3

③ 곱하기

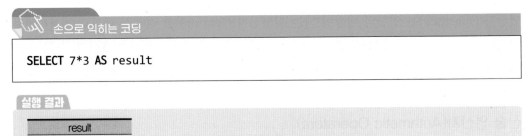

손으로 익히는 코딩

```
SELECT 7*3 AS result
```

실행 결과

result
21

④ 나누기

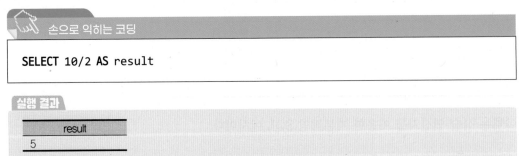

손으로 익히는 코딩

```
SELECT 10/2 AS result
```

실행 결과

result
5

⑤ 나머지

```
SELECT 7%2 AS result
```

result
1

위 연산자들은 일반적으로 테이블의 컬럼값을 가지고서 연산을 할 때 많이 사용된다.

```
USE mydb;

CREATE TABLE body_profile(
    name    VARCHAR(40),
    height  INT,
    weight  INT
);

INSERT INTO body_profile VALUES('손흥민', 183, 77);
INSERT INTO body_profile VALUES('리오넬 메시', 170, 72);
INSERT INTO body_profile VALUES('크리스티아누 호날두', 189, 85);
INSERT INTO body_profile VALUES('킬리안 음바페', 178, 75);
INSERT INTO body_profile VALUES('엘링 홀란드', 194, 88);
INSERT INTO body_profile VALUES('네이마르 주니오르', 175, 68);

COMMIT;
```

[SQL 스크립트] 입문_ch2-2-1-body_profile.sql

위와 같이 테이블과 데이터를 생성한 뒤 body_profile 테이블을 전체 조회해 보자.

```
SELECT * FROM body_profile;
```

name	height	weight
손흥민	183	77
리오넬 메시	170	72
크리스티아누 호날두	189	85
킬리안 음바페	178	75
엘링 홀란드	194	88
네이마르 주니오르	175	68

아래는 위 선수들의 BMI(체질량 지수)를 출력하는 SQL이다.

 Clear Comment

BMI(Body Mass Index)

키와 몸무게로 계산한 대략적인 체질량 지수로 계산법은 아래와 같습니다.

몸무게 / (키*0.01)²

손으로 익히는 코딩

```
SELECT name,
       weight/((height*0.01)*(height*0.01)) AS bmi
  FROM body_profile;
```

실행 결과

name	bmi
손흥민	22.9926
리오넬 메시	24.9135
크리스티아누 호날두	23.7955
킬리안 음바페	23.6713
엘링 홀란드	23.3819
네이마르 주니오르	22.2041

SQL에서 사칙연산의 우선순위는 수학에서의 사칙연산의 우선순서와 동일하다.

우선순위	사칙연산
1	( )
2	*, /
3	+, −

```
SELECT 3+3*3 AS result1, (3+3)/3+3 AS result2
```

실행 결과

result1	result2
12	5

더 알아보기

수학에서 0으로 나누는 것은 정의되지 않은 연산이다. 데이터베이스에서도 같은 맥락으로 0으로 나누기를 하거나 0으로 나눈 나머지를 구하려고 할 경우 결과로 NULL이 출력된다.

```
SELECT 10/0 AS result1, 10%0 AS result2
```

실행 결과

result1	result2
NULL	NULL

비교 연산자(Comparison Operators)

SQL에서 비교 연산자는 데이터를 비교하고 조건의 참, 거짓 여부를 판단하는 데 사용된다.

기호	의미
=	같음
〉	~보다 큼
〈	~보다 작음
〉=	~보다 크거나 같음
〈=	~보다 작거나 같음
〈〉	같지 않음

앞에서 생성해 두었던 customer 테이블의 데이터를 이용하여 SQL을 작성해 보도록 하자.

```
SELECT * FROM customer;
```

cno	name	birth_date	mobile	reg_date
1001	손흥민	19920708	01000001111	2023-04-03
1002	유재석	NULL	01011112222	2023-05-01
1003	이지은	19930516	01022223333	2023-06-12
1004	김연아	19900905	NULL	2023-08-20
1005	차은우	19970330	01044445555	2023-12-25

아래는 = 연산자를 이용하여 customer 테이블에서 name이 '손흥민'인 데이터를 출력하는 SQL이다.

 손으로 익히는 코딩

```sql
SELECT * FROM customer
 WHERE name = '손흥민';
```

실행 결과

cno	name	birth_date	mobile	reg_date
1001	손흥민	19920708	01000001111	2023-04-03

아래는 〉 연산자를 이용하여 customer 테이블에서 cno가 1003보다 큰 데이터를 출력하는 SQL이다.

 손으로 익히는 코딩

```sql
SELECT * FROM customer
 WHERE cno > 1003;
```

실행 결과

cno	name	birth_date	mobile	reg_date
1004	김연아	19900905	NULL	2023-08-20
1005	차은우	19970330	01044445555	2023-12-25

아래는 〉 연산자를 이용하여 customer 테이블에서 name이 '손흥민'보다 뒤쪽에 위치한 데이터를 출력하는 SQL이다.

손으로 익히는 코딩

```
SELECT * FROM customer
 WHERE name > '손흥민';
```

실행 결과

cno	name	birth_date	mobile	reg_date
1002	유재석	NULL	01011112222	2023-05-01
1003	이지은	19930516	01022223333	2023-06-12
1005	차은우	19970330	01044445555	2023-12-25

아래는 〈 연산자를 이용하여 customer 테이블에서 name이 '손흥민'보다 앞쪽에 위치한 데이터를 출력하는 SQL이다.

손으로 익히는 코딩

```
SELECT * FROM customer
 WHERE name < '손흥민';
```

실행 결과

cno	name	birth_date	mobile	reg_date
1004	김연아	19900905	NULL	2023-08-20

아래는 〉= 연산자를 이용하여 customer 테이블에서 name이 '손흥민'보다 뒤쪽에 위치하거나 같은 데이터를 출력하는 SQL이다.

 손으로 익히는 코딩

```
SELECT * FROM customer
 WHERE name >= '손흥민';
```

cno	name	birth_date	mobile	reg_date
1001	손흥민	19920708	01000001111	2023-04-03
1002	유재석	NULL	01011112222	2023-05-01
1003	이지은	19930516	01022223333	2023-06-12
1005	차은우	19970330	01044445555	2023-12-25

아래는 〈= 연산자를 이용하여 customer 테이블에서 name이 '손흥민'보다 앞쪽에 위치하거나 같은 데이터를 출력하는 SQL이다.

손으로 익히는 코딩

```
SELECT * FROM customer
 WHERE name <= '손흥민';
```

cno	name	birth_date	mobile	reg_date
1001	손흥민	19920708	01000001111	2023-04-03
1004	김연아	19900905	NULL	2023-08-20

아래는 〈 〉 연산자를 이용하여 customer 테이블에서 name이 '손흥민'이 아닌 데이터를 출력하는 SQL이다.

손으로 익히는 코딩

```
SELECT * FROM customer
 WHERE name <> '손흥민';
```

cno	name	birth_date	mobile	reg_date
1002	유재석	NULL	01011112222	2023-05-01
1003	이지은	19930516	01022223333	2023-06-12
1004	김연아	19900905	NULL	2023-08-20
1005	차은우	19970330	01044445555	2023-12-25

논리 연산자(Logical Operators)

SQL에서 논리 연산자는 해당 데이터가 조건에 부합하는지 여부를 판단하는 데 사용된다. 특히 AND와 OR 연산자는 WHERE 절에서 둘 이상의 조건을 기반으로 데이터를 필터링하는 데에 많이 쓰인다.

구문	의미
AND	AND로 연결된 모든 조건이 참일 경우 true, 그 외 false
OR	OR로 연결된 조건 중 하나라도 참일 경우 true, 그 외 false
NOT	NOT 뒤에 주어진 조건이 false일 경우 true, true일 경우 false

① AND

코·드·소·개

```
SELECT column1, column2, ...
  FROM table_name
 WHERE condition1 AND condition2 AND condition3 ... ;
```

앞에서 생성해 두었던 body_profile 테이블의 데이터를 이용하여 SQL을 작성해 보도록 하자.

손으로 익히는 코딩

```
SELECT * FROM body_profile;
```

실행 결과

name	height	weight
손흥민	183	77
리오넬 메시	170	72
크리스티아누 호날두	189	85
킬리안 음바페	178	75
엘링 홀란드	194	88
네이마르 주니오르	175	68

아래는 신장이 170cm이고 몸무게가 72kg인 선수를 출력하는 SQL이다.

손으로 익히는 코딩

```
SELECT * FROM body_profile
 WHERE height = 170
   AND weight = 72;
```

name	height	weight
리오넬 메시	170	72

아래는 신장이 180cm가 넘고 체중이 80kg이 넘는 선수들을 출력하는 SQL이다.

손으로 익히는 코딩

```
SELECT * FROM body_profile
 WHERE  height > 180
   AND  weight > 80;
```

name	height	weight
크리스티아누 호날두	189	85
엘링 홀란드	194	88

② OR

코 · 드 · 소 · 개

```
SELECT column1, column2, ...
  FROM table_name
 WHERE condition1 OR condition2 OR condition3 ... ;
```

아래는 이름이 '킬리안 음바페'이거나 '엘링 홀란드'인 선수를 출력하는 SQL이다.

손으로 익히는 코딩

```
SELECT * FROM body_profile
 WHERE name = '킬리안 음바페'
    OR name = '엘링 홀란드';
```

name	height	weight
킬리안 음바페	178	75
엘링 홀란드	194	88

아래는 신장이 180cm가 넘거나 체중이 80kg이 넘는 선수들을 출력하는 SQL이다.

 손으로 익히는 코딩

```
SELECT * FROM body_profile
 WHERE height > 180
    OR weight > 80;
```

실행 결과

name	height	weight
손흥민	183	77
크리스티아누 호날두	189	85
엘링 홀란드	194	88

③ NOT

코·드·소·개

```
SELECT column1, column2, ...
  FROM table_name
 WHERE NOT condition1;
```

아래는 신장이 180cm가 넘지 않는 선수들을 출력하는 SQL이다.

 손으로 익히는 코딩

```
SELECT * FROM body_profile
 WHERE NOT height > 180;
```

실행 결과

name	height	weight
리오넬 메시	170	72
킬리안 음바페	178	75
네이마르 주니오르	175	68

아래는 '크리스티아누 호날두', '리오넬 메시'를 제외한 모든 선수들을 출력하는 SQL이다.

 손으로 익히는 코딩

```
SELECT * FROM body_profile
 WHERE NOT (name = '크리스티아누 호날두' OR name = '리오넬 메시');
```

name	height	weight
손흥민	183	77
킬리안 음바페	178	75
엘링 홀란드	194	88
네이마르 주니오르	175	68

AND, OR, NOT 연산자의 우선순위는 다음과 같으며 괄호를 사용하여 우선순위를 변경할 수 있다.

우선순위	연산자
1	NOT
2	AND
3	OR

아래 SQL을 실행했을 때 어떤 레코드가 출력될지 예측해 보자. WHERE 절에 OR 구문이 앞에 위치해 있긴 하지만 AND 조건이 우선순위가 높기 때문에 뒤에 있는 AND 구문부터 수행된다.

손으로 익히는 코딩

```sql
SELECT * FROM body_profile
  WHERE height > 180 OR weight < 80 AND name = '손흥민';
```

실행 결과

name	height	weight
손흥민	183	77
크리스티아누 호날두	189	85
엘링 홀란드	194	88

NULL 조건

NULL 조건은 특정 컬럼이 NULL인 데이터를 조회하고자 할 때, 혹은 특정 컬럼이 NULL이 아닌 데이터를 조회하고자 할 때 사용된다. NULL과의 연산은 항상 false를 반환하기 때문에 =, ⟨, ⟨ ⟩ 등의 비교 연산자를 사용할 수 없다는 것을 기억하도록 하자.

구문	의미
IS NULL	데이터가 NULL인
IS NOT NULL	데이터가 NULL이 아닌

```
SELECT column_names
  FROM table_name
 WHERE column_name IS NULL;

SELECT column_names
  FROM table_name
 WHERE column_name IS NOT NULL;
```

앞에서 생성해 두었던 customer 테이블의 데이터를 이용하여 SQL을 작성해 보도록 하자.

 손으로 익히는 코딩

```
SELECT * FROM customer;
```

실행 결과

cno	name	birth_date	mobile	reg_date
1001	손흥민	19920708	01000001111	2023-04-03
1002	유재석	NULL	01011112222	2023-05-01
1003	이지은	19930516	01022223333	2023-06-12
1004	김연아	19900905	NULL	2023-08-20
1005	차은우	19970330	01044445555	2023-12-25

아래는 customer 테이블에서 birth_date 컬럼의 데이터가 NULL인 데이터를 출력하는 SQL이나.

 손으로 익히는 코딩

```
SELECT * FROM customer
 WHERE birth_date IS NULL;
```

실행 결과

cno	name	birth_date	mobile	reg_date
1002	유재석	NULL	01011112222	2023-05-01

아래는 customer 테이블에서 mobile 컬럼의 데이터가 NULL이 아닌 데이터를 출력하는 SQL이다.

```
SELECT * FROM customer
 WHERE mobile IS NOT NULL;
```

실행 결과

cno	name	birth_date	mobile	reg_date
1001	손흥민	19920708	01000001111	2023-04-03
1002	유재석	NULL	01011112222	2023-05-01
1003	이지은	19930516	01022223333	2023-06-12
1005	차은우	19970330	01044445555	2023-12-25

에러에서 배우기

적지 않은 개발자들이 NULL 조건을 작성하면서 실수를 저지르는 부분이 IS NULL, IS NOT NULL 구문을 사용하지 않고 = 이나 〈〉, 〈, 〉와 같은 비교 연산자를 사용하는 것이다. 이런 경우 실질적으로 에러가 발생하진 않지만 원하는 결과가 도출되지 않는다. 왜냐하면 앞서 말했듯이 NULL과의 모든 연산은 false를 반환하기 때문이다. 아래 SQL은 customer 테이블에서 birth_date 컬럼의 데이터가 NULL인 레코드를 출력할 것처럼 보이지만 실제로는 0개의 레코드를 반환한다.

```
SELECT * FROM customer
 WHERE birth_date = NULL;
```

실행 결과

cno	name	birth_date	mobile	reg_date
NO DATA				

아래 SQL은 customer 테이블에서 mobile 컬럼의 데이터가 NULL이 아닌 레코드를 출력할 것처럼 보이지만 실제로는 0개의 레코드를 반환한다.

```
SELECT * FROM customer
 WHERE mobile <> NULL;
```

실행 결과

cno	name	birth_date	mobile	reg_date
NO DATA				

BETWEEN

BETWEEN은 두 값 사이에 있는 데이터를 출력하는 연산자로, 범위 조건을 작성할 때 유용하게 사용된다. 이 연산자는 숫자형, 문자형, 날짜형 등 다양한 데이터 타입에 적용이 가능하다. 주의해야 할 사항은 시작 값(value1)과 끝 값(value2)이 포함된다는 것이다.

 코·드·소·개

```
SELECT column_name(s)
  FROM table_name
 WHERE column_name BETWEEN value1 AND value2;
```

앞에서 생성해 두었던 customer 테이블의 데이터를 이용하여 SQL을 작성해 보도록 하자.

 손으로 익히는 코딩

```
SELECT * FROM customer;
```

실행 결과

cno	name	birth_date	mobile	reg_date
1001	손흥민	19920708	01000001111	2023-04-03
1002	유재석	NULL	01011112222	2023-05-01
1003	이지은	19930516	01022223333	2023-06-12
1004	김연아	19900905	NULL	2023-08-20
1005	차은우	19970330	01044445555	2023-12-25

아래는 customer 테이블에서 cno가 1002와 1004 사이인 데이터를 출력하는 SQL이다.

손으로 익히는 코딩

```
SELECT * FROM customer
 WHERE cno BETWEEN 1002 AND 1004;
```

실행 결과

cno	name	birth_date	mobile	reg_date
1002	유재석	NULL	01011112222	2023-05-01
1003	이지은	19930516	01022223333	2023-06-12
1004	김연아	19900905	NULL	2023-08-20

위 SQL은 아래 SQL로 대체될 수 있다.

 손으로 익히는 코딩

```sql
SELECT * FROM customer
 WHERE cno >= 1002
   AND cno <= 1004;
```

아래는 customer 테이블에서 이름이 '유재석'과 '차은우' 사이인 데이터를 출력하는 SQL이다.

 손으로 익히는 코딩

```sql
SELECT * FROM customer
 WHERE name BETWEEN '유재석' AND '차은우';
```

실행 결과

cno	name	birth_date	mobile	reg_date
1002	유재석	NULL	01011112222	2023-05-01
1003	이지은	19930516	01022223333	2023-06-12
1005	차은우	19970330	01044445555	2023-12-25

위 SQL은 아래 SQL로 대체될 수 있다.

 손으로 익히는 코딩

```sql
SELECT * FROM customer
 WHERE name >= '유재석'
   AND name <= '차은우';
```

아래는 customer 테이블에서 등록일이 '2023-04-01'과 '2023-05-31' 사이인 데이터를 출력하는 SQL이다.

 손으로 익히는 코딩

```sql
SELECT * FROM customer
 WHERE reg_date BETWEEN '2023-04-01' AND '2023-05-31';
```

cno	name	birth_date	mobile	reg_date
1001	손흥민	19920708	01000001111	2023-04-03
1002	유재석	NULL	01011112222	2023-05-01

위 SQL은 아래 SQL로 대체될 수 있다.

 손으로 익히는 코딩

```
SELECT * FROM customer
 WHERE reg_date >= '2023-04-01'
   AND reg_date <= '2023-05-31';
```

반대로 해당 범위를 제외한 나머지 데이터를 출력하고자 할 때는 NOT BETWEEN 구문을 이용
하면 된다. 아래는 customer 테이블에서 cno가 1002와 1004 사이인 데이터를 제외한 나머지
데이터를 출력하는 SQL이다.

 손으로 익히는 코딩

```
SELECT * FROM customer
 WHERE cno NOT BETWEEN 1002 AND 1004;
```

cno	name	birth_date	mobile	reg_date
1001	손흥민	19920708	01000001111	2023-04-03
1005	차은우	19970330	01044445555	2023-12-25

위 SQL은 아래 SQL로 대체될 수 있다.

 손으로 익히는 코딩

```
SELECT * FROM customer
 WHERE NOT (cno >= 1002 AND cno <= 1004);

SELECT * FROM customer
 WHERE cno < 1002
    OR cno > 1004;
```

아래는 customer 테이블에서 이름이 '유재석'과 '차은우' 사이인 데이터를 제외한 나머지 데이터를 출력하는 SQL이다.

```
SELECT * FROM customer
 WHERE name NOT BETWEEN '유재석' AND '차은우';
```

실행 결과

cno	name	birth_date	mobile	reg_date
1001	손흥민	19920708	01000001111	2023-04-03
1004	김연아	19900905	NULL	2023-08-20

위 SQL은 아래 SQL로 대체될 수 있다.

```
SELECT * FROM customer
 WHERE NOT (name >= '유재석' AND name <= '차은우');

SELECT * FROM customer
 WHERE name < '유재석' OR name > '차은우';
```

아래는 customer 테이블에서 등록일이 '2023-04-01'과 '2023-05-31' 사이인 데이터를 제외한 나머지 데이터를 출력하는 SQL이다.

```
SELECT * FROM customer
 WHERE reg_date NOT BETWEEN '2023-04-01' AND '2023-05-31';
```

실행 결과

cno	name	birth_date	mobile	reg_date
1003	이지은	19930516	01022223333	2023-06-12
1004	김연아	19900905	NULL	2023-08-20
1005	차은우	19970330	01044445555	2023-12-25

위 SQL은 아래 SQL로 대체될 수 있다.

손으로 익히는 코딩

```sql
SELECT * FROM customer
 WHERE NOT (reg_date >= '2023-04-01' AND reg_date <= '2023-05-31');

SELECT * FROM customer
 WHERE reg_date < '2023-04-01' OR reg_date > '2023-05-31';
```

IN

IN 조건은 주어진 리스트 중에 일치하는 데이터가 있는 행을 출력한다. IN 조건은 여러 개의
OR 조건으로 대체될 수 있으며, 대체했을 경우 생성되는 OR 구문의 수는 리스트에 존재하는 값
의 수에 비례한다.

코·드·소·개

```sql
SELECT column_name(s)
  FROM table_name
 WHERE column_name IN (value1, value2, ...);
```

앞에서 생성해 두었던 customer 테이블의 데이터를 이용하여 SQL을 작성해 보도록 하자.

손으로 익히는 코딩

```sql
SELECT * FROM customer;
```

실행 결과

cno	name	birth_date	mobile	reg_date
1001	손흥민	19920708	01000001111	2023-04-03
1002	유재석	NULL	01011112222	2023-05-01
1003	이지은	19930516	01022223333	2023-06-12
1004	김연아	19900905	NULL	2023-08-20
1005	차은우	19970330	01044445555	2023-12-25

아래는 customer 테이블에서 cno가 1002이거나 1004인 데이터를 출력하는 SQL이다.

```
SELECT * FROM customer
 WHERE cno IN (1002, 1004);
```

실행 결과

cno	name	birth_date	mobile	reg_date
1002	유재석	NULL	01011112222	2023-05-01
1004	김연아	19900905	NULL	2023-08-20

위 SQL은 아래 SQL로 대체될 수 있다.

```
SELECT * FROM customer
 WHERE cno = 1002
    OR cno = 1004;
```

반대로 cno가 1002이거나 1004인 데이터를 제외한 나머지 데이터를 출력하고자 할 때는 NOT IN 구문을 이용하면 된다. 아래 SQL은 customer 테이블에서 cno 컬럼의 데이터가 1002와 1004인 레코드를 제외한 나머지 데이터를 출력한다.

```
SELECT * FROM customer
 WHERE cno NOT IN (1002, 1004);
```

실행 결과

cno	name	birth_date	mobile	reg_date
1001	손흥민	19920708	01000001111	2023-04-03
1003	이지은	19930516	01022223333	2023-06-12
1005	차은우	19970330	01044445555	2023-12-25

위 SQL은 아래 SQL로 대체될 수 있다.

```
SELECT * FROM customer
 WHERE NOT (cno = 1002 OR cno = 1004);

SELECT * FROM customer
 WHERE cno <> 1002 AND cno <> 1004;
```

아래는 customer 테이블에서 이름이 '유재석'과 '차은우'인 데이터를 제외한 나머지 데이터를
출력하는 SQL이다.

 손으로 익히는 코딩

```
SELECT * FROM customer
 WHERE name NOT IN ('유재석', '차은우');
```

실행 결과

cno	name	birth_date	mobile	reg_date
1001	손흥민	19920708	01000001111	2023-04-03
1003	이지은	19930516	01022223333	2023-06-12
1004	김연아	19900905	NULL	2023-08-20

위 SQL은 아래 SQL로 대체될 수 있다.

 손으로 익히는 코딩

```
SELECT * FROM customer
 WHERE NOT (name = '유재석' OR name = '차은우');

SELECT * FROM customer
 WHERE name <> '유재석' AND name <> '차은우';
```

아래는 customer 테이블에서 등록일이 '2023-04-03'과 '2023-05-01'인 데이터를 제외한
나머지 데이터를 출력하는 SQL이다.

손으로 익히는 코딩

```
SELECT * FROM customer
 WHERE reg_date NOT IN ('2023-04-03', '2023-05-01');
```

cno	name	birth_date	mobile	reg_date
1003	이지은	19930516	01022223333	2023-06-12
1004	김연아	19900905	NULL	2023-08-20
1005	차은우	19970330	01044445555	2023-12-25

위 SQL은 아래 SQL로 대체될 수 있다.

 손으로 익히는 코딩

```
SELECT * FROM customer
 WHERE NOT (reg_date = '2023-04-03' OR reg_date = '2023-05-01');

SELECT * FROM customer
 WHERE reg_date <> '2023-04-03' AND reg_date <> '2023-05-01';
```

LIKE

LIKE 조건은 주어진 패턴을 포함하는 문자를 조회하는 패턴 매칭 조건이다. 조건문에서 패턴을
정의할 시 와일드카드*인 '%'와 '_'를 이용하여 기술할 수 있으며 각각의 의미는 다음과 같다.

구문	의미
column LIKE 'S%'	컬럼값이 'S'로 시작하는
column LIKE '%L'	컬럼값이 'L'로 끝나는
column LIKE '%Q%'	컬럼값에 'Q'가 포함되는
column LIKE 'S%L'	컬럼값이 'S'로 시작되고 'L'로 끝나는
column LIKE 'S__'	컬럼값이 'S'로 시작하는 세 글자
column LIKE '__L'	컬럼값이 'L'로 끝나는 세 글자
column LIKE '_Q_'	컬럼값의 가운데 글자가 'Q'인 세 글자
column LIKE '%R_'	컬럼값의 오른쪽 끝에서 두 번째 글자가 'R'인
column LIKE '_Q%'	컬럼값의 왼쪽 끝에서 두 번째 글자가 'Q'인

코·드·소·개

```
SELECT column1, column2, ...
  FROM table_name
 WHERE columnN LIKE pattern;
```

기초 용어 정리

* **와일드카드(Wildcard)**: 특정 문자열이나 데이터를 찾을 때 사용되는 특수 문자

앞에서 생성해 두었던 customer 테이블의 데이터를 이용하여 SQL을 작성해 보도록 하자.

 손으로 익히는 코딩

```
SELECT * FROM customer;
```

실행 결과

cno	name	birth_date	mobile	reg_date
1001	손흥민	19920708	01000001111	2023-04-03
1002	유재석	NULL	01011112222	2023-05-01
1003	이지은	19930516	01022223333	2023-06-12
1004	김연아	19900905	NULL	2023-08-20
1005	차은우	19970330	01044445555	2023-12-25

아래는 customer 테이블에서 name에 '은'이 포함되는 데이터를 출력하는 SQL이다.

 손으로 익히는 코딩

```
SELECT * FROM customer
 WHERE name LIKE '%은%';
```

실행 결과

cno	name	birth_date	mobile	reg_date
1003	이지은	19930516	01022223333	2023-06-12
1005	차은우	19970330	01044445555	2023-12-25

아래는 customer 테이블에서 birth_date가 7월인 데이터를 출력하는 SQL이다.

손으로 익히는 코딩

```
SELECT * FROM customer
 WHERE birth_date LIKE '____07%';

SELECT * FROM customer
 WHERE birth_date LIKE '%07__';
```

cno	name	birth_date	mobile	reg_date
1001	손흥민	19920708	01000001111	2023-04-03

반대로 해당 데이터를 제외한 나머지 데이터를 출력하고자 할 때는 NOT LIKE 구문을 이용하면 된다.

코·드·소·개

```
SELECT column1, column2, ...
  FROM table_name
 WHERE columnN NOT LIKE pattern;
```

아래 SQL은 customer 테이블에서 name에 '은'이 포함되는 레코드를 제외한 나머지 레코드를 출력한다.

 손으로 익히는 코딩

```
SELECT * FROM customer
 WHERE name NOT LIKE '%은%';
```

실행 결과

cno	name	birth_date	mobile	reg_date
1001	손흥민	19920708	01000001111	2023-04-03
1002	유재석	NULL	01011112222	2023-05-01
1004	김연아	19900905	NULL	2023-08-20

아래 SQL은 customer 테이블에서 birth_date가 7월인 레코드를 제외한 나머지 데이터 출력한다.

손으로 익히는 코딩

```
SELECT * FROM customer
 WHERE birth_date NOT LIKE '____07%';

SELECT * FROM customer
 WHERE birth_date NOT LIKE '%07__';
```

cno	name	birth_date	mobile	reg_date
1003	이지은	19930516	01022223333	2023-06-12
1004	김연아	19900905	NULL	2023-08-20
1005	차은우	19970330	01044445555	2023-12-25

코딩테스트 예제

그 많던 도넛은 누가 다 먹었을까

다음은 도넛 가게에서 판매하는 도넛에 대한 데이터가 담긴 donut_info 테이블이다. donut_info 테이블은 다음과 같으며 name, price, description, nutrition, allergy, reg_date는 각각 도넛 이름, 가격, 상세 설명, 영양 정보, 알러지 정보, 등록 일자를 의미한다.

Column Name	Data Type
name	VARCHAR
price	INT
description	VARCHAR
nutrition	VARCHAR
allergy	VARCHAR
reg_date	VARCHAR

donut_info

name	price	description	nutrition	allergy	reg_date
커피도넛	2500	커피 우유를 재해석한 부드러운 우유 도넛	244kcal	밀,대두,계란,우유	20230404
먼치킨	500	부드러운 크림을 넣은 한입 크기 도넛	40kcal	밀,대두	20230201
카페모카롤	1800	향긋한 모카의 맛과 향을 느낄 수 있는 제품	329kcal	밀,대두,우유	20220112
스트로베리 필드	1700	예쁜 딸기가 상큼, 새하얀 슈가 파우더가 입안에서 스르륵	223kcal	밀,대두	20220522
허니후리터	1800	도너츠 반죽을 손가락으로 꾹꾹, 틈새 사이로 진한 벌꿀 시럽	322kcal	NULL	20230211
보스톤 크림	1500	부드러운 크림과 달콤한 초콜릿이 조화를 이룬 제품	226kcal	밀,대두,우유	20230715
글레이즈드	1500	더욱 촉촉하고 부드러워진 달콤한 정통 도넛	199kcal	밀,대두	20221224
올리브 츄이스티	1700	향긋한 올리브유가 들어간 쫄깃한 도넛	216kcal	밀,대두,계란,우유	20220829
카카오 후로스티드	1700	카카오의 진한 맛과 부드러운 도넛, 일곱 빛깔 무지개 컬러	198kcal	밀,대두,우유	20220602
스위트 듀얼하트	2500	NULL	297kcal	밀,대두,우유	20231114

Q1 도넛의 정보 중 상세 설명이 누락되었거나 알러지 정보가 누락된 도넛의 이름(name)과 가격을 출력하는 SQL을 작성하려면 어떻게 해야 할까?

*SQL을 실행하면 다음과 같이 출력되어야 한다.

name	price
허니후리터	1800
스위트 듀얼하트	2500

Quick Tip

테이블에서 특정 컬럼이 NULL인 데이터를 찾으려면 IS NULL 구문을 사용해야 하고, A이거나 B인 데이터를 출력하기 위해서는 OR 연산자를 사용해야 합니다.

정답

```sql
SELECT name,
       price
  FROM donut_info
 WHERE description IS NULL OR allergy IS NULL;
```

Q2 가격이 1,500원 이상, 2,000원 이하인 도넛의 이름, 가격, 영양 정보를 출력하는 SQL을 작성하려면 어떻게 해야 할까?

*SQL을 실행하면 다음과 같이 출력되어야 한다.

name	price	nutrition
카페모카롤	1800	329kcal
스트로베리 필드	1700	223kcal
허니후리터	1800	322kcal
보스톤 크림	1500	226kcal
글레이즈드	1500	199kcal
올리브 츄이스티	1700	216kcal
카카오 후로스티드	1700	198kcal

Quick Tip

범위 조건을 가진 SQL을 작성하기 위해서는 BETWEEN 구문이나 부등호를 이용할 수 있습니다.

정답

```
SELECT name,
       price,
       nutrition
  FROM donut_info
 WHERE price BETWEEN 1500 AND 2000;
```

위 SQL을 부등호로 표현하면 다음과 같다.

또 다른 정답

```
SELECT name,
       price,
       nutrition
  FROM donut_info
 WHERE price >= 1500 AND price <= 2000;
```

Q3 도넛의 정보 중 이름(name)이 커피도넛, 카페모카롤, 글레이즈드인 도넛의 모든 정보(전체 컬럼)를 출력하는 SQL을 작성하려면 어떻게 해야 할까?

*SQL을 실행하면 다음과 같이 출력되어야 한다.

name	price	description	nutrition	allergy	reg_date
커피도넛	2500	커피 우유를 재해석한 부드러운 우유 도넛	244kcal	밀,대두,계란,우유	20230404
카페모카롤	1800	향긋한 모카의 맛과 향을 느낄 수 있는 제품	329kcal	밀,대두,우유	20220112
글레이즈드	1500	더욱 촉촉하고 부드러워진 달콤한 정통 도넛	199kcal	밀,대두	20221224

Quick Tip

주어진 리스트 중에 일치하는 데이터가 있는 행을 출력하기 위해서는 IN 조건을 사용할 수 있으며 이는 OR 연산자로 대체될 수 있습니다.

정답

```
SELECT *
  FROM donut_info
 WHERE name IN ('커피도넛','카페모카롤','글레이즈드');
```

위 SQL을 OR 구문으로 표현하면 다음과 같다.

또 다른 정답

```
SELECT *
  FROM donut_info
 WHERE name = '커피도넛'
    OR name = '카페모카롤'
    OR name = '글레이즈드';
```

Q4 알려진 정보(allergy)에 우유가 포함된 도넛의 이름(name), 영양 정보(nutrition), 알러지 정보 (allergy)를 출력하는 SQL을 작성하려면 어떻게 해야 할까?

*SQL을 실행하면 다음과 같이 출력되어야 한다.

name	nutrition	allergy
커피도넛	244kcal	밀,대두,계란,우유
카페모카롤	329kcal	밀,대두,우유
보스톤 크림	226kcal	밀,대두,우유
올리브 츄이스티	216kcal	밀,대두,계란,우유
카카오 후로스티드	198kcal	밀,대두,우유
스위트 듀얼하트	297kcal	밀,대두,우유

Quick Tip

SQL에서 키워드 검색을 하기 위해 LIKE 구문을 이용할 수 있습니다.

정답

```
SELECT name,
       nutrition,
       allergy
  FROM donut_info
 WHERE allergy LIKE '%우유%';
```

좋은 책을 읽는다는 것은 과거의 가장 훌륭한 사람들과 대화하는 것이다.

다음은 서점에서 판매하는 책에 대한 데이터가 담긴 book 테이블과 책에 대한 주문 정보가 담긴 order_info 테이블, 주문된 책의 배송 정보가 담긴 delivery 테이블이다. book 테이블은 다음과 같으며 book_id, book_name, writer, price는 각각 도서 아이디, 도서명, 작가, 가격을 의미한다.

Column Name	Data Type
book_id	VARCHAR
book_name	VARCHAR
writer	VARCHAR
price	INT

order_info 테이블은 다음과 같으며 order_code, member_id, book_id, order_date는 각각 주문 코드, 회원 아이디, 도서 아이디, 주문 일자를 의미한다.

Column Name	Data Type
order_code	VARCHAR
member_id	VARCHAR
book_id	VARCHAR
order_date	DATE

delivery 테이블은 다음과 같으며 delivery_code, order_code, status, finish_date는 각각 배송 코드, 주문 코드, 배송상태, 배송완료 일자를 의미한다.

Column Name	Data Type
delivery_code	VARCHAR
order_code	VARCHAR
status	VARCHAR
finish_date	DATE

배송상태의 종류로는 결제완료, 상품준비중, 배송준비중, 배송중, 배송완료가 있으며 배송완료 일자는 배송상태가 배송완료일 경우에만 존재한다.

book

book_id	book_name	writer	price
230907	마흔에 읽는 쇼펜하우어	강용수	17000
231214	흔한남매	백난도	14500
240105	내가 한 말을 내가 오해하지 않기로 함	문상훈	19800
230302	세이노의 가르침	세이노	7200
230830	퓨처 셀프	벤저민 하디	19800
230428	도둑맞은 집중력	요한 하리	18800
231030	남에게 보여주려고 인생을 낭비하지 마라	쇼펜하우어	17500
230925	생각이 너무 많은 어른들을 위한 심리학	김혜남	17800
230922	요즘 어른을 위한 최소한의 세계사	임소미	18800
231127	이처럼 사소한 것들	클레어 키건	13800

order_info

order_code	member_id	book_id	order_date
24010901	aaa10	230907	2024-01-09
24010902	bbb20	230302	2024-01-09
24010903	ccc30	231127	2024-01-09
24010904	ddd40	230922	2024-01-09
24011001	aaa10	231030	2024-01-10
24011002	ccc30	230907	2024-01-10
24011003	eee50	231127	2024-01-10
24011004	fff60	230428	2024-01-10
24011005	bbb20	240105	2024-01-10
24011006	ggg70	230428	2024-01-10
24011101	aaa10	230907	2024-01-11
24011102	ccc30	230925	2024-01-11
24011103	eee50	231127	2024-01-11
24011104	ggg70	230922	2024-01-11
24011105	bbb20	231030	2024-01-11
24011106	ddd40	230907	2024-01-11
24011107	fff60	230830	2024-01-11
24011201	aaa10	230830	2024-01-12
24011202	bbb20	240105	2024-01-12
24011203	ccc30	230428	2024-01-12

● delivery

delivery_code	order_code	status	finish_date
C211	24010901	배송완료	2024-01-12
C212	24010902	배송완료	2024-01-13
C213	24010903	배송중	NULL
C214	24010904	배송완료	2024-01-12
C215	24011001	배송준비중	NULL
C216	24011002	상품준비중	NULL
C217	24011003	배송완료	2024-01-13
C218	24011004	상품준비중	NULL
C219	24011005	배송중	NULL
C220	24011006	상품준비중	NULL
C221	24011101	상품준비중	NULL
C222	24011102	결제완료	NULL
C223	24011103	배송중	NULL
C224	24011104	상품준비중	NULL
C225	24011105	상품준비중	NULL
C226	24011106	상품준비중	NULL
C227	24011107	결제완료	NULL
C228	24011201	결제완료	NULL
C229	24011202	결제완료	NULL
C230	24011203	상품준비중	NULL

Q5 도서명이나 작가 데이터에 '쇼펜하우어' 단어가 포함되는 도서의 모든 컬럼을 출력하는 SQL을 작성하려면 어떻게 해야 할까?

*SQL을 실행하면 다음과 같이 출력되어야 한다.

book_id	book_name	writer	price
230907	마흔에 읽는 쇼펜하우어	강용수	17000
231030	남에게 보여주려고 인생을 낭비하지 마라	쇼펜하우어	17500

Quick Tip

SQL에서 키워드 검색을 하기 위해 LIKE 구문을 이용할 수 있으며, A이거나 B인 데이터를 출력하기 위해서는 OR 연산자를 사용해야 합니다.

정답

```sql
SELECT *
  FROM book
 WHERE book_name LIKE '%쇼펜하우어%'
    OR writer LIKE '%쇼펜하우어%';
```

Q6 2024년 1월 9일과 1월 10일 사이에 아이디가 'aaa10'인 회원이 구매한 도서의 아이디를 출력하는 SQL을 작성하려면 어떻게 해야 할까?

*SQL을 실행하면 다음과 같이 출력되어야 한다.

book_id
230907
231030

Quick Tip

범위 조건을 가진 SQL을 작성하기 위해서는 BETWEEN 구문이나 부등호를 이용할 수 있으며, A이고 B인 데이터를 출력하기 위해서는 AND 연산자를 사용해야 합니다.

정답

```sql
SELECT book_id
  FROM order_info
 WHERE order_date BETWEEN '2024-01-09' AND '2024-01-10'
   AND member_id = 'aaa10';
```

위 SQL을 부등호로 표현하면 다음과 같다.

또 다른 정답

```sql
SELECT book_id
  FROM order_info
 WHERE order_date >= '2024-01-09'
   AND order_date <= '2024-01-10'
   AND member_id = 'aaa10';
```

Q7 배송상태가 '배송중'이거나 '배송완료'인 주문 건의 배송 코드, 배송상태, 배송완료 일자 헤더 명을 한글로 변환하여 출력하는 SQL을 작성하려면 어떻게 해야 할까?

*SQL을 실행하면 다음과 같이 출력되어야 한다.

배송 코드	배송상태	배송완료 일자
C211	배송완료	2024-01-12
C212	배송완료	2024-01-13
C213	배송중	NULL
C214	배송완료	2024-01-12
C217	배송완료	2024-01-13
C219	배송중	NULL
C223	배송중	NULL

Quick Tip

주어진 리스트 중에 일치하는 데이터가 있는 행을 출력하기 위해서는 IN 조건을 사용할 수 있으며, 이는 OR 연산자로 대체될 수 있습니다. 그리고 컬럼에 Alias를 한글로 지정하려면 Alias를 " "(큰 따옴표)로 감싸 주어야 합니다.

정답

```
SELECT delivery_code AS "배송 코드",
       status AS "배송상태",
       finish_date AS "배송완료 일자"
  FROM delivery
 WHERE status IN ('배송중', '배송완료');
```

위 SQL을 OR 구문으로 표현하면 다음과 같다.

또 다른 정답

```
SELECT  delivery_code AS "배송 코드",
        status AS "배송상태",
        finish_date AS "배송완료 일자"
  FROM  delivery
 WHERE  status = '배송중'
    OR  status = '배송완료';
```

03

ORDER BY

✓ 핵심 키워드

#ORDER BY #정렬 #SORTING #오름차순 #내림차순

여기서는 무얼 배울까

원하는 데이터를 필터링해서 골라내는 데에 성공했다 하더라도 출력된 순서가 뒤죽박죽이라면 우리는 그것을 한눈에 알아보기가 힘들 것이다. 데이터를 날짜순으로 보기 좋게 정렬하거나 이름을 가나다순으로 찾기 쉽게 정렬하기 위해 데이터베이스에서는 ORDER BY 구문을 제공하고 있다. 지금부터 ORDER BY 구문의 사용법에 대해 알아보도록 하자.

단일 컬럼 정렬

ORDER BY 절은 결과 데이터를 오름차순 또는 내림차순으로 정렬하는 데 사용된다. ORDER BY 절의 단일 컬럼 정렬 문법은 다음과 같다.

```
코·드·소·개
SELECT column1, column2, ...
  FROM table_name
 WHERE condition
 ORDER BY column1 ASC|DESC;
```

단일 컬럼 정렬은 ORDER BY 구문의 가장 기본이 되는 타입으로 하나의 컬럼을 기준으로 데이터를 정렬하는 방식이다. ORDER BY 구문의 옵션으로는 오름차순과 내림차순이 있는데 기본값은 오름차순이며 옵션 생략 시 데이터는 오름차순으로 정렬된다. ORDER BY 구문은 모든 데이터가 SELECT 된 뒤 마지막에 수행되며 ORDER BY 구문이 없을 시 데이터는 랜덤순으로 출력된다.

옵션	의미
ASC	오름차순(ASCending)
DESC	내림차순(DESCending)

실제 예제를 통해 좀 더 자세히 알아보도록 하자.

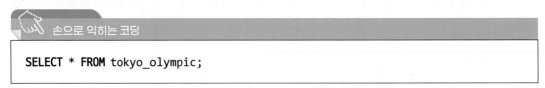

손으로 익히는 코딩

```sql
USE mydb;

CREATE TABLE tokyo_olympic (
    item    VARCHAR(10),
    team    VARCHAR(3),
    player    VARCHAR(20),
    medal_type    VARCHAR(10),
    medal_cnt    INT
);

INSERT INTO tokyo_olympic VALUES('양궁','KOR','San An','금',3);
INSERT INTO tokyo_olympic VALUES('양궁','KOR','Je Deok Kim','금',2);
INSERT INTO tokyo_olympic VALUES('양궁','KOR','Woojin Kim','금',1);
INSERT INTO tokyo_olympic VALUES('양궁','KOR','Jin Hyek Oh','금',1);
INSERT INTO tokyo_olympic VALUES('양궁','TUR','Kete Gazoz','금',1);
INSERT INTO tokyo_olympic VALUES('양궁','ROC','Elena Osipova','은',2);
INSERT INTO tokyo_olympic VALUES('양궁','ROC','Ksenia Perova','은',1);
INSERT INTO tokyo_olympic VALUES('양궁','ROC','Svetlana Gomboeva','은',1);
INSERT INTO tokyo_olympic VALUES('양궁','TPE','Chih-Chun Tang','은',1);
INSERT INTO tokyo_olympic VALUES('양궁','NED','Gabriela Bayardo','은',1);
INSERT INTO tokyo_olympic VALUES('양궁','JPN','Takaharu Furukawa','동',2);
INSERT INTO tokyo_olympic VALUES('양궁','MEX','Luis Alvarez','동',1);
INSERT INTO tokyo_olympic VALUES('양궁','GER','Lisa Unruh','동',1);
INSERT INTO tokyo_olympic VALUES('양궁','JPN','Yuki Kawata','동',1);
INSERT INTO tokyo_olympic VALUES('양궁','ITA','Lucilla Boari','동',1);

COMMIT;
```

[SQL 스크립트] 입문_ch2-3-1-tokyo_olympic.sql

위와 같이 테이블과 데이터를 생성한 뒤 tokyo_olympic 테이블을 전체 조회해 보자.

손으로 익히는 코딩

```sql
SELECT * FROM tokyo_olympic;
```

item	team	player	medal_type	medal_cnt
양궁	KOR	San An	금	3
양궁	KOR	Je Deok Kim	금	2
양궁	KOR	Woojin Kim	금	1
양궁	KOR	Jin Hyek Oh	금	1
양궁	TUR	Kete Gazoz	금	1
양궁	ROC	Elena Osipova	은	2
양궁	ROC	Ksenia Perova	은	1
양궁	ROC	Svetlana Gomboeva	은	1
양궁	TPE	Chih-Chun Tang	은	1
양궁	NED	Gabriela Bayardo	은	1
양궁	JPN	Takaharu Furukawa	동	2
양궁	MEX	Luis Alvarez	동	1
양궁	GER	Lisa Unruh	동	1
양궁	JPN	Yuki Kawata	동	1
양궁	ITA	Lucilla Boari	동	1

아래는 tokyo_olympic 테이블의 전체 데이터를 player를 기준으로 오름차순 하여 출력하는 SQL이다.

 손으로 익히는 코딩

```
SELECT * FROM tokyo_olympic
 ORDER BY player ASC;
```

Quick Tip

오름차순을 의미하는 ASC 옵션은 생략이 가능합니다.

item	team	player	medal_type	medal_cnt
양궁	TPE	Chih-Chun Tang	은	1
양궁	ROC	Elena Osipova	은	2
양궁	NED	Gabriela Bayardo	은	1
양궁	KOR	Je Deok Kim	금	2
양궁	KOR	Jin Hyek Oh	금	1
양궁	TUR	Kete Gazoz	금	1
양궁	ROC	Ksenia Perova	은	1
양궁	GER	Lisa Unruh	동	1
양궁	ITA	Lucilla Boari	동	1

양궁	MEX	Luis Alvarez	동	1
양궁	KOR	San An	금	3
양궁	ROC	Svetlana Gomboeva	은	1
양궁	JPN	Takaharu Furukawa	동	2
양궁	KOR	Woojin Kim	금	1
양궁	JPN	Yuki Kawata	동	1

아래는 tokyo_olympic 테이블의 전체 데이터를 medal_cnt를 기준으로 내림차순 하여 출력하는 SQL이다.

 손으로 익히는 코딩

```
SELECT * FROM tokyo_olympic
 ORDER BY medal_cnt DESC;
```

실행 결과

item	team	player	medal_type	medal_cnt
양궁	KOR	San An	금	3
양궁	KOR	Je Deok Kim	금	2
양궁	ROC	Elena Osipova	은	2
양궁	JPN	Takaharu Furukawa	동	2
양궁	JPN	Yuki Kawata	동	1
양궁	MEX	Luis Alvarez	동	1
양궁	GER	Lisa Unruh	동	1
양궁	NED	Gabriela Bayardo	은	1
양궁	TPE	Chih–Chun Tang	은	1
양궁	ROC	Svetlana Gomboeva	은	1
양궁	ROC	Ksenia Perova	은	1
양궁	KOR	Woojin Kim	금	1
양궁	KOR	Jin Hyek Oh	금	1
양궁	TUR	Kete Gazoz	금	1
양궁	ITA	Lucilla Boari	동	1

이번에는 앞에서 생성해 두었던 customer 테이블의 데이터를 이용하여 SQL을 작성해 보도록 하자.

```
SELECT * FROM customer;
```

실행 결과

cno	name	birth_date	mobile	reg_date
1001	손흥민	19920708	01000001111	2023-04-03
1002	유재석	NULL	01011112222	2023-05-01
1003	이지은	19930516	01022223333	2023-06-12
1004	김연아	19900905	NULL	2023-08-20
1005	차은우	19970330	01044445555	2023-12-25

아래는 customer 테이블의 전체 데이터를 birth_date를 기준으로 내림차순 하여 출력하는 SQL이다.

```
SELECT * FROM customer
 ORDER BY birth_date DESC;
```

실행 결과

cno	name	birth_date	mobile	reg_date
1005	차은우	19970330	01044445555	2023-12-25
1003	이지은	19930516	01022223333	2023-06-12
1001	손흥민	19920708	01000001111	2023-04-03
1004	김연아	19900905	NULL	2023-08-20
1002	유재석	NULL	01011112222	2023-05-01

여기서 주의할 점은 ORDER BY의 기준이 되는 컬럼의 데이터가 NULL인 경우 최솟값으로 취급되어 오름차순을 할 시에는 맨 앞에, 내림차순을 할 시에는 맨 뒤에 위치하게 된다는 것이다. 만약 NULL인 데이터를 맨 앞이나 맨 뒤 중 의도한 곳에 위치시키고 싶다면 아래 옵션을 별도로 주어야 한다.

옵션	의미
column **IS NULL ASC**	NULL인 데이터를 맨 뒤에 위치시킨다.
column **IS NULL DESC**	NULL인 데이터를 맨 앞에 위치시킨다.

아래 SQL은 customer 테이블의 전체 데이터를 birth_date를 기준으로 내림차순 하여 출력하되 NULL인 데이터를 맨 앞에 위치시킨다.

 손으로 익히는 코딩

```
SELECT * FROM customer
 ORDER BY birth_date IS NULL DESC, birth_date DESC;
```

실행 결과

cno	name	birth_date	mobile	reg_date
1002	유재석	NULL	01011112222	2023-05-01
1005	차은우	19970330	01044445555	2023-12-25
1003	이지은	19930516	01022223333	2023-06-12
1001	손흥민	19920708	01000001111	2023-04-03
1004	김연아	19900905	NULL	2023-08-20

아래 SQL은 customer 테이블의 전체 데이터를 mobile 컬럼을 기준으로 내림차순 하여 출력하되 NULL인 데이터를 맨 뒤에 위치시킨다.

 손으로 익히는 코딩

```
SELECT * FROM customer
 ORDER BY mobile IS NULL ASC, mobile DESC;
```

실행 결과

cno	name	birth_date	mobile	reg_date
1005	차은우	19970330	01044445555	2023-12-25
1003	이지은	19930516	01022223333	2023-06-12
1002	유재석	NULL	01011112222	2023-05-01
1001	손흥민	19920708	01000001111	2023-04-03
1004	김연아	19900905	NULL	2023-08-20

다중 컬럼 정렬

데이터를 출력할 때 여러 컬럼을 기준으로 정렬할 수도 있다. ORDER BY 절의 다중 컬럼 정렬 문법은 다음과 같다.

```
SELECT column1, column2, ...
  FROM table_name
 WHERE condition
 ORDER BY column1 ASC|DESC, column2 ASC|DESC, ... ;
```

다중 컬럼 정렬을 하기 위해서는 ORDER BY 절에 두 개 이상의 컬럼을 지정해야 된다. 각 컬럼에는 옵션을 별개로 설정할 수 있으며, 가장 왼쪽에 위치한(가장 먼저 언급된) 컬럼부터 높은 우선순위가 부여된다. 앞에서 생성해 두었던 tokyo_olympic 테이블의 데이터를 이용하여 SQL을 작성해 보도록 하자.

손으로 익히는 코딩

```
SELECT * FROM tokyo_olympic;
```

실행 결과

item	team	player	medal_type	medal_cnt
양궁	KOR	San An	금	3
양궁	KOR	Je Deok Kim	금	2
양궁	KOR	Woojin Kim	금	1
양궁	KOR	Jin Hyek Oh	금	1
양궁	TUR	Kete Gazoz	금	1
양궁	ROC	Elena Osipova	은	2
양궁	ROC	Ksenia Perova	은	1
양궁	ROC	Svetlana Gomboeva	은	1
양궁	TPE	Chih-Chun Tang	은	1
양궁	NED	Gabriela Bayardo	은	1
양궁	JPN	Takaharu Furukawa	동	2
양궁	MEX	Luis Alvarez	동	1
양궁	GER	Lisa Unruh	동	1
양궁	JPN	Yuki Kawata	동	1
양궁	ITA	Lucilla Boari	동	1

아래는 tokyo_olympic 테이블의 전체 데이터를 medal_type을 기준으로 오름차순 한 뒤 동일 medal_type에 대해 medal_cnt로 내림차순 하여 출력하는 SQL이다.

```
SELECT * FROM tokyo_olympic
 ORDER BY medal_type, medal_cnt DESC;
```

실행 결과

item	team	player	medal_type	medal_cnt
양궁	KOR	San An	금	3
양궁	KOR	Je Deok Kim	금	2
양궁	KOR	Woojin Kim	금	1
양궁	KOR	Jin Hyek Oh	금	1
양궁	TUR	Kete Gazoz	금	1
양궁	JPN	Takaharu Furukawa	동	2
양궁	JPN	Yuki Kawata	동	1
양궁	MEX	Luis Alvarez	동	1
양궁	GER	Lisa Unruh	동	1
양궁	ITA	Lucilla Boari	동	1
양궁	ROC	Elena Osipova	은	2
양궁	NED	Gabriela Bayardo	은	1
양궁	TPE	Chih-Chun Tang	은	1
양궁	ROC	Ksenia Perova	은	1
양궁	ROC	Svetlana Gomboeva	은	1

다중 컬럼 정렬을 할 때 간과해서는 안 되는 것이 있는데, 하나의 행 데이터는 세트이기 때문에 따로 놀 수 없다는 사실이다. 간혹 위와 같은 상황에서 medal_cnt 컬럼이 2인 데이터가 1인 데이터보다 왜 아래에 있는지에 대한 질문을 받는다. ORDER BY 절에서 medal_type 컬럼의 우선순위가 더 높기 때문에 금메달을 1개 획득한 전재덕 선수가 동메달을 2개 획득한 Takaharu Furukawa 선수보다 위에 위치하게 된다는 것을 이해하도록 하자. 아래는 tokyo_olympic 테이블에 있는 한국 팀 데이터를 medal_cnt 기준으로 내림차순 한 뒤 동일 medal_cnt에 대해 player로 오름차순 하여 출력하는 SQL이다.

```
SELECT item,
       player,
       medal_cnt
  FROM tokyo_olympic
 WHERE team = 'KOR'
 ORDER BY medal_cnt DESC, player;
```

실행 결과

item	player	medal_cnt
양궁	San An	3
양궁	Je Deok Kim	2
양궁	Jin Hyek Oh	1
양궁	Woojin Kim	1

LIMIT

LIMIT 절은 출력할 데이터의 행의 개수를 지정하는 데 사용된다.

코·드·소·개

```
SELECT column_name(s)
  FROM table_name
 WHERE condition
 LIMIT number;
```

LIMIT 절을 이용하여 단순히 전체 데이터에서 몇 건만 출력하라는 식의 SQL을 작성할 수도 있고 ORDER BY 절과 혼용하여 상위 혹은 하위 몇 건의 데이터만 출력하라는 식의 SQL을 작성할 수도 있다. 앞에서 생성해 두었던 tokyo_olympic 테이블의 데이터를 이용하여 SQL을 작성해 보도록 하자.

 손으로 익히는 코딩

```
SELECT * FROM tokyo_olympic;
```

item	team	player	medal_type	medal_cnt
양궁	KOR	San An	금	3
양궁	KOR	Je Deok Kim	금	2
양궁	KOR	Woojin Kim	금	1
양궁	KOR	Jin Hyek Oh	금	1
양궁	TUR	Kete Gazoz	금	1
양궁	ROC	Elena Osipova	은	2
양궁	ROC	Ksenia Perova	은	1
양궁	ROC	Svetlana Gomboeva	은	1
양궁	TPE	Chih-Chun Tang	은	1
양궁	NED	Gabriela Bayardo	은	1
양궁	JPN	Takaharu Furukawa	동	2
양궁	MEX	Luis Alvarez	동	1
양궁	GER	Lisa Unruh	동	1
양궁	JPN	Yuki Kawata	동	1
양궁	ITA	Lucilla Boari	동	1

아래는 tokyo_olympic 테이블의 전체 데이터 중 7개의 데이터만 출력하는 SQL이다.

 손으로 익히는 코딩

```
SELECT *
  FROM tokyo_olympic
 LIMIT 7;
```

item	team	player	medal_type	medal_cnt
양궁	KOR	San An	금	3
양궁	KOR	Je Deok Kim	금	2
양궁	KOR	Woojin Kim	금	1
양궁	KOR	Jin Hyek Oh	금	1
양궁	TUR	Kete Gazoz	금	1
양궁	ROC	Elena Osipova	은	2
양궁	ROC	Ksenia Perova	은	1

여기서 출력되는 데이터의 기준은 랜덤이며 많은 수의 레코드를 지닌 대용량 테이블에서 일부 데이터만 빠르게 조회하기 위한 용도로 많이 사용된다. 아래는 tokyo_olympic 테이블의 전체 데이터를 medal_cnt 컬럼을 기준으로 내림차순 한 뒤 상위 5개의 데이터만 출력하는 SQL이다.

손으로 익히는 코딩

```sql
SELECT *
  FROM tokyo_olympic
 ORDER BY medal_cnt DESC
 LIMIT 5;
```

실행 결과

item	team	player	medal_type	medal_cnt
양궁	KOR	San An	금	3
양궁	KOR	Je Deok Kim	금	2
양궁	JPN	Takaharu Furukawa	동	2
양궁	ROC	Elena Osipova	은	2
양궁	ITA	Lucilla Boari	동	1

만약 중간에 위치한 행을 출력하고자 한다면 OFFSET 키워드를 활용할 수 있다. OFFSET 키워드를 활용하면 start_number 행부터 number만큼의 행을 출력하게 된다. start_number를 지정할 때 맨 위에 있는 행이 0이 되고 두 번째 행이 1, 세 번째 행이 2가 되는 식으로 숫자가 할당된다.

Quick Tip

LIMIT과 OFFSET의 조합은 웹에서 페이징 처리를 하는 경우 많이 사용됩니다. 데이터를 페이지네이션으로 구현하면 사용자에게 데이터를 더욱 빠르게 제공할 수 있다는 장점이 있습니다.

코·드·소·개

```sql
SELECT column_name(s)
  FROM table_name
 WHERE condition
 LIMIT number OFFSET start_number;
```

위에서 작성했던 tokyo_olympic 테이블의 전체 데이터를 medal_cnt 컬럼을 기준으로 내림차순한 뒤, 상위 5개의 데이터만 출력하는 SQL을 OFFSET을 활용하여 아래와 같이 작성할 수 있다.

손으로 익히는 코딩

```sql
SELECT *
  FROM tokyo_olympic
 ORDER BY medal_cnt DESC
 LIMIT 5 OFFSET 0;
```

item	team	player	medal_type	medal_cnt
양궁	KOR	San An	금	3
양궁	KOR	Je Deok Kim	금	2
양궁	JPN	Takaharu Furukawa	동	2
양궁	ROC	Elena Osipova	은	2
양궁	ITA	Lucilla Boari	동	1

아래는 tokyo_olympic 테이블의 전체 데이터를 medal_cnt 컬럼을 기준으로 오름차순, player 컬럼을 기준으로 내림차순 한 뒤 네 번째 행부터 3개의 행(6위까지)을 출력하는 SQL이다.

 손으로 익히는 코딩

```
SELECT *
  FROM tokyo_olympic
 ORDER BY medal_cnt, player DESC
 LIMIT 3 OFFSET 3;
```

실행 결과

item	team	player	medal_type	medal_cnt
양궁	JPN	Takaharu Furukawa	동	2
양궁	TPE	Chih–Chun Tang	은	2
양궁	NED	Gabriela Bayardo	은	1

코딩테스트 예제

 그 많던 도넛은 누가 다 먹었을까

다음은 도넛 가게에서 판매하는 도넛에 대한 데이터가 담긴 donut_info 테이블이다. donut_info 테이블은 다음과 같으며 name, price, description, nutrition, allergy, reg_date 는 각각 도넛 이름, 가격, 상세 설명, 영양 정보, 알러지 정보, 등록 일자를 의미한다.

Column Name	Data Type
name	VARCHAR
price	INT
description	VARCHAR
nutrition	VARCHAR
allergy	VARCHAR
reg_date	VARCHAR

○ donut_info

name	price	description	nutrition	allergy	reg_date
커피도넛	2500	커피 우유를 재해석한 부드러운 우유 도넛	244kcal	밀,대두,계란,우유	20230404
먼치킨	500	부드러운 크림을 넣은 한입 크기 도넛	40kcal	밀,대두	20230201
카페모카롤	1800	향긋한 모카의 맛과 향을 느낄 수 있는 제품	329kcal	밀,대두,우유	20220112
스트로베리 필드	1700	예쁜 딸기가 상큼, 새하얀 슈가 파우더가 입안에서 스르륵	223kcal	밀,대두	20220522
허니후리터	1800	도너츠 반죽을 손가락으로 꾹꾹, 틈새 사이로 진한 벌꿀 시럽	322kcal	NULL	20230211
보스톤 크림	1500	부드러운 크림과 달콤한 초콜릿이 조화를 이룬 제품	226kcal	밀,대두,우유	20230715
글레이즈드	1500	더욱 촉촉하고 부드러워진 달콤한 정통 도넛	199kcal	밀,대두	20221224
올리브 츄이스티	1700	향긋한 올리브유가 들어간 쫄깃한 도넛	216kcal	밀,대두,계란,우유	20220829
카카오 후로스티드	1700	카카오의 진한 맛과 부드러운 도넛, 일곱 빛깔 무지개 컬러	198kcal	밀,대두,우유	20220602
스위트 듀얼하트	2500	NULL	297kcal	밀,대두,우유	20231114

Q1 가장 최근에 등록된 순서대로 5개의 도넛에 대한 이름과 가격, 등록 일자를 출력하는 SQL을 작성하려면 어떻게 해야 할까?

*SQL을 실행하면 다음과 같이 출력되어야 한다.

name	price	reg_date
스위트 듀얼하트	2500	20231114
보스톤 크림	1500	20230715
커피도넛	2500	20230404
허니후리터	1800	20230211
먼치킨	500	20230201

Quick Tip

데이터를 특정 컬럼으로 정렬을 하려면 ORDER BY 구문을 사용해야 하고, 상황에 따라 ASC나 DESC 옵션을 사용해야 하며, 정해진 수만큼만 출력하기 위해서는 LIMIT 구문을 사용해야 합니다.

정답

```sql
SELECT name,
       price,
       reg_date
  FROM donut_info
 ORDER BY reg_date DESC
 LIMIT 5;
```

Q2 가장 비싼 도넛 2개를 골라 이름과 가격, 상세 정보를 출력하는 SQL을 작성하려면 어떻게 해야
할까?(단, 둘의 가격이 동일할 경우 이름순으로 오름차순 하여 출력)

*SQL을 실행하면 다음과 같이 출력되어야 한다.

name	price	description
스위트 듀얼하트	2500	NULL
커피도넛	2500	커피 우유를 재해석한 부드러운 우유 도넛

Quick Tip

ORDER BY 구문을 이용하여 여러 개의 컬럼을 기준으로 데이터를 정렬할 수 있으며, 정해진 수만큼 출력하기 위해서는
LIMIT 구문을 사용해야 합니다.

정답

```sql
SELECT name,
       price,
       description
  FROM donut_info
 ORDER BY price DESC, name
 LIMIT 2;
```

Q3 가격이 1,500원 이상 2,000원 이하인 도넛의 이름, 영양 정보, 알러지 정보를 조회하려고 한다. 알러지 정보를 기준으로 오름차순으로 정렬하되 NULL 값이 존재할 경우 해당 데이터는 맨 아래에 출력하는 SQL을 작성하려면 어떻게 해야 할까?

*SQL을 실행하면 다음과 같이 출력되어야 한다.

name	nutrition	allergy
스트로베리 필드	223kcal	밀,대두
글레이즈드	199kcal	밀,대두
올리브 츄이스티	216kcal	밀,대두,계란,우유
카페모카롤	329kcal	밀,대두,우유
보스톤 크림	226kcal	밀,대두,우유
카카오 후로스티드	198kcal	밀,대두,우유
허니후리터	322kcal	NULL

Quick Tip

ORDER BY의 기준이 되는 컬럼의 데이터가 NULL인 경우 'column IS NULL [ASC|DESC]' 구문을 이용하여 NULL 데이터의 위치를 핸들링할 수 있습니다.

정답

```
SELECT name,
       nutrition,
       allergy
  FROM donut_info
 WHERE price BETWEEN 1500 AND 2000
 ORDER BY allergy IS NULL, allergy;
```

좋은 책을 읽는다는 것은 과거의 가장 훌륭한 사람들과 대화하는 것이다.

다음은 서점에서 판매하는 책에 대한 데이터가 담긴 book 테이블이다. book 테이블은 다음과 같으며 book_id, book_name, writer, price는 각각 도서 아이디, 도서명, 작가, 가격을 의미한다.

Column Name	Data Type
book_id	VARCHAR
book_name	VARCHAR
writer	VARCHAR
price	INT

◐ book

book_id	book_name	writer	price
230907	마흔에 읽는 쇼펜하우어	강용수	17000
231214	흔한남매	백난도	14500
240105	내가 한 말을 내가 오해하지 않기로 함	문상훈	19800
230302	세이노의 가르침	세이노	7200
230830	퓨처 셀프	벤저민 하디	19800
230428	도둑맞은 집중력	요한 하리	18800
231030	남에게 보여주려고 인생을 낭비하지 마라	쇼펜하우어	17500
230925	생각이 너무 많은 어른들을 위한 심리학	김혜남	17800
230922	요즘 어른을 위한 최소한의 세계사	임소미	18800
231127	이처럼 사소한 것들	클레어 키건	13800

Q4 판매 중인 도서를 가격이 낮은 순서대로 5권만 조회하려고 한다. 도서명, 작가, 가격을 출력하는 SQL을 작성하려면 어떻게 해야 할까?(단, 가격이 10,000원 미만인 도서는 제외함)

*SQL을 실행하면 다음과 같이 출력되어야 한다.

book_name	writer	price
이처럼 사소한 것들	클레어 키건	13800
흔한남매	백난도	14500
마흔에 읽는 쇼펜하우어	강용수	17000
남에게 보여주려고 인생을 낭비하지 마라	쇼펜하우어	17500
생각이 너무 많은 어른들을 위한 심리학	김혜남	17800

Quick Tip

데이터에 대한 조건절을 나타내는 WHERE 절은 ORDER BY 절보다 앞에 와야 합니다.

정답

```
SELECT book_name,
       writer,
       price
  FROM book
 WHERE price >= 10000
 ORDER BY price
 LIMIT 5;
```

기숙사 미스테리: 누가 내 것을 먹었는가

다음은 기숙사 생활을 하는 학생들에 대한 데이터가 담긴 dormitory_member 테이블이다. dormitory_member 테이블은 다음과 같으며 name, major, gender, grade, room_no는 각각 이름, 전공, 성별, 학년, 방 호수를 의미한다.

Column Name	Data Type
name	VARCHAR
major	VARCHAR
gender	VARCHAR
grade	INT
room_no	VARCHAR

○ dormitory_member]

name	major	gender	grade	room_no
정만수	컴퓨터공학	M	4	101
정경식	국어국문	M	4	101
이민재	전자전기	M	2	102
마이클	생명공학	M	1	102
강재욱	산업디자인	M	2	102
이해성	작곡	M	2	102
신남희	법학	F	4	103
민경진	항공우주	F	3	104
박채영	컴퓨터공학	F	2	104
구지원	컴퓨터공학	F	2	104
이희정	의예	F	1	104
김정태	기계	M	2	202
정명환	물리학	M	1	202
이규한	항공우주	M	1	202
양병석	사회체육	M	3	202
추은주	국어국문	F	3	203
오옥주	산업디자인	F	4	203
윤지민	전자전기	F	1	204
류중희	법학	F	1	204
최재영	생명공학	F	1	204
김영우	건축	F	2	204

Q5 기숙사 학생들의 방 호수, 이름, 전공을 조회하려고 한다. 방 호수를 기준으로 오름차순 정렬하되 같은 호수에 거주하는 학생들에 한해 이름으로 내림차순 정렬하여 출력하는 SQL을 작성하려면 어떻게 해야 할까?

*SQL을 실행하면 다음과 같이 출력되어야 한다.

room_no	name	major
101	정만수	컴퓨터공학
101	정경식	국어국문
102	이해성	작곡
102	이민재	전자전기
102	마이클	생명공학
102	강재욱	산업디자인
103	신남희	법학
104	이희정	의예
104	박채영	컴퓨터공학
104	민경진	항공우주
104	구지원	컴퓨터공학
202	정명환	물리학
202	이규한	항공우주
202	양병석	사회체육
202	김정태	기계
203	추은주	국어국문
203	오옥주	산업디자인
204	최재영	생명공학
204	윤지민	전자전기
204	류중희	법학
204	김영우	건축

Quick Tip

ORDER BY 구문을 이용하여 여러 개의 컬럼을 기준으로 데이터를 정렬할 수 있으며, 정렬 방식은 가장 왼쪽에 위치한 컬럼부터 우선순위가 부여됩니다.

정답

```
SELECT room_no,
       name,
       major
  FROM dormitory_member
 ORDER BY room_no, name DESC;
```

04

GROUP BY

∨ 핵심 키워드
#GROUP BY #그룹핑 #통계 #집계

여기서는 무얼 배울까

데이터의 평균이나 최댓값, 최솟값을 구하기 위해 우리는 종종 데이터를 그룹핑한다. A그룹과 B그룹의 평균 값을 비교하기 위해, 혹은 2022년과 2023년의 매출 최고액을 집계하기 위해 SQL에서는 GROUP BY 구문을 제공하고 있다. 지금부터 이 GROUP BY 구문의 사용법에 대해 알아보도록 하자.

GROUP BY

GROUP BY 절은 데이터를 동일한 그룹끼리 묶는 데 사용된다.

경찰 그룹

의사 그룹

건축가 그룹

GROUP BY 절의 기본 문법은 다음과 같다.

```
SELECT column1, column2, ...
  FROM table_name
 WHERE condition
 GROUP BY column1, column2, ... ;
```

GROUP BY 절을 사용하면 GROUP BY 뒤에 오는 컬럼의 데이터가 동일한 행들이 한 줄로 압축된다. 앞에서 생성해 두었던 tokyo_olympic 테이블의 데이터를 이용하여 SQL을 작성해 보도록 하자.

 손으로 익히는 코딩

```
SELECT * FROM tokyo_olympic;
```

실행 결과

item	team	player	medal_type	medal_cnt
양궁	KOR	San An	금	3
양궁	KOR	Je Deok Kim	금	2
양궁	KOR	Woojin Kim	금	1
양궁	KOR	Jin Hyek Oh	금	1
양궁	TUR	Kete Gazoz	금	1
양궁	ROC	Elena Osipova	은	2
양궁	ROC	Ksenia Perova	은	1
양궁	ROC	Svetlana Gomboeva	은	1
양궁	TPE	Chih-Chun Tang	은	1
양궁	NED	Gabriela Bayardo	은	1
양궁	JPN	Takaharu Furukawa	동	2
양궁	MEX	Luis Alvarez	동	1
양궁	GER	Lisa Unruh	동	1
양궁	JPN	Yuki Kawata	동	1
양궁	ITA	Lucilla Boari	동	1

아래는 tokyo_olympic 테이블의 데이터를 team 컬럼의 데이터를 기준으로 그룹핑하여 출력하는 SQL이다.

```
SELECT team
  FROM tokyo_olympic
 GROUP BY team;
```

team
KOR
TUR
ROC
TPE
NED
JPN
MEX
GER
ITA

위 SQL은 아래처럼 DISTINCT 구문으로 대체될 수도 있다.

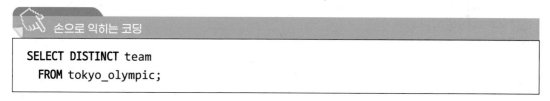

```
SELECT DISTINCT team
  FROM tokyo_olympic;
```

DISTINCT는 중복된 데이터를 제거하여 출력하고자 할 때 사용되는 구문이며 DISTINCT 다음에 오는 컬럼의 갯수에 따라 의미가 달라진다. 아래는 column1 데이터의 중복을 제거하고 출력하는 SQL이다.

```
DISTINCT vs GROUP BY
```

SELECT DISTINCT column1
  FROM table_name;
	SELECT column1
	  FROM table_name
	 GROUP BY column1;

아래는 column1, column2 데이터 셋의 중복을 제거하고 출력하는 SQL이다.

 손으로 익히는 코딩

DISTINCT vs GROUP BY

SELECT DISTINCT column1, column2
  FROM table_name;
	SELECT column1, column2
	  FROM table_name
	GROUP BY column1, column2;

GROUP BY 절은 종종 SUM, COUNT, AVG, MIN, MAX와 같은 집계 함수와 결합되어 사용된다.

Clear Comment
집계 함수에 대한 상세한 사항은 실전편 챕터2의 집계 함수를 참고해 주시기 바랍니다.

아래는 tokyo_olympic 테이블의 데이터를 team별로 그룹핑하여 팀당 각각 몇 개의 메달을 땄는지 출력하는 SQL이다.

 손으로 익히는 코딩

```
SELECT team,
       SUM(medal_cnt) AS medal_cnt
  FROM tokyo_olympic
 GROUP BY team;
```

실행 결과

team	medal_cnt
GER	1
ITA	1
JPN	3
KOR	7
MEX	1
NED	1
ROC	4
TPE	1
TUR	1

만약 집계한 메달의 수가 큰 team부터 출력되도록 하려면 ORDER BY 절을 같이 쓰면 된다.

```
SELECT team,
       SUM(medal_cnt) AS medal_cnt
  FROM tokyo_olympic
 GROUP BY team
 ORDER BY medal_cnt DESC;
```

실행 결과

team	medal_cnt
KOR	7
ROC	4
JPN	3
TPE	1
NED	1
GER	1
MEX	1
ITA	1
TUR	1

아래는 tokyo_olympic 테이블의 데이터를 team과 medal_type별로 그룹핑하여 팀당 각각 어떤 메달을 몇 개씩 땄는지 집계하여 출력하는 SQL이다.

코·드·소·개

```
SELECT team,
       medal_type,
       SUM(medal_cnt) AS medal_cnt
  FROM tokyo_olympic
 GROUP BY team, medal_type;
```

team	medal_type	medal_cnt
GER	동	1
ITA	동	1
JPN	동	3
KOR	금	7
MEX	동	1
NED	은	1
ROC	은	4
TPE	은	1
TUR	금	1

마찬가지로 medal_type별, 집계된 메달 수로 내림차순 정렬하여 출력하려면 ORDER BY 절을 같이 쓰면 된다.

손으로 익히는 코딩

```
SELECT team,
       medal_type,
       SUM(medal_cnt) AS medal_cnt
  FROM tokyo_olympic
 GROUP BY team, medal_type
 ORDER BY medal_type, medal_cnt DESC;
```

team	medal_type	medal_cnt
KOR	금	7
TUR	금	1
JPN	동	3
ITA	동	1
GER	동	1
MEX	동	1
ROC	은	4
TPE	은	1
NED	은	1

GROUP BY 절을 작성할 때 주의해야 할 점은 SELECT 절에 명시된 컬럼을 GROUP BY 절에 추가하지 않았을 경우 에러가 발생할 수 있다는 것이다. 아래 예시를 통해 어떤 상황인지를 알아보도록 하자.

```
SELECT team,
       medal_type,
       player,
       SUM(medal_cnt) AS medal_cnt
  FROM tokyo_olympic
 GROUP BY team, medal_type
 ORDER BY medal_type, medal_cnt DESC;
```

```
Error. Expression #3 of SELECT list is not in GROUP BY clause and contains
nonaggregated column 'mydb.tokyo_olympic.player' which is not
functionally dependent on columns in GROUP BY clause; this is
incompatible with sql_mode=only_full_group_by
```

위 에러는 MySQL에서 'only_full_group_by' 모드가 활성화되어 있을 때 발생하는데 'only_full_group_by' 모드는 MySQL에서 기본적으로 활성화되어 있는 모드로 GROUP BY 절에 포함되지 않은 모든 컬럼은 집계 함수(예 SUM, COUNT, AVG 등) 내에서 사용되어야 한다는 규칙을 적용한다. 그러므로 위 SQL에서 각 player들이 각기 어떤 메달을 몇 개씩 땄는지 출력하고 싶다면 GROUP BY 절에 player 컬럼을 함께 명시해 주어야 한다.

```
SELECT team,
       medal_type,
       player,
       SUM(medal_cnt) AS medal_cnt
  FROM tokyo_olympic
 GROUP BY team, medal_type, player
 ORDER BY medal_type, medal_cnt DESC;
```

만약 집계 함수에 대한 데이터를 WHERE 절을 이용하여 필터링하려고 한다면 DBMS는 에러를 발생하게 된다.

```
SELECT team,
       SUM(medal_cnt) AS medal_cnt
  FROM tokyo_olympic
 GROUP BY team
 WHERE SUM(medal_cnt) < 2
 ORDER BY medal_type, count DESC;
```

```
Error. You have an error in your SQL syntax; check the manual that
corresponds to your MySQL server version for the right syntax to use near
'WHERE SUM(medal_cnt) < 2
 ORDER BY medal_type, count DESC' at line 4
Error position: line: 3
```

WHERE 절은 각 행에 대한 조건을 정의하는 데 사용되며 집계 함수는 여기에 적합하지 않다. 이 경우 WHERE 절 대신 사용할 수 있는 구문은 다음에 소개될 HAVING 절이다.

HAVING

HAVING 절은 집계 함수에 대한 조건을 설정하는 기능을 제공한다.

> **Clear Comment**
>
> 집계 함수는 데이터의 통계를 뽑아내는 데 사용됩니다. 예를 들어, 데이터의 합계나 건수, 평균, 최댓값, 최솟값 등을 계산해 줍니다. 이런 이유로 데이터 분석, 보고서 생성, 데이터 요약 등에서 중요한 역할을 합니다.

코·드·소·개

```
SELECT column1, column2, ...
  FROM table_name
 WHERE condition
 GROUP BY column1, column2, ...
HAVING condition;
```

앞에서 생성해 두었던 tokyo_olympic 테이블의 데이터를 이용하여 SQL을 작성해 보도록 하자.

```
SELECT * FROM tokyo_olympic;
```

실행 결과

item	team	player	medal_type	medal_cnt
양궁	KOR	San An	금	3
양궁	KOR	Je Deok Kim	금	2
양궁	KOR	Woojin Kim	금	1
양궁	KOR	Jin Hyek Oh	금	1
양궁	TUR	Kete Gazoz	금	1
양궁	ROC	Elena Osipova	은	2
양궁	ROC	Ksenia Perova	은	1
양궁	ROC	Svetlana Gomboeva	은	1
양궁	TPE	Chih-Chun Tang	은	1
양궁	NED	Gabriela Bayardo	은	1
양궁	JPN	Takaharu Furukawa	동	2
양궁	MEX	Luis Alvarez	동	1
양궁	GER	Lisa Unruh	동	1
양궁	JPN	Yuki Kawata	동	1
양궁	ITA	Lucilla Boari	동	1

아래는 tokyo_olympic 테이블의 데이터에서 집계된 메달의 수가 1보다 큰 team만을 출력하는 SQL이다.

 손으로 익히는 코딩

```
SELECT team,
       SUM(medal_cnt) AS medal_cnt
  FROM tokyo_olympic
 GROUP BY team
HAVING SUM(medal_cnt) > 1;
```

Quick Tip

SUM 함수로 데이터의 합을 계산할 때에는 매개 변수인 medal_cnt 컬럼이 NULL 값인 row는 제외를 하고 계산을 하게 됩니다. 이런 기준은 COUNT 함수나 AVG 함수 등 다른 집계 함수를 사용할 때에도 동일하게 적용됩니다.

team	medal_cnt
ROC	4
KOR	7
JPN	3

만약 집계한 메달의 수가 큰 team부터 출력되도록 하려면 ORDER BY 절을 같이 쓰면 된다.

손으로 익히는 코딩

```
SELECT team,
       SUM(medal_cnt) AS medal_cnt
  FROM tokyo_olympic
 GROUP BY team
HAVING SUM(medal_cnt) > 1
 ORDER BY medal_cnt DESC;
```

실행 결과

team	medal_cnt
KOR	7
ROC	4
JPN	3

아래는 tokyo_olympic 테이블의 데이터에서 집계된 금메달의 수가 1보다 큰 team만을 출력하는 SQL이다.

손으로 익히는 코딩

```
SELECT team,
       SUM(medal_cnt) AS medal_cnt
  FROM tokyo_olympic
 WHERE medal_type = '금'
 GROUP BY team
HAVING SUM(medal_cnt) > 1;
```

team	medal_cnt
KOR	7

에러에서 배우기

만약 집계 함수에 대한 조건이 아닌 일반 조건을 HAVING 절에 명시할 경우 에러가 발생하게 된다.

```sql
SELECT team,
       SUM(medal_cnt) AS count
  FROM tokyo_olympic
 GROUP BY team
HAVING SUM(medal_cnt) > 1
   AND medal_type = '금';
```

```
Error. Unknown column 'medal_type' in 'having clause'
```

위 SQL은 아래처럼 작성해 주어야 의도한 데이터를 출력할 수 있다.

```sql
SELECT team,
       SUM(medal_cnt) AS count
  FROM tokyo_olympic
 WHERE medal_type = '금'
 GROUP BY team
HAVING SUM(medal_cnt) > 1;
```

그 많던 도넛은 누가 다 먹었을까

다음은 도넛 가게에서 판매하는 도넛에 대한 데이터가 담긴 donut_info 테이블이다. donut_info 테이블은 다음과 같으며 name, price, description, nutrition, allergy, reg_date 는 각각 도넛 이름, 가격, 상세 설명, 영양 정보, 알러지 정보, 등록 일자를 의미한다.

Column Name	Data Type
name	VARCHAR
price	INT
description	VARCHAR
nutrition	VARCHAR
allergy	VARCHAR
reg_date	VARCHAR

◉ donut_info

name	price	description	nutrition	allergy	reg_date
커피도넛	2500	커피 우유를 재해석한 부드러운 우유 도넛	244kcal	밀,대두,계란,우유	20230404
먼치킨	500	부드러운 크림을 넣은 한입 크기 도넛	40kcal	밀,대두	20230201
카페모카롤	1800	향긋한 모카의 맛과 향을 느낄 수 있는 제품	329kcal	밀,대두,우유	20220112
스트로베리 필드	1700	예쁜 딸기가 상큼, 새하얀 슈가 파우더가 입안에서 스르륵	223kcal	밀,대두	20220522
허니후리터	1800	도너츠 반죽을 손가락으로 꾹꾹, 틈새 사이로 진한 벌꿀 시럽	322kcal	NULL	20230211
보스톤 크림	1500	부드러운 크림과 달콤한 초콜릿이 조화를 이룬 제품	226kcal	밀,대두,우유	20230715
글레이즈드	1500	더욱 촉촉하고 부드러워진 달콤한 정통 도넛	199kcal	밀,대두	20221224
올리브 츄이스티	1700	향긋한 올리브유가 들어간 쫄깃한 도넛	216kcal	밀,대두,계란,우유	20220829
카카오 후로스티드	1700	카카오의 진한 맛과 부드러운 도넛, 일곱 빛깔 무지개 컬러	198kcal	밀,대두,우유	20220602
스위트 듀얼하트	2500	NULL	297kcal	밀,대두,우유	20231114

Q1 판매 중인 도넛의 종류를 가격별로 카운트하는 SQL을 작성하려면 어떻게 해야 할까?(단, 결과
는 가격 기준으로 오름차순 정렬)

*SQL을 실행하면 다음과 같이 출력되어야 한다.

price	cnt
500	1
1500	2
1700	3
1800	2
2500	2

Quick Tip

데이터를 특정 컬럼 기준으로 그룹핑하려면 GROUP BY 구문을 사용해야 하고, 특정 컬럼으로 정렬하기 위해서는 ORDER
BY 구문을 사용해야 합니다.

정답

```sql
SELECT price,
       COUNT(*) AS cnt
  FROM donut_info
 GROUP BY price
 ORDER BY price;
```

기숙사 미스테리: 누가 내 것을 먹었는가

다음은 기숙사 생활을 하는 학생들에 대한 데이터가 담긴 dormitory_member 테이블이다. dormitory_member 테이블은 다음과 같으며 name, major, gender, grade, room_no는 각각 이름, 전공, 성별, 학년, 방 호수를 의미한다.

Column Name	Data Type
name	VARCHAR
major	VARCHAR
gender	VARCHAR
grade	INT
room_no	VARCHAR

◉ dormitory_member

name	major	gender	grade	room_no
정만수	컴퓨터공학	M	4	101
정경식	국어국문	M	4	101
이민재	전자전기	M	2	102
마이클	생명공학	M	1	102
강재욱	산업디자인	M	2	102
이해성	작곡	M	2	102
신남희	법학	F	4	103
민경진	항공우주	F	3	104
박채영	컴퓨터공학	F	2	104
구지원	컴퓨터공학	F	2	104
이희정	의예	F	1	104
김정태	기계	M	2	202
정명환	물리학	M	1	202
이규한	항공우주	M	1	202
양병석	사회체육	M	3	202
추은주	국어국문	F	3	203
오옥주	산업디자인	F	4	203
윤지민	전자전기	F	1	204
류중희	법학	F	1	204
최재영	생명공학	F	1	204
김영우	건축	F	2	204

Q2 기숙사에 거주하는 학생들의 수를 방 호수별로 카운트하려고 한다. 방 호수, 거주하는 학생 수를 출력하는 SQL을 작성하려면 어떻게 해야 할까?(단, 거주하는 학생 수가 많은 순서대로 정렬하고 학생 수가 동일한 경우에 한해서 방 호수로 오름차순 정렬)

*SQL을 실행하면 다음과 같이 출력되어야 한다.

room_no	member_cnt
102	4
104	4
202	4
204	4
101	2
203	2
103	1

Quick Tip

데이터를 특정 컬럼 기준으로 그룹핑하려면 GROUP BY 구문을 사용해야 하고 데이터의 건수를 구하기 위해서는 COUNT 함수를 사용할 수 있습니다. ORDER BY 구문을 이용하면 여러 개의 컬럼을 기준으로 데이터를 정렬할 수 있으며, 정렬 방식은 가장 왼쪽에 위치한 컬럼부터 우선순위가 부여됩니다.

정답

```
SELECT room_no,
       COUNT(*) AS member_cnt
  FROM dormitory_member
 GROUP BY room_no
 ORDER BY member_cnt DESC, room_no;
```

Q3 기숙사의 각 방에 거주하는 학생을 학년별로 카운트하여 출력하는 SQL을 작성하려면 어떻게 해야 할까?(단, 방 호수, 학년 기준으로 오름차순 정렬)

*SQL을 실행하면 다음과 같이 출력되어야 한다.

room_no	grade	member_cnt
101	4	2
102	1	1
102	2	3
103	4	1
104	1	1
104	2	2
104	3	1
202	1	2
202	2	1
202	3	1
203	3	1
203	4	1
204	1	3
204	2	1

Quick Tip

데이터를 특정 컬럼 기준으로 그룹핑하려면 GROUP BY 구문을 사용해야 하고, 데이터의 건수를 구하기 위해서는 COUNT 함수를 사용할 수 있습니다. ORDER BY 구문을 이용하면 여러 개의 컬럼을 기준으로 데이터를 정렬할 수 있으며, 정렬 방식은 가장 왼쪽에 위치한 컬럼부터 우선순위가 부여됩니다.

정답

```
SELECT room_no,
       grade,
       COUNT(*) AS member_cnt
  FROM dormitory_member
 GROUP BY room_no, grade
 ORDER BY room_no, grade;
```

좋은 책을 읽는다는 것은 과거의 가장 훌륭한 사람들과 대화하는 것이다.

다음은 책에 대한 주문 정보가 담긴 order_info 테이블, 주문된 책의 배송 정보가 담긴 delivery 테이블이다. order_info 테이블은 다음과 같으며 order_code, member_id, book_id, order_date는 각각 주문 코드, 회원 아이디, 도서 아이디, 주문 일자를 의미한다.

Column Name	Data Type
order_code	VARCHAR
member_id	VARCHAR
book_id	VARCHAR
order_date	DATE

delivery 테이블은 다음과 같으며 delivery_code, order_code, status, finish_date는 각각 배송 코드, 주문 코드, 배송상태, 배송완료 일자를 의미한다.

Column Name	Data Type
delivery_code	VARCHAR
order_code	VARCHAR
status	VARCHAR
finish_date	DATE

배송상태의 종류로는 결제완료, 상품준비중, 배송준비중, 배송중, 배송완료가 있으며 배송완료 일자는 배송상태가 배송완료일 경우에만 존재한다.

◉ order_info

order_code	member_id	book_id	order_date
24010901	aaa10	230907	2024-01-09
24010902	bbb20	230302	2024-01-09
24010903	ccc30	231127	2024-01-09
24010904	ddd40	230922	2024-01-09
24011001	aaa10	231030	2024-01-10
24011002	ccc30	230907	2024-01-10
24011003	eee50	231127	2024-01-10
24011004	fff60	230428	2024-01-10
24011005	bbb20	240105	2024-01-10
24011006	ggg70	230428	2024-01-10
24011101	aaa10	230907	2024-01-11

24011102	ccc30	230925	2024-01-11
24011103	eee50	231127	2024-01-11
24011104	ggg70	230922	2024-01-11
24011105	bbb20	231030	2024-01-11
24011106	ddd40	230907	2024-01-11
24011107	fff60	230830	2024-01-11
24011201	aaa10	230830	2024-01-12
24011202	bbb20	240105	2024-01-12
24011203	ccc30	230428	2024-01-12

◎ delivery

delivery_code	order_code	status	finish_date
C211	24010901	배송완료	2024-01-12
C212	24010902	배송완료	2024-01-13
C213	24010903	배송중	NULL
C214	24010904	배송완료	2024-01-12
C215	24011001	배송준비중	NULL
C216	24011002	상품준비중	NULL
C217	24011003	배송완료	2024-01-13
C218	24011004	상품준비중	NULL
C219	24011005	배송중	NULL
C220	24011006	상품준비중	NULL
C221	24011101	상품준비중	NULL
C222	24011102	결제완료	NULL
C223	24011103	배송중	NULL
C224	24011104	상품준비중	NULL
C225	24011105	상품준비중	NULL
C226	24011106	상품준비중	NULL
C227	24011107	결제완료	NULL
C228	24011201	결제완료	NULL
C229	24011202	결제완료	NULL
C230	24011203	상품준비중	NULL

Q4 회원 아이디별로 몇 권의 책을 주문했는지 조회하여 가장 많이 주문한 순서대로 출력하는 SQL을 작성하려면 어떻게 해야 할까?

*SQL을 실행하면 다음과 같이 출력되어야 한다.

member_id	book_cnt
aaa10	4
bbb20	4
ccc30	4
ddd40	2
eee50	2
fff60	2
ggg70	2

Quick Tip

데이터를 특정 컬럼 기준으로 그룹핑하려면 GROUP BY 구문을 사용해야 하고, 데이터의 건수를 구하기 위해서는 COUNT 함수를 사용할 수 있으며, 특정 컬럼으로 정렬하기 위해서는 ORDER BY 구문을 사용해야 합니다.

정답

```sql
SELECT member_id,
       COUNT(*) AS book_cnt
  FROM order info
 GROUP BY member_id
 ORDER BY book_cnt DESC;
```

Q5 배송완료 일자가 NULL인 데이터만 필터링하여 배송상태별로 카운트하려고 한다. 카운트한 결과가 5 미만인 데이터의 건수를 기준으로 오름차순 하여 출력하는 SQL을 작성하려면 어떻게 해야 할까?

*SQL을 실행하면 다음과 같이 출력되어야 한다.

status	status_cnt
배송준비중	1
배송중	3
결제완료	4

Quick Tip

데이터가 NULL 값인 행만 필터링하기 위해서는 조건절에 IS NULL 구문을 사용해야 하고, 집계된 데이터로 조건을 주기 위해서는 HAVING 절을 사용해야 합니다.

정답

```
SELECT status,
       COUNT(*) AS status_cnt
  FROM delivery
 WHERE finish_date IS NULL
 GROUP BY status
HAVING status_cnt < 5
 ORDER BY status_cnt;
```

좋은 옷을 입으면 좋은 일이 생긴다.

다음은 온라인 쇼핑몰의 판매 정보가 담긴 sales 테이블이다. sales 테이블은 다음과 같으며 product_id, sale_date, quantity는 각각 상품 아이디, 판매 일자, 판매된 상품 수량을 의미한다.

Column Name	Data Type
product_id	INT
sale_date	DATE
quantity	INT

○ sales

product_id	sale_date	quantity
1001	2024-01-01	10
1002	2024-01-02	15
1001	2024-01-03	5
1003	2024-01-03	20
1002	2024-01-04	7
1001	2024-01-05	12
1003	2024-01-05	8
1001	2024-01-06	14
1002	2024-01-07	18
1003	2024-01-08	11
1001	2024-01-09	8
1001	2024-01-10	17
1002	2024-01-11	18
1001	2024-01-12	11
1002	2024-01-13	20
1002	2024-01-14	20

Q6 2024년 1월 1일부터 2024년 1월 10일까지의 일별 판매량을 조회한 다음, 판매량이 높은 순서 대로 5일까지 출력하는 SQL을 작성하려면 어떻게 해야 할까?

*SQL을 실행하면 다음과 같이 출력되어야 한다.

sale_date	sum_sale
2024-01-03	25
2024-01-05	20
2024-01-07	18
2024-01-10	17
2024-01-02	15

Quick Tip

데이터를 특정 컬럼 기준으로 그룹핑하려면 GROUP BY 구문을 사용해야 하고, 데이터의 합계를 구하기 위해서는 SUM 함수를 사용할 수 있습니다. 데이터를 특정 컬럼으로 정렬하기 위해서는 ORDER BY 구문을 사용해야 하고, 출력할 데이터의 수에 제한을 걸기 위해서는 LIMIT 구문을 사용할 수 있습니다.

정답

```sql
SELECT sale_date,
       SUM(quantity) AS sum_sale
  FROM sales
 WHERE sale_date BETWEEN '2024-01-01' AND '2024-01-10'
 GROUP BY sale_date
 ORDER BY sum_sale DESC
 LIMIT 5;
```

Q7 상품 아이디별로 판매량을 조회하여 판매량이 높은 순으로 출력하는 SQL을 작성하려면 어떻게 해야 할까?

*SQL을 실행하면 다음과 같이 출력되어야 한다.

product_id	sum_sale
1002	98
1001	77
1003	39

Quick Tip

데이터를 특정 컬럼 기준으로 그룹핑하려면 GROUP BY 구문을 사용해야 하고, 데이터의 건수를 구하기 위해서는 COUNT 함수를 사용할 수 있으며, 특정 컬럼으로 정렬하기 위해서는 ORDER BY 구문을 사용해야 합니다.

정답

```
SELECT product_id,
       SUM(quantity) AS sum_sale
  FROM sales
 GROUP BY product_id
 ORDER BY sum_sale DESC;
```

Q8 판매 일자가 2개 행 이상인 날짜만 필터링하여 판매량을 조회하려고 한다. 판매 일자 기준으로 오름차순 하여 출력하는 SQL을 작성하려면 어떻게 해야 할까?

*SQL을 실행하면 다음과 같이 출력되어야 한다.

sale_date	sum_sale
2024-01-03	25
2024-01-05	20

Quick Tip

데이터의 합계를 구하기 위해서는 SUM 함수를 사용할 수 있으며, 합계 데이터로 조건을 주기 위해서는 HAVING 구문을 사용해야 합니다.

정답

```
SELECT sale_date,
       SUM(quantity) AS sum_sale
  FROM sales
 GROUP BY sale_date
HAVING COUNT(*) >= 2
 ORDER BY sale_date;
```

05

JOIN

#INNER JOIN #OUTER JOIN #CROSS JOIN

여기서는 무얼 배울까

두 개 이상의 테이블을 연결하여 한번에 데이터를 출력하기 위해 SQL에서는 JOIN 구문을 제공하고 있다. 테이블을 JOIN하는 기본 방식은 특정 컬럼의 데이터를 기준으로 서로 다른 테이블끼리 행을 연결하는 방식인데, 이때 기준이 되는 컬럼의 데이터가 같은 행끼리 연결할 수도 있고 같지 않은 행끼리 연결할 수도 있다. 실제로 업무에서 SQL을 작성할 때 JOIN을 이용하는 경우가 매우 많기 때문에 각각의 쓰임새에 대해 정확하게 알아두는 것이 좋겠다.

INNER JOIN

INNER JOIN은 두 테이블에 모두 존재하는 데이터를 출력하는 데 사용된다.

```
SELECT column1, column2, ...
  FROM left_table
 INNER JOIN right_table
    ON left_table.column = right_table.column;
```

- left_table, right_table: JOIN의 대상이 되는 테이블

- ON: 두 테이블을 어떤 기준으로 연결할 것인지 정의

INNER JOIN

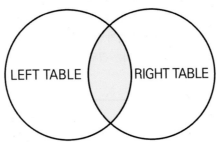

INNER JOIN은 수학에서의 교집합 개념과 유사하며 한쪽 테이블에는 있지만 다른 쪽 테이블에는 없는 데이터는 결과 데이터에 포함되지 않는다.

손으로 익히는 코딩

```
USER mydb;

CREATE TABLE kpop (
    ranking    INT,
    song       VARCHAR(50),
    singer     VARCHAR(20)
);

INSERT INTO kpop VALUES(1,'Super Shy','NewJeans');
INSERT INTO kpop VALUES(2,'Seven','정국');
INSERT INTO kpop VALUES(3,'ETA','NewJeans');
INSERT INTO kpop VALUES(4,'퀸카(Queencard)','(여자)아이들');
INSERT INTO kpop VALUES(5,'I AM','IVE');
INSERT INTO kpop VALUES(6,'헤어지자 말해요','박재정');
INSERT INTO kpop VALUES(7,'이브, 프시케 그리고 푸른 수염의 아내','Le SSERAFIM');
INSERT INTO kpop VALUES(8,'Spicy','aespa');
INSERT INTO kpop VALUES(9,'Steal The Show','Lauv');
```

```
INSERT INTO kpop VALUES(10,'NewJeans','NewJeans');


CREATE TABLE billboard (
    ranking    INT,
    song       VARCHAR(50),
    singer     VARCHAR(40)
);

INSERT INTO billboard VALUES(1,'Super Shy','정국');
INSERT INTO billboard VALUES(2,'Meltdown','Travis Scott');
INSERT INTO billboard VALUES(3,'FE!N','Travis Scott');
INSERT INTO billboard VALUES(4,'What Was I Made For?','Billie Eilish');
INSERT INTO billboard VALUES(5,'LaLa','Myke Towers');
INSERT INTO billboard VALUES(6,'Dance The Night','Dua Lipa');
INSERT INTO billboard VALUES(7,'Barbie World','Nicki Minaj and Ice Spice With
Aqua');
INSERT INTO billboard VALUES(8,'Super Shy','NewJeans');
INSERT INTO billboard VALUES(9,'K-POR','Travis Scott');
INSERT INTO billboard VALUES(10,'Hyaena','Travis Scott');

COMMIT;
```

[SQL 스크립트] 입문_ch2-5-1-kpop&billboard.sql

위와 같이 테이블과 데이터를 생성한 뒤 kpop 테이블과 billboard 테이블을 전체 조회해 보자.

 손으로 익히는 코딩

```
SELECT * FROM kpop;
```

ranking	song	singer
1	Super Shy	NewJeans
2	Seven	정국
3	ETA	NewJeans
4	퀸카(Queencard)	(여자)아이들
5	I AM	IVE
6	헤어지자 말해요	박재정
7	이브, 프시케 그리고 푸른 수염의 아내	Le SSERAFIM
8	Spicy	aespa
9	Steal The Show	Lauv
10	New Jeans	New Jeans

손으로 익히는 코딩

```
SELECT * FROM billboard;
```

실행 결과

ranking	song	singer
1	Seven	정국
2	Meltdown	Travis Scott
3	FE!N	Travis Scott
4	What Was I Made For?	Billie Eilish
5	LaLa	Myke Towers
6	Dance The Night	Dua Lipa
7	Barbie World	Nicki Minaj and Ice Spice With Aqua
8	Super Shy	NewJeans
9	K-POR	Travis Scott
10	Hyaena	Travis Scott

다음 SQL은 kpop 테이블 데이터와 billboard 테이블 데이터를 INNER JOIN한 것이다.

```
SELECT A.ranking AS kpop_ranking,
       B.ranking AS billboard_ranking,
       A.song,
       A.singer
  FROM kpop A
 INNER JOIN billboard B
    ON A.song = B.song;
```

실행 결과

kpop_ranking	billboard_ranking	song	singer
2	1	Seven	정국
1	8	Super Shy	NewJeans

결과를 보면 kpop 테이블과 billboard 테이블에 공통으로 존재하는 데이터가 출력된 것을 확인할 수 있다. INNER JOIN의 경우 다른 형태의 문법으로도 작성할 수 있는데, 위에서 작성한 SQL과 같은 결과를 출력하는 SQL을 다른 형태로 작성해 보면 다음과 같다.

손으로 익히는 코딩

```
SELECT A.ranking AS kpop_ranking,
       B.ranking AS billboard_ranking,
       A.song,
       A.singer
  FROM kpop A, billboard B
 WHERE A.song = B.song;
```

INNER JOIN 대신 ,(콤마)로 두 테이블을 연결하였고 ON 절 대신 WHERE 절에 JOIN 조건을 표시한 것을 알 수 있다.

OUTER JOIN

OUTER JOIN은 두 테이블을 연결 시 JOIN의 성공 여부와는 관계없이 기준이 되는 테이블의 모든 행을 출력하고자 할 때 사용된다.

LEFT OUTER JOIN

왼쪽 테이블은 모든 행이 출력되고, 오른쪽 테이블은 JOIN에 성공한 행만 출력된다.

```
SELECT column1, column2, ...
  FROM left_table
  LEFT OUTER JOIN right_table
    ON left_table.column = right_table.column;
```

LEFT OUTER JOIN

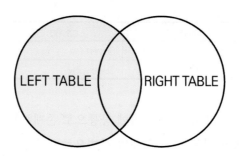

LEFT OUTER JOIN 시 오른쪽 테이블에 JOIN 조건에 부합하는 데이터가 없는 경우, 결과 데이터의 오른쪽 테이블 컬럼들은 모두 NULL로 출력된다. 앞에서 생성해 두었던 kpop 테이블과 billboard 테이블의 데이터를 이용하여 SQL을 작성해 보도록 하자.

손으로 익히는 코딩

```
SELECT * FROM kpop;
```

실행 결과

ranking	song	singer
1	Super Shy	NewJeans
2	Seven	정국
3	ETA	NewJeans
4	퀸카(Queencard)	(여자)아이들
5	I AM	IVE
6	헤어지자 말해요	박재정
7	이브, 프시케 그리고 푸른 수염의 아내	Le SSERAFIM
8	Spicy	aespa
9	Steal The Show	Lauv
10	New Jeans	New Jeans

```
SELECT * FROM billboard;
```

실행 결과

ranking	song	singer
1	Seven	정국
2	Meltdown	Travis Scott
3	FE!N	Travis Scott
4	What Was I Made For?	Billie Eilish
5	LaLa	Myke Towers
6	Dance The Night	Dua Lipa
7	Barbie World	Nicki Minaj and Ice Spice With Aqua
8	Super Shy	NewJeans
9	K-POR	Travis Scott
10	Hyaena	Travis Scott

다음 SQL은 kpop 테이블 데이터와 billboard 테이블 데이터를 LEFT OUTER JOIN한 것이다.

손으로 익히는 코딩

```
SELECT A.ranking AS kpop_ranking,
       B.ranking AS billboard_ranking,
       A.song,
       A.singer
  FROM kpop A
  LEFT OUTER JOIN billboard B
    ON A.song = B.song;
```

실행 결과

kpop_ranking	billboard_ranking	song	singer
2	1	Seven	정국
1	8	Super Shy	NewJeans
3	NULL	ETA	NewJeans
4	NULL	퀸카 (Queencard)	(여자)아이들
5	NULL	I AM	IVE
6	NULL	헤어지자 말해요	박재정
7	NULL	이브, 프시케 그리고 푸른 수염의 아내	Le SSERAFIM

8	NULL	Spicy	aespa
9	NULL	Steal The Show	Lauv
10	NULL	New Jeans	New Jeans

LEFT TABLE에 해당하는 kpop 테이블의 모든 행이 출력되었고 billboard 테이블에 존재하지 않는 데이터의 billboard_ranking 항목이 모두 NULL로 표시된 것을 확인할 수 있다. 위 SQL에 아래와 같이 조건을 더해 주면 INNER JOIN과 동일한 결과가 출력된다.

 손으로 익히는 코딩

```
SELECT A.ranking AS kpop_ranking,
       B.ranking AS billboard_ranking,
       A.song,
       A.singer
  FROM kpop A
  LEFT OUTER JOIN billboard B
    ON A.song = B.song
 WHERE B.ranking IS NOT NULL;
```

실행 결과

kpop_ranking	billboard_ranking	song	singer
2	1	Seven	정국
1	8	Super Shy	NewJeans

RIGHT OUTER JOIN

오른쪽 테이블은 모든 행이 출력되고, 왼쪽 테이블은 JOIN에 성공한 행만 출력된다.

코·드·소·개

```
SELECT column1, column2, ...
  FROM left_table
 RIGHT OUTER JOIN right_table
    ON left_table.column = right_table.column;
```

RIGHT OUTER JOIN

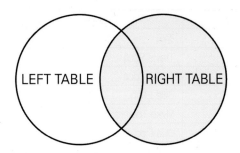

RIGHT OUTER JOIN 시 왼쪽 테이블에 JOIN 조건에 부합하는 데이터가 없는 경우 결과 데이터의 왼쪽 테이블 컬럼들은 모두 NULL로 출력된다. 앞에서 생성해 두었던 kpop 테이블과 billboard 테이블의 데이터를 이용하여 SQL을 작성해 보도록 하자.

 손으로 익히는 코딩

```sql
SELECT * FROM kpop;
```

실행 결과

ranking	song	singer
1	Super Shy	NewJeans
2	Seven	정국
3	ETA	NewJeans
4	퀸카(Queencard)	(여자)아이들
5	I AM	IVE
6	헤어지자 말해요	박재정
7	이브, 프시케 그리고 푸른 수염의 아내	Le SSERAFIM
8	Spicy	aespa
9	Steal The Show	Lauv
10	New Jeans	New Jeans

 손으로 익히는 코딩

```sql
SELECT * FROM billboard;
```

ranking	song	singer
1	Seven	정국
2	Meltdown	Travis Scott
3	FE!N	Travis Scott
4	What Was I Made For?	Billie Eilish
5	LaLa	Myke Towers
6	Dance The Night	Dua Lipa
7	Barbie World	Nicki Minaj and Ice Spice With Aqua
8	Super Shy	NewJeans
9	K-POR	Travis Scott
10	Hyaena	Travis Scott

다음 SQL은 kpop 테이블 데이터와 billboard 테이블 데이터를 RIGHT OUTER JOIN한 것이다.

 손으로 익히는 코딩

```
SELECT A.ranking AS kpop_ranking,
       B.ranking AS billboard_ranking,
       B.song,
       B.singer
  FROM kpop A
 RIGHT OUTER JOIN billboard B
    ON A.song = B.song;
```

kpop_ranking	billboard_ranking	song	singer
2	1	Seven	정국
NULL	2	Meltdown	Travis Scott
NULL	3	FE!N	Travis Scott
NULL	4	What Was I Made For?	Billie Eilish
NULL	5	LaLa	Myke Towers
NULL	6	Dance The Night	Dua Lipa
NULL	7	Barbie World	Nicki Minaj and Ice Spice With Aqua
1	8	Super Shy	NewJeans
NULL	9	K-POR	Travis Scott
NULL	10	Hyaena	Travis Scott

RIGHT TABLE에 해당하는 billboard 테이블의 모든 행이 출력되었고 kpop 테이블에 존재하지 않는 데이터의 kpop_ranking 항목이 모두 NULL로 표시된 것을 확인할 수 있다. 여기서 주목해야 할 점은 song 컬럼과 singer 컬럼을 billboard 테이블에서 가져왔다는 점이다. 만약 LEFT OUTER JOIN과 동일하게 해당 컬럼을 kpop 테이블에서 가져왔다면, kpop_ranking 항목과 마찬가지로 kpop 테이블에 존재하지 않는 데이터의 경우 모두 NULL로 표시되었을 것이다. LEFT OUTER JOIN과 마찬가지로, 위 SQL에 아래와 같이 조건을 더해 주면 INNER JOIN과 동일한 결과가 출력된다.

손으로 익히는 코딩

```
SELECT A.ranking AS kpop_ranking,
       B.ranking AS billboard_ranking,
       B.song,
       B.singer
  FROM kpop A
 RIGHT OUTER JOIN billboard B
    ON A.song = B.song
 WHERE A.ranking IS NOT NULL;
```

실행 결과

kpop_ranking	billboard_ranking	song	singer
2	1	Seven	정국
1	8	Super Shy	NewJeans

CROSS JOIN

CROSS JOIN은 두 테이블 간의 모든 가능한 조합을 출력하는 데 사용된다.

코·드·소·개

```
SELECT column1, column2, ...
  FROM left_table
 CROSS JOIN right_table;
```

CROSS JOIN은 별도의 JOIN 조건 없이 왼쪽 테이블과 오른쪽 테이블의 모든 행을 한 번씩 연결 지어 출력하는 형태의 JOIN이다. CROSS JOIN은 아래와 같은 문법으로도 구현할 수 있다.

```
SELECT column1, column2, ...
  FROM left_table, right_table;
```

CROSS JOIN

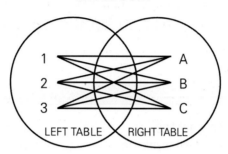

앞에서 생성해 두었던 kpop 테이블과 billboard 테이블의 데이터를 이용하여 SQL을 작성해 볼 텐데, 지면상 표기를 수월하게 하기 위해 kpop 테이블과 billboard 테이블의 데이터를 좀 줄여 보겠다.

손으로 익히는 코딩

```
USER mydb;

DROP TABLE kpop;
DROP TABLE billboard;

CREATE TABLE kpop (
    ranking    INT,
    song       VARCHAR(50),
    singer     VARCHAR(20)
);

INSERT INTO kpop VALUES(1,'Super Shy','NewJeans');
INSERT INTO kpop VALUES(2,'Seven','정국');
INSERT INTO kpop VALUES(3,'ETA','NewJeans');


CREATE TABLE billboard (
    ranking    INT,
    song       VARCHAR(50),
    singer     VARCHAR(40)
);
```

```
INSERT INTO billboard VALUES(1,'Super Shy','정국');
INSERT INTO billboard VALUES(2,'Meltdown','Travis Scott');
INSERT INTO billboard VALUES(3,'FE!N','Travis Scott');

COMMIT;
```

[SQL 스크립트] 입문_ch2-5-2-kpop&billboard.sql

위와 같이 테이블과 데이터를 재생성한 뒤 kpop 테이블과 billboard 테이블을 전체 조회해 보자.

손으로 익히는 코딩

```
SELECT * FROM kpop;
```

실행 결과

ranking	song	singer
1	Super Shy	NewJeans
2	Seven	정국
3	ETA	NewJeans

손으로 익히는 코딩

```
SELECT * FROM billboard;
```

실행 결과

ranking	song	singer
1	Seven	정국
2	Meltdown	Travis Scott
3	FE!N	Travis Scott

다음 SQL은 kpop 테이블 데이터와 billboard 테이블 데이터를 CROSS JOIN한 것이다.

```
SELECT A.ranking AS k_ranking,
       B.ranking AS b_ranking,
       A.song AS k_song,
       A.singer AS k_singer,
       B.song AS b_song,
       B.singer AS b_singer
  FROM kpop A
 CROSS JOIN billboard B;
```

실행 결과

k_ranking	b_ranking	k_song	k_singer	b_song	b_singer
1	1	Super Shy	NewJeans	Seven	정국
2	1	Seven	정국	Seven	정국
3	1	ETA	NewJeans	Seven	정국
1	2	Super Shy	NewJeans	Meltdown	Travis Scott
2	2	Seven	정국	Meltdown	Travis Scott
3	2	ETA	NewJeans	Meltdown	Travis Scott
1	3	Super Shy	NewJeans	FE!N	Travis Scott
2	3	Seven	정국	FE!N	Travis Scott
3	3	ETA	NewJeans	FE!N	Travis Scott

kpop 테이블의 모든 행이 billboard 테이블의 모든 행과 한 번씩 짝을 지어 출력된 것을 확인할
수 있다. 이처럼 CROSS JOIN의 경우 왼쪽 테이블의 건수와 오른쪽 테이블의 건수를 곱한 만큼
(3×3)의 데이터가 출력되기 때문에 대용량 테이블의 경우 성능에 큰 영향을 미칠 수 있다. 그러
므로 꼭 필요한 경우에만 주의해서 사용해야 한다.

코딩테스트 예제

 좋은 책을 읽는다는 것은 과거의 가장 훌륭한 사람들과 대화하는 것이다.

다음은 서점에서 판매하는 책에 대한 데이터가 담긴 book 테이블과 책에 대한 주문 정보가 담긴 order_info 테이블, 주문된 책의 배송 정보가 담긴 delivery 테이블이다. book 테이블은 다음과 같으며 book_id, book_name, writer, price는 각각 도서 아이디, 도서명, 작가, 가격을 의미한다.

Column Name	Data Type
book_id	VARCHAR
book_name	VARCHAR
writer	VARCHAR
price	INT

order_info 테이블은 다음과 같으며 order_code, member_id, book_id, order_date는 각각 주문 코드, 회원 아이디, 도서 아이디, 주문 일자를 의미한다.

Column Name	Data Type
order_code	VARCHAR
member_id	VARCHAR
book_id	VARCHAR
order_date	DATE

delivery 테이블은 다음과 같으며 delivery_code, order_code, status, finish_date는 각각 배송 코드, 주문 코드, 배송상태, 배송완료 일자를 의미한다.

Column Name	Data Type
delivery_code	VARCHAR
order_code	VARCHAR
status	VARCHAR
finish_date	DATE

배송상태의 종류로는 결제완료, 상품준비중, 배송준비중, 배송중, 배송완료가 있으며, 배송완료 일자는 배송상태가 배송완료일 경우에만 존재한다.

book

book_id	book_name	writer	price
230907	마흔에 읽는 쇼펜하우어	강용수	17000
231214	흔한남매	백난도	14500
240105	내가 한 말을 내가 오해하지 않기로 함	문상훈	19800
230302	세이노의 가르침	세이노	7200
230830	퓨처 셀프	벤저민 하디	19800
230428	도둑맞은 집중력	요한 하리	18800
231030	남에게 보여주려고 인생을 낭비하지 마라	쇼펜하우어	17500
230925	생각이 너무 많은 어른들을 위한 심리학	김혜남	17800
230922	요즘 어른을 위한 최소한의 세계사	임소미	18800
231127	이처럼 사소한 것들	클레어 키건	13800

order_info

order_code	member_id	book_id	order_date
24010901	aaa10	230907	2024-01-09
24010902	bbb20	230302	2024-01-09
24010903	ccc30	231127	2024-01-09
24010904	ddd40	230922	2024-01-09
24011001	aaa10	231030	2024-01-10
24011002	ccc30	230907	2024-01-10
24011003	eee50	231127	2024-01-10
24011004	fff60	230428	2024-01-10
24011005	bbb20	240105	2024-01-10
24011006	ggg70	230428	2024-01-10
24011101	aaa10	230907	2024-01-11
24011102	ccc30	230925	2024-01-11
24011103	eee50	231127	2024-01-11
24011104	ggg70	230922	2024-01-11
24011105	bbb20	231030	2024-01-11
24011106	ddd40	230907	2024-01-11
24011107	fff60	230830	2024-01-11
24011201	aaa10	230830	2024-01-12
24011202	bbb20	240105	2024-01-12
24011203	ccc30	230428	2024-01-12

delivery

delivery_code	order_code	status	finish_date
C211	24010901	배송완료	2024-01-12
C212	24010902	배송완료	2024-01-13
C213	24010903	배송중	NULL
C214	24010904	배송완료	2024-01-12
C215	24011001	배송준비중	NULL
C216	24011002	상품준비중	NULL
C217	24011003	배송완료	2024-01-13
C218	24011004	상품준비중	NULL
C219	24011005	배송중	NULL
C220	24011006	상품준비중	NULL
C221	24011101	상품준비중	NULL
C222	24011102	결제완료	NULL
C223	24011103	배송중	NULL
C224	24011104	상품준비중	NULL
C225	24011105	상품준비중	NULL
C226	24011106	상품준비중	NULL
C227	24011107	결제완료	NULL
C228	24011201	결제완료	NULL
C229	24011202	결제완료	NULL
C230	24011203	상품준비중	NULL

Q1 아이디가 'ccc30'인 회원의 주문 내역을 출력하려고 한다. 주문 일자, 주문한 도서명, 작가, 가격 정보를 주문 일자를 기준으로 오름차순 하여 출력하는 SQL을 작성하려면 어떻게 해야 할까?

*SQL을 실행하면 다음과 같이 출력되어야 한다.

order_date	book_name	writer	price
2024-01-09	이처럼 사소한 것들	클레어 키건	13800
2024-01-10	마흔에 읽는 쇼펜하우어	강용수	17000
2024-01-11	생각이 너무 많은 어른들을 위한 심리학	김혜남	17800
2024-01-12	도둑맞은 집중력	요한 하리	18800

Quick Tip

두 개 이상의 테이블을 연결하여 데이터를 출력하기 위해서는 JOIN을 해야 합니다.

정답

```
SELECT a.order_date,
       b.book_name,
       b.writer,
       b.price
  FROM order_info a
 INNER JOIN book b
    ON a.book_id = b.book_id
 WHERE member_id = 'ccc30'
 ORDER BY order_date;
```

Q2 배송상태가 '배송완료'인 주문 건에 대해 배송완료 일자, 주문 일자, 회원 아이디, 도서명 정보를 배송완료 일자를 기준으로 내림차순 하여 출력하는 SQL을 작성하려면 어떻게 해야 할까?

*SQL을 실행하면 다음과 같이 출력되어야 한다.

finish_date	order_date	member_id	book_name
2024-01-13	2024-01-09	bbb20	세이노의 가르침
2024-01-13	2024-01-10	eee50	이처럼 사소한 것들
2024-01-12	2024-01-09	aaa10	마흔에 읽는 쇼펜하우어
2024-01-12	2024-01-09	ddd40	요즘 어른을 위한 최소한의 세계사

Quick Tip

JOIN 구문을 이용하여 세 개의 테이블을 JOIN을 해야 합니다.

정답

```
SELECT a.finish_date,
       b.order_date,
       b.member_id,
       c.book_name
  FROM delivery a
 INNER JOIN order_info b
    ON a.order_code = b.order_code
 INNER JOIN book c
    ON b.book_id = c.book_id
 WHERE a.status = '배송완료'
 ORDER BY finish_date desc;
```

Q3 책을 구매한 회원 중 구매한 도서의 평균 가격이 17,000원 이상인 회원의 아이디와 구매한 도서의 평균 가격을 아이디를 기준으로 오름차순 하여 출력하는 SQL을 작성하려면 어떻게 해야 할까?

*SQL을 실행하면 다음과 같이 출력되어야 한다.

member_id	avg_price
aaa10	17825
ddd40	17900
fff60	19300
ggg70	18800

Quick Tip

데이터 출력 시 집계한 데이터에 대한 조건으로 필터링을 하기 위해서는 HAVING 구문을 이용해야 하고, 데이터의 평균을 구하기 위해서는 AVG 함수를 이용할 수 있습니다.

정답

```
SELECT a.member_id,
       AVG(b.price) AS avg_price
  FROM order_info a,
       book b
 WHERE a.book_id = b.book_id
 GROUP BY a.member_id
HAVING AVG(b.price) >= 17000
 ORDER BY member_id;
```

기숙사 미스테리: 누가 내 것을 먹었는가

다음은 기숙사 방에 대한 정보가 담긴 dormitory_info 테이블과 기숙사 생활을 하는 학생들에 대한 데이터가 담긴 dormitory_member 테이블이다. dormitory_info 테이블은 다음과 같으며 room_no, room_type, head_count는 각각 방 호수, 구분(여자 방인지 남자 방인지), 정원수를 의미한다.

Column Name	Data Type
room_no	VARCHAR
room_type	VARCHAR
head_count	INT

dormitory_member 테이블은 다음과 같으며 name, major, gender, grade, room_no는 각각 이름, 전공, 성별, 학년, 방 호수를 의미한다.

Column Name	Data Type
name	VARCHAR
major	VARCHAR
gender	VARCHAR
grade	INT
room_no	VARCHAR

◉ dormitory_info

room_no	room_type	head_count
101	M	2
102	M	4
103	F	2
104	F	4
201	M	2
202	M	4
203	F	2
204	F	4

● dormitory_member

name	major	gender	grade	room_no
정만수	컴퓨터공학	M	4	101
정경식	국어국문	M	4	101
이민재	전자전기	M	2	102
마이클	생명공학	M	1	102
강재욱	산업디자인	M	2	102
이해성	작곡	M	2	102
신남희	법학	F	4	103
민경진	항공우주	F	3	104
박채영	컴퓨터공학	F	2	104
구지원	컴퓨터공학	F	2	104
이희정	의예	F	1	104
김정태	기계	M	2	202
정명환	물리학	M	1	202
이규한	항공우주	M	1	202
양병석	사회체육	M	3	202
추은주	국어국문	F	3	203
오옥주	산업디자인	F	4	203
윤지민	전자전기	F	1	204
류중희	법학	F	1	204
최재영	생명공학	F	1	204
김영우	건축	F	2	204

Q4 기숙사 방 중에 정원이 미달된 방이 어디인지 조회하려고 한다. 방 호수, 정원, 미달된 인원수를 출력하는 SQL을 작성하려면 어떻게 해야 할까?

*SQL을 실행하면 다음과 같이 출력되어야 한다.

room_no	head_count	empty_count
103	2	1
201	2	2

Quick Tip

데이터 출력 시 데이터의 건수를 구하기 위해서는 COUNT 함수를 이용할 수 있는데, NULL 값은 제외하고 카운트해야 하는 경우에는 매개 변수로 해당 컬럼명이 들어가야 합니다.

정답

```sql
SELECT a.room_no,
       a.head_count,
       a.head_count - COUNT(b.name) AS empty_count
  FROM dormitory_info a
  LEFT OUTER JOIN dormitory_member b
    ON a.room_no = b.room_no
 GROUP BY a.room_no, a.head_count
HAVING a.head_count <> COUNT(b.name);
```

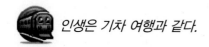 *인생은 기차 여행과 같다.*

다음은 기차 스케줄에 대한 데이터가 담긴 train_schedule 테이블과 기차 예약 정보가 담긴 train_reservation 테이블이다. train_schedule 테이블은 다음과 같으며 train_no, departure_time, departures, arrivals는 각각 기차 번호, 출발 시간, 출발지, 도착지를 의미한다.

Column Name	Data Type
train_no	INT
departure_time	DATETIME
departures	VARCHAR
arrivals	VARCHAR

train_reservation 테이블은 다음과 같으며 customer_name, train_no, seat_no는 각각 고객 이름, 기차 번호, 좌석 번호를 의미한다.

Column Name	Data Type
customer_name	VARCHAR
train_no	INT
seat_no	VARCHAR

train_schedule

train_no	departure_time	departures	arrivals
1	2024-02-01 13:15:00	서울	부산
2	2024-02-01 15:45:00	여수	서울
3	2024-02-01 16:30:00	대전	광주

train_reservation

customer_name	train_no	seat_no
박홍준	1	A1
이건호	1	A2
주원경	1	B1
양상준	1	C2
여은비	1	D1
김민재	1	D2
한지상	1	C4
고우리	1	B3
안현진	1	F1
임건호	1	F4
김지은	2	B1
반효정	2	A2
김덕근	2	B3
김진영	2	B4
남은영	2	D1
최성익	2	D2
유상길	2	C4
오혜민	3	C1
송진현	3	C2
안해경	3	C3
박다솔	3	C4
김연수	3	F1

Q5 출발 시간이 2024년 2월 1일 15시 ~ 2024년 2월 1일 17시 사이인 기차를 예약한 사람들을 조회하려고 한다. 출발 시간, 출발지, 도착지, 고객 이름, 좌석 번호를 기차 번호, 좌석 번호 기준으로 오름차순 하여 출력되도록 SQL을 작성하려면 어떻게 해야 할까?

*SQL을 실행하면 다음과 같이 출력되어야 한다.

departure_time	departures	arrivals	customer_name	seat_no
2024-02-01 15:45:00	여수	서울	반효정	A2
2024-02-01 15:45:00	여수	서울	김지은	B1
2024-02-01 15:45:00	여수	서울	김덕근	B3
2024-02-01 15:45:00	여수	서울	김진영	B4
2024-02-01 15:45:00	여수	서울	유상길	C4
2024-02-01 15:45:00	여수	서울	남은영	D1
2024-02-01 15:45:00	여수	서울	최성익	D2
2024-02-01 16:30:00	대전	광주	오혜민	C1
2024-02-01 16:30:00	대전	광주	송진현	C2
2024-02-01 16:30:00	대전	광주	안해경	C3
2024-02-01 16:30:00	대전	광주	박다솔	C4
2024-02-01 16:30:00	대전	광주	김연수	F1

Quick Tip

기차 시간표를 기준으로 예약자를 조회하기 위해서는 OUTER JOIN을 이용해야 합니다. INNER JOIN을 이용하게 되면 예약자가 존재하지 않는 기차의 경우 결과 데이터에서 누락되기 때문입니다(단, 해당 문제에서는 INNER JOIN, OUTER JOIN 결과가 동일함).

정답

```
SELECT a.departure_time,
       a.departures,
       a.arrivals,
       b.customer_name,
       b.seat_no
  FROM train_schedule a
  LEFT OUTER JOIN train_reservation b
    ON a.train_no = b.train_no
 WHERE a.departure_time BETWEEN '2024-02-01 15:00:00' AND '2024-02-01
17:00:00'
 ORDER BY a.train_no, b.seat_no;
```

위 SQL을 부등호로 표현하면 다음과 같다.

```
SELECT a.departure_time,
       a.departures,
       a.arrivals,
       b.customer_name,
       b.seat_no
  FROM train_schedule a
  LEFT OUTER JOIN train_reservation b
    ON a.train_no = b.train_no
 WHERE a.departure_time >= '2024-02-01 15:00:00'
   AND a.departure_time <= '2024-02-01 17:00:00'
 ORDER BY a.train_no, b.seat_no;
```

● SELECT ~ FROM 절: 데이터를 조회하는 SQL에서 가장 코어적인 역할을 하는 구문

코·드·소·개

```
SELECT column1, column2, ...
  FROM table_name;
```

● ALIAS: 테이블명이나 컬럼명 대신 사용하기 위한 별칭

코·드·소·개

```
SELECT column_name [AS] alias_name
  FROM table_name [AS] alias_name;
```

● NULL: '값이 존재하지 않음' 또는 '알 수 없음'을 나타내는 특별한 표시어

* NULL과 문자 'NULL'은 다른 값 주의!

● NULL 조건

구문	의미
IS NULL	데이터가 NULL인
IS NOT NULL	데이터가 NULL이 아닌

● 연산자: 연산의 대상이 되는 피연산자(Operand)를 정해진 룰대로 계산하거나 비교 및 할당하는 기호

● 산술 연산자

기호	의미
+	더하기
−	빼기
*	곱하기
/	나누기
%	나머지

● 논리 연산자

구문	의미
AND	AND로 연결된 모든 조건이 참일 경우 true, 그 외 false
OR	OR로 연결된 조건 중 하나라도 참일 경우 true, 그 외 false
NOT	NOT 뒤에 주어진 조건이 false일 경우 true, true일 경우 false

● 비교 연산자

기호	의미
=	같음
〉	~보다 큼

〈	~보다 작음
〉=	~보다 크거나 같음
〈=	~보다 작거나 같음
〈〉	같지 않음

● BETWEEN: 두 값 사이에 있는 데이터를 출력하는 연산자로 범위 조건을 작성할 때 유용하게 사용

코·드·소·개

```
SELECT column_name(s)
  FROM table_name
 WHERE column_name BETWEEN value1 AND value2;
```

● IN: 주어진 리스트 중에 일치하는 데이터가 있는 행을 출력

코·드·소·개

```
SELECT column_name(s)
  FROM table_name
 WHERE column_name IN (value1, value2, ...);
```

● LIKE: 주어진 패턴을 포함하는 문자를 조회하는 패턴 매칭 조건

코·드·소·개

```
SELECT column1, column2, ...
  FROM table_name
 WHERE columnN LIKE pattern;
```

구문	의미
column LIKE 'S%'	컬럼값이 'S'로 시작하는
column LIKE '%L'	컬럼값이 'L'로 끝나는
column LIKE '%Q%'	컬럼값에 'Q'가 포함되는
column LIKE 'S%L'	컬럼값이 'S'로 시작되고 'L'로 끝나는
column LIKE 'S__'	컬럼값이 'S'로 시작하는 세 글자
column LIKE '__L'	컬럼값이 'L'로 끝나는 세 글자
column LIKE '_Q_'	컬럼값의 가운데 글자가 'Q'인 세 글자
column LIKE '%R_'	컬럼값의 오른쪽 끝에서 두 번째 글자가 'R'인
column LIKE '_Q%'	컬럼값의 왼쪽 끝에서 두 번째 글자가 'Q'인

● ORDER BY: 결과 데이터를 오름차순 또는 내림차순으로 정렬하는 데 사용

코·드·소·개

```
SELECT column1, column2, ...
  FROM table_name
 WHERE condition
 ORDER BY column1 ASC|DESC, column2 ASC|DESC, ... ;
```

- GROUP BY: 데이터를 동일한 그룹끼리 묶는 데 사용

```
SELECT column1, column2, ...
  FROM table_name
 WHERE condition
 GROUP BY column1, column2, ... ;
```

- HAVING: 집계 함수에 대한 조건을 설정

```
SELECT column1, column2, ...
  FROM table_name
 WHERE condition
 GROUP BY column1, column2, ...
HAVING condition;
```

- INNER JOIN: 두 테이블에 모두 존재하는 데이터를 출력

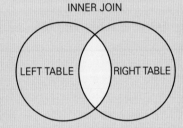

```
SELECT column1, column2, ...
  FROM left_table
 INNER JOIN right_table
    ON left_table.column = right_table.column;
```

- OUTER JOIN: 두 테이블을 연결 시 JOIN의 성공 여부와는 관계없이 기준이 되는 테이블의 모든 행을 출력

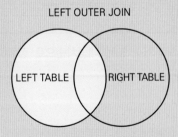

```
SELECT column1, column2, ...
  FROM left_table
  LEFT OUTER JOIN right_table
    ON left_table.column = right_table.column;
```

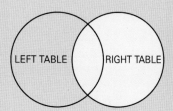

RIGHT OUTER JOIN

```
SELECT column1, column2, ...
  FROM left_table
 RIGHT OUTER JOIN right_table
    ON left_table.column = right_table.column;
```

● CROSS JOIN: 두 테이블 간의 모든 가능한 조합을 출력하는 데 사용

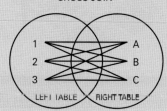

CROSS JOIN

```
SELECT column1, column2, ...
  FROM left_table
 CROSS JOIN right_table;
```

더 멋진 내일(Tomorrow)을 위한 내일(My Career)

CHAPTER

03

내 일 은 S Q L

관리 구문

01

DDL

#DDL #CREATE #ALTER #DROP #TRUNCATE

여기서는 무얼 배울까

데이터 정의어라는 의미를 지닌 DDL(Data Definition Language)은 데이터베이스에 어떤 데이터를 저장할 것인지를 정의하는 언어라고 이해할 수 있다. DDL은 테이블을 생성·변경·삭제하는 역할을 하는 SQL 구문이며, SELECT 구문만큼 자주 사용되지는 않지만 데이터베이스를 설계하는 데에 있어서 반드시 필요한 구문이므로 잘 익혀 두는 것이 좋겠다.

CREATE

데이터를 저장하기 위한 새로운 테이블을 생성하고자 할 때 CREATE TABLE 구문을 이용한다. CREATE TABLE 구문은 테이블에 포함될 컬럼의 이름과 데이터 타입 등 테이블의 구조를 정의한다. CREATE TABLE의 기본 문법은 다음과 같다.

Quick Tip

테이블 생성 시 각 컬럼에 적절한 데이터 타입과 크기를 부여하는 것이 중요합니다. 데이터의 특성 및 저장될 데이터의 예상 크기를 고려하여 모델링하는 것이 저장 공간의 절약과 성능 최적화 측면에서 바람직하니까요!

코·드·소·개

```
CREATE TABLE table_name (
    column1 datatype [NOT NULL | NULL] [DEFAULT default_value],
    column2 datatype [NOT NULL | NULL] [DEFAULT default_value],
    column3 datatype [NOT NULL | NULL] [DEFAULT default_value],
    ...
);
```

● table_name: 생성할 테이블의 이름

● column1, column2, column3, ...: 테이블에 포함될 컬럼명

- datatype: 각 컬럼에 저장될 데이터의 타입(예 INT, VARCHAR, DATE 등)

- [NOT NULL | NULL]: 컬럼이 NULL을 허용하는지(NULL) 허용하지 않는지(NOT NULL) 정의

- [DEFAULT default_value]: 컬럼에 대한 기본값, 행 추가 시 해당 컬럼의 값이 주어지지 않을 경우 default_value로 저장

실제 CREATE TABLE 구문을 작성하기 전에 어떤 모양의 테이블을 만들 것인지 정해 보자.

도서번호	도서명	작가	출판사	발행일	정가
9791168473690	세이노의 가르침	세이노	데이원	2023.03.02	7,200
9791158741952	상처받지 않는 관계의 비밀	최리나	미디어숲	2023.07.30	18,800
9788901272580	역행자	자청	웅진지식하우스	2023.05.29	19,500
9788932923413	꿀벌의 예언1	베르나르 베르베르	열린책들	2023.06.21	16,800
9791191891287	메리골드 마음 세탁소	윤정은	북로망스	2023.03.06	15,000
9791191669466	나는 죽을 때까지 지적이고 싶다	양원근	정민미디어	2023.06.15	16,800
9791158741952	심플 라이프	제시카 로즈 윌리엄스	밀리언서재	2023.06.15	17,500
9791190299770	모든 삶은 흐른다	로랑스 드빌레르	피카(FIKA)	2023.04.03	16,800
9791192389073	유연함의 힘	수잔 애쉬포드	상상스퀘어	2023.05.10	19,800
9791167740984	도둑맞은 집중력	요한 하리	어크로스	2023.04.28	18,800

위 표에는 서점에서 판매되고 있는 책들의 정보가 담겨 있다. 해당 표를 데이터베이스 내 테이블로 생성하기 위한 CREATE TABLE 구문을 작성해 보자. 아래 SQL은 book_list라는 테이블을 생성하기 위한 SQL 구문이다. book_no와 book_name 컬럼을 NOT NULL로 설정하여 반드시 데이터가 들어가도록 정의했고, 마지막 줄에 PRIMARY KEY를 book_no로 설정함으로써 각각의 book_no가 유니크한 값을 갖게 했다.

손으로 익히는 코딩

```
CREATE TABLE book_list (
    book_no     VARCHAR(13) NOT NULL,
    book_name   VARCHAR(50) NOT NULL,
    writer      VARCHAR(30),
    publisher   VARCHAR(30),
    reg_date    DATE,
    price       INT,
    PRIMARY KEY (book_no)
);
```

해당 SQL 구문을 보면 각각 아래와 같이 컬럼 정보가 매핑된 것을 확인할 수 있다.

헤더명	컬럼명
도서번호	book_no
도서명	book_name
작가	writer
출판사	publisher
발행일	reg_date
정가	price

컬럼명 다음에는 해당 컬럼이 저장하게 될 데이터의 타입을 정의해 주는데, 데이터의 형식과 매핑되는 타입은 다음과 같다. 참고로 아래에 표시된 데이터 타입보다 더 많은 타입들이 있지만 실무에서 주로 사용되는 타입만을 정리하였다.

유형	데이터 타입	설명
정수형	INT	소수점이 없는 숫자 데이터를 저장
문자형	CHAR, VARCHAR	텍스트 데이터를 저장
실수형	FLOAT, DOUBLE	소수점이 있는 숫자 데이터를 저장
날짜형	DATE, TIME, DATETIME	날짜 및 시간 데이터를 저장

문자형 데이터 타입인 CHAR와 VARCHAR에는 고정형이냐 가변형이냐의 차이가 있다. 예를 들어, 아래와 같이 선언된 컬럼이 있다고 가정해 보자.

컬럼명	데이터 타입
COL_CHAR	CHAR(5)
COL_VARCHAR	VARCHAR(5)

각각의 컬럼에 동일하게 'SQL'이라는 문자를 저장하게 되면 COL_CHAR 컬럼은 글자수에 관계없이 5Byte의 공간을 차지하게 되고 COL_VARCHAR 컬럼은 가변적으로 3Byte의 공간만 차지하게 된다. 날짜형 데이터 타입인 컬럼에는 날짜 데이터를 저장할 수 있는데 DATE 형식에는 날짜만, TIME 형식에는 시간만, DATETIME 형식에는 날짜와 시간을 함께 저장할 수 있다.

만약 설정된 데이터 타입과 다른 형식의 데이터를 저장하려 하거나 설정된 데이터 사이즈를 초과한 길이의 데이터를 저장하려는 시도를 한다면 DBMS는 에러를 발생하게 된다. 에러에 대한 더 자세한 사항은 02 DML의 INSERT에서 다루도록 하겠다.

```
INSERT INTO book_list
VALUES('9791168473690','세이노의 가르침','세이노','데이원','2023-03-02','칠천이백원');

Error. Incorrect integer value: '칠천이백원' for column 'price' at row 1
```

ALTER

이미 생성된 테이블을 변경하고자 할 때 ALTER TABLE 구문을 이용한다. 여기서 변경이란 컬럼의 추가, 삭제, 수정 및 테이블의 제약 조건의 추가와 삭제를 의미한다.

ADD COLUMN

테이블에 있는 컬럼을 추가하는 데 ADD COLUMN 구문을 사용한다.

코 · 드 · 소 · 개

```
ALTER TABLE table_name
ADD column_name datatype;
```

추가된 컬럼은 테이블의 맨 끝에 위치하게 된다. 아래는 book_list 테이블에 sales_rate 컬럼을 추가하기 위한 SQL 구문이다.

 손으로 익히는 코딩

```
ALTER TABLE book_list
ADD sales_rate INT;
```

DROP COLUMN

테이블에 있는 컬럼을 삭제하는 데 DROP COLUMN 구문을 사용한다.

```
ALTER TABLE table_name
DROP COLUMN column_name;
```

DROP COLUMN 구문을 사용하여 삭제된 컬럼은 복구할 수 없으므로 주의해야 한다. 아래는 book_list 테이블에서 reg_date 컬럼을 삭제하기 위한 SQL 구문이다.

 손으로 익히는 코딩

```
ALTER TABLE book_list
DROP COLUMN reg_date;
```

MODIFY COLUMN

테이블에 있는 컬럼의 데이터 타입이나 사이즈를 변경하는 데 MODIFY COLUMN 구문을 사용한다.

코 · 드 · 소 · 개

```
ALTER TABLE table_name
MODIFY COLUMN column_name datatype;
```

아래는 book_list 테이블에서 book_name 컬럼의 데이터 타입을 VARCHAR(100)으로 변경하기 위한 SQL 구문이다.

 손으로 익히는 코딩

```
ALTER TABLE book_list
MODIFY COLUMN book_name VARCHAR(100);
```

RENAME COLUMN

테이블에 있는 컬럼의 이름을 변경하는 데 RENAME COLUMN 구문을 사용한다.

코 · 드 · 소 · 개

```
ALTER TABLE table_name
RENAME COLUMN old_column_name TO new_column_name;
```

아래는 book_list 테이블에서 writer 컬럼의 이름을 book_writer로 변경하기 위한 SQL 구문이다.

```
ALTER TABLE book_list
RENAME COLUMN writer TO book_writer;
```

ALTER COLUMN ~ SET DEFAULT

테이블에 있는 컬럼의 기본값을 설정하는 데 ALTER COLUMN ~ SET DEFAULT 구문을 사용한다.

코·드·소·개

```
ALTER TABLE table_name
ALTER COLUMN column_name SET DEFAULT default_value;
```

아래는 book_list 테이블에서 book_writer 컬럼의 기본값을 '작가 미상'으로 설정하기 위한 SQL 구문이다.

```
ALTER TABLE book_list
ALTER COLUMN book_writer SET DEFAULT '작가 미상';
```

ALTER COLUMN ~ DROP DEFAULT

테이블에 있는 컬럼의 기존 기본값을 제거하는 데 ALTER COLUMN ~ DROP DEFAULT 구문을 사용한다.

코·드·소·개

```
ALTER TABLE table_name
ALTER COLUMN column_name DROP DEFAULT;
```

다음은 book_list 테이블에서 book_writer 컬럼의 기본값을 제거하기 위한 SQL 구문이다.

```
ALTER TABLE book_list
ALTER COLUMN book_writer DROP DEFAULT;
```

더 알아보기

ALTER TABLE 구문은 데이터베이스의 구조를 변경하는 크리티컬한 명령어이기 때문에 수행 시 주의를 기울여야 하며, 되도록 백업을 먼저 수행해 놓음으로써 안전장치를 해 놓는 것이 바람직하다.

DROP

DROP 명령어는 객체를 삭제함으로써 관련된 모든 데이터와 스키마*를 완전히 제거하는 역할을 한다. 그중 DROP TABLE 구문은 데이터베이스에 존재하는 테이블을 삭제할 때 사용된다. DROP TABLE의 기본 문법은 다음과 같다.

코·드·소·개

```
DROP TABLE table_name [CASCADE];
```

아래는 book_list 테이블을 삭제하기 위한 SQL 구문이다.

손으로 익히는 코딩

```
DROP TABLE book_list;
```

CASCADE 구문은 해당 테이블을 참조하는 테이블의 외래키까지 함께 삭제하기 위한 옵션으로 의존성이 있는 데이터들을 한번에 정리할 수 있는 강력한 명령어지만, 역으로 부작용도 존재하므로 사용 전에 반드시 충분한 검토와 백업이 필요하다. 아래 SQL은 book_list 테이블을 참조하고 있는 다른 테이블의 데이터까지 함께 삭제한다.

손으로 익히는 코딩

```
DROP TABLE book_list CASCADE;
```

기초 용어 정리

* **스키마(Schema)**: 데이터베이스의 구조와 저장될 데이터에 대한 정의. 테이블 스키마는 특정 테이블의 구조에 대한 정의(컬럼, 데이터 타입, 제약 조건 등)

DROP TABLE 명령어는 수행하는 순간 해당 테이블에 저장되어 있던 모든 데이터까지 함께 날리기 때문에 주의해서 사용해야 한다.

 에러에서 배우기

다른 테이블에서 참조하고 있는 테이블을 CASCADE 옵션 없이 DROP하려고 하면 DBMS는 에러를 발생하게 된다. 가령 book_list를 참조하고 있는 book_store라는 테이블이 있다고 가정할 때 아래와 같이 명령어를 수행하면 에러가 발생한다.

```
DROP TABLE book_list;
```

```
Error. Cannot drop table 'book_list' referenced by a foreign key
constraint 'fk_book_list' on table 'book_store'.
```

이런 경우에는 아래와 같이 명령어를 작성해야 정상적으로 테이블을 삭제할 수 있다.

```
DROP TABLE book_list CASCADE;
```

위 명령어 수행 시 book_list를 참조하고 있던 book_store의 외래키까지 함께 삭제된다.

TRUNCATE

테이블에 존재하는 모든 데이터를 삭제하고자 할 때 TRUNCATE 구문을 이용한다. TRUNCATE 구문은 테이블의 구조와 정의는 그대로 유지한 채 저장된 데이터만을 삭제하며, 주로 테이블을 초기화할 때 많이 사용된다. TRUNCATE의 기본 문법은 다음과 같다.

코·드·소·개

```
TRUNCATE TABLE table_name;
```

TRUNCATE 명령어는 WHERE 절을 사용할 수 없으므로 특정 행만 삭제하는 것이 불가하고, 한번 실행하면 복구가 어렵기 때문에 주의해야 한다. 아래 SQL은 book_list 테이블에 저장된 전체 데이터를 삭제한다.

손으로 익히는 코딩

```
TRUNCATE TABLE book_list;
```

비밀 모임을 개최합니다.

Easy

Q1 비밀 모임 관련 데이터를 저장하기 위한 secret_meeting 테이블을 생성하려고 한다. attend_date(출석일), name(출석자 이름), birth_date(출석자 생년월일), mobile_no(출석자 핸드폰 번호) 컬럼이 있어야 하고 데이터 타입은 아래와 같다고 할 때 secret_meeting 테이블을 생성하는 SQL을 작성하려면 어떻게 해야 할까?

Column Name	Data Type
attend_date	DATE
name	VARCHAR(15)
birth_date	DATE
mobile_no	VARCHAR(11)

Quick Tip

테이블을 생성하기 위해서는 CREATE 명령어를 사용해야 합니다.

정답

```sql
CREATE TABLE secret_meeting (
    attend_date    DATE,
    name           VARCHAR(15),
    birth_date     DATE,
    mobile_no      VARCHAR(11)
);
```

Q2 비밀 모임 관련 데이터를 저장하기 위한 secret_meeting 테이블에 저장할 데이터를 추가하려고 한다. job(출석자 직업)을 저장할 컬럼을 아래와 같이 추가하는 SQL을 작성하려면 어떻게 해야 할까?

Column Name	Data Type
attend_date	DATE
name	VARCHAR(15)
birth_date	DATE
mobile_no	VARCHAR(11)
job	VARCHAR(20)

Quick Tip

테이블을 변경하기 위해서는 ALTER 명령어를 사용해야 합니다.

정답

```
ALTER TABLE secret_meeting ADD job VARCHAR(20);
```

Q3 secret_meeting 테이블에 많은 데이터가 저장이 되었다고 가정하고, 신속하게 데이터를 삭제하기 위한 SQL을 작성하려고 한다. 어떻게 해야 할까?

Quick Tip

테이블의 데이터를 속도가 빠르게 삭제하기 위해서 TRUNCATE 명령어를 사용할 수 있습니다.

정답

```
TRUNCATE TABLE secret_meeting;
```

Q4 비밀 모임이 모두 끝나 이제 secret_meeting 테이블을 제거하려고 한다. 테이블을 제거하기 위한 SQL을 작성하려면 어떻게 해야 할까?

Quick Tip

테이블을 제거하기 위해서는 DROP 명령어를 사용해야 합니다.

정답

```
DROP TABLE secret_meeting;
```

02

DML

#DML #INSERT #UPDATE #DELETE

여기서는 무얼 배울까

데이터 조작어라는 의미를 지닌 DML(Data Manipulation Language)은 데이터를 실제로 조작하는 언어라고 이해할 수 있다. DML은 데이터를 생성·변경·삭제하는 역할을 하는 SQL 구문이다. ROLLBACK(작업 취소)이 가능하고 작업을 완벽하게 반영하기 위해서는 COMMIT(작업 확정)을 수행해야 한다. DML은 SELECT 명령어와 함께 CRUD*라고 불린다.

INSERT

테이블에 새로운 데이터를 추가하고자 할 때 INSERT 구문을 이용한다. INSERT 구문은 두 가지 방식으로 작성할 수 있다. 첫 번째 방식은 테이블의 전체 컬럼에 데이터를 추가하는 방식이고, 두 번째 방식은 테이블의 일부 컬럼에만 데이터를 추가하는 방식이다. 테이블의 모든 컬럼에 데이터를 추가하는 경우 별도로 컬럼명을 명시할 필요가 없으며, VALUES 절에 추가할 데이터를 테이블의 컬럼 순서와 동일하게 작성하면 된다.

코·드·소·개

```
INSERT INTO table_name
VALUES (value1, value2, value3, ...);
```

반면 테이블의 일부 컬럼에만 데이터를 추가하는 경우 컬럼명과 데이터를 모두 명시해야 한다.

기초 용어 정리

* **CRUD**: 쿼리의 주요 기능을 의미
  - Create: INSERT
  - Read: SELECT
  - Update: UPDATE
  - Delete: DELETE

```
INSERT INTO table_name (column1, column2, column3, ...)
VALUES (value1, value2, value3, ...);
```

 손으로 익히는 코딩

```
CREATE TABLE address_book (
    name      VARCHAR(20) NOT NULL,
    phone_no  VARCHAR(15) NOT NULL,
    group_name  VARCHAR(20),
    description  VARCHAR(30)
);

INSERT INTO address_book VALUES ('이지은', '010-1111-2222', '친구', '아이유');
INSERT INTO address_book VALUES ('유재석', '010-3333-4444', '선배', '국민MC');
INSERT INTO address_book VALUES ('김연아', '010-5555-6666', '후배', '피겨퀸');

COMMIT;
```

[SQL 스크립트] 입문_ch3-2-1-address_book.sql

위와 같이 테이블과 데이터를 생성한 뒤 address_book 테이블을 전체 조회해 보자.

손으로 익히는 코딩

```
SELECT * FROM address_book;
```

실행 결과

name	phone_no	group_name	description
이지은	010-1111-2222	친구	아이유
유재석	010-3333-4444	선배	국민MC
김연아	010-5555-6666	후배	피겨퀸

아래는 위 테이블에 새로운 데이터에 대한 전체 컬럼 데이터를 추가하는 구문이다.

 손으로 익히는 코딩

```
INSERT INTO address_book VALUES ('손흥민', '010-7777-8888', '지인', '축구왕');
```

위 SQL을 실행한 뒤 address_book 테이블을 전체 조회해 보면 다음과 같이 데이터가 추가된 것을 확인할 수 있다.

 손으로 익히는 코딩

```sql
SELECT * FROM address_book;
```

실행 결과

name	phone_no	group_name	description
이지은	010-1111-2222	친구	아이유
유재석	010-3333-4444	선배	국민MC
김연아	010-5555-6666	후배	피겨퀸
손흥민	010-7777-8888	지인	축구왕

아래는 위 테이블에 새로운 데이터에 대한 일부 컬럼 데이터를 추가하는 구문이다.

 손으로 익히는 코딩

```sql
INSERT INTO address_book (name, phone_no)
VALUES ('임영웅', '010-9999-0000');
```

위 SQL을 실행한 뒤 address_book 테이블을 전체 조회해 보면 다음과 같이 데이터가 추가된 것을 확인할 수 있다.

 손으로 익히는 코딩

```sql
SELECT * FROM address_book;
```

실행 결과

name	phone_no	group_name	description
이지은	010-1111-2222	친구	아이유
유재석	010-3333-4444	선배	국민MC
김연아	010-5555-6666	후배	피겨퀸
손흥민	010-7777-8888	지인	축구왕
임영웅	010-9999-0000	NULL	NULL

INSERT 구문을 작성할 때 주의해야 할 사항

1. 데이터 타입의 일치

   추가하는 데이터의 데이터 타입이 해당 컬럼의 데이터 타입과 일치해야 한다.

2. NULL 허용 여부 확인

   컬럼이 NULL 값을 허용하는 경우 별도로 값을 지정하지 않아도 데이터 추가가 가능하지만, NULL 값을 허용하지 않는 컬럼에는 반드시 데이터를 명시해 주어야 한다. 데이터를 명시하지 않을 경우 에러가 발생하게 된다.

3. PK 제약조건

   테이블의 기본키로 지정된 컬럼에는 중복되지 않은 유니크한 값을 삽입해야 한다.

4. COMMIT or ROLLBACK

   INSERT 쿼리를 수행한 뒤에는 COMMIT 명령어까지 수행해야 데이터가 완전하게 추가되며, 만일 데이터 추가를 취소하고 싶은 경우에는 ROLLBACK 명령어를 수행하여 상태를 되돌릴 수 있다.

🗃 에러에서 배우기

INSERT 구문을 작성할 시에는 컬럼의 순서나 데이터 타입, 제약 조건, 컬럼의 총 개수 등을 잘 체크해야 한다.

1. 컬럼 개수가 일치하지 않는 경우

```
INSERT INTO address_book
VALUES ('이지은','010-1111-2222');
```

```
Error. Column count doesn't match value count at row 1
```

2. NOT NULL 컬럼에 NULL 값을 저장하려 한 경우

```
INSERT INTO address_book (name, phone_no)
VALUES ('이지은', NULL);
```

```
Error. Column 'phone_no' cannot be null
```

3. 컬럼의 데이터 사이즈보다 긴 데이터를 저장하려 한 경우

```
INSERT INTO address_book (name, phone_no)
VALUES ('이지은','010-1111-2222-3333');
```

```
Error. Data truncation: Data too long for column 'phone_no' at row 1
```

UPDATE

테이블에 저장된 기존 데이터를 변경하고자 할 때 UPDATE 구문을 이용한다.

```
UPDATE table_name
   SET column1 = value1, column2 = value2, ...
 WHERE condition;
```

UPDATE 구문을 수행할 때 주의해야 할 사항은 수행 전에 WHERE 절을 반드시 확인해야 한다는 것이다. UPDATE 구문의 WHERE 절은 변경할 row를 지정하며, 만약 별도의 WHERE 절이 없는 경우 테이블의 모든 row가 변경된다. 앞에서 생성해 두었던 address_book 테이블의 데이터를 UPDATE해 보자.

> **Clear Comment**
>
> 앞에서 따로 INSERT 했던 손흥민 행과 임영웅 행도 포함하였습니다.

손으로 익히는 코딩

```
SELECT * FROM address_book;
```

실행 결과

name	phone_no	group_name	description
이지은	010-1111-2222	친구	아이유
유재석	010-3333-4444	선배	국민MC
김연아	010-5555-6666	후배	피겨퀸
손흥민	010-7777-8888	지인	축구왕
임영웅	010-9999-0000	NULL	NULL

아래는 name이 '임영웅'인 row의 group_name과 description의 데이터를 변경하는 SQL이다.

손으로 익히는 코딩

```
UPDATE address_book
   SET group_name = '친구', description = '트롯왕'
 WHERE name = '임영웅';
```

위 SQL을 실행한 뒤 address_book 테이블을 전체 조회해 보면 다음과 같이 데이터가 변경된 것을 확인할 수 있다.

 손으로 익히는 코딩

```
SELECT * FROM address_book;
```

실행 결과

name	phone_no	group_name	description
이지은	010-1111-2222	친구	아이유
유재석	010-3333-4444	선배	국민MC
김연아	010-5555-6666	후배	피겨퀸
손흥민	010-7777-8888	지인	축구왕
임영웅	010-9999-0000	친구	트롯왕

더 알아보기

UPDATE 구문을 작성할 때 주의해야 할 사항

1. 명확한 WHERE 절

앞서 설명했듯이 WHERE 절이 없는 UPDATE 구문은 테이블의 모든 데이터를 변경시킨다. 실제로 실무에서도 이와 같은 실수로 인해 데이터가 유실되는 사례들이 있으므로 반드시 주의해야 한다.

```
UPDATE address_book
   SET group_name = '친구', description = '트롯왕';
```

위 SQL을 실행하면 아래와 같은 결과를 초래하게 된다.

name	phone_no	group_name	description
이지은	010-1111-2222	친구	트롯왕
유재석	010-3333-4444	친구	트롯왕
김연아	010-5555-6666	친구	트롯왕
손흥민	010-7777-8888	친구	트롯왕
임영웅	010-9999-0000	친구	트롯왕

2. 데이터 타입의 일치

변경하는 데이터의 데이터 타입이 해당 컬럼의 데이터 타입과 일치해야 한다.

3. COMMIT or ROLLBACK

UPDATE 쿼리를 수행한 뒤에는 COMMIT 명령어까지 수행해야 데이터가 완전하게 변경된다. 만일 데이터 변경을 취소하고 싶은 경우에는 ROLLBACK 명령어를 수행하여 상태를 되돌릴 수 있다. 위의 사례처럼 실수로 WHERE 절이 누락된 UPDATE 구문을 실행시켰을 경우 바로 ROLLBACK 명령어를 수행하여 실수를 돌이킬 수 있다. 그렇기 때문에 COMMIT 명령어를 수행하기 전에 반드시 데이터를 SELECT하여 올바르게 변경이 되었는지 확인하는 습관을 들이는 것이 매우 중요하다.

DELETE

테이블에 저장된 기존 데이터를 삭제하고자 할 때 DELETE 구문을 이용한다.

코·드·소·개

```
DELETE FROM table_name WHERE condition;
```

DELETE 구문을 수행할 때 주의해야 할 사항은 수행 전에 WHERE 절을 반드시 확인해야 한다는 것이다. DELETE 구문의 WHERE 절은 삭제할 row를 지정하며 만약 별도의 WHERE 절이 없는 경우 테이블의 모든 row가 삭제된다. 앞에서 생성해 두었던 address_book 테이블의 데이터를 DELETE해 보자.

손으로 익히는 코딩

```
SELECT * FROM address_book;
```

실행 결과

name	phone_no	group_name	description
이지은	010-1111-2222	친구	아이유
유재석	010-3333-4444	선배	국민MC
김연아	010-5555-6666	후배	피겨퀸
손흥민	010-7777-8888	지인	축구왕
임영웅	010-9999-0000	친구	트롯왕

아래는 group_name이 '지인'인 row를 삭제하는 SQL이다.

손으로 익히는 코딩

```
DELETE FROM address_book WHERE group_name = '지인';
```

위 SQL을 실행한 뒤 address_book 테이블을 전체 조회해 보면 다음과 같이 데이터가 삭제된 것을 확인할 수 있다.

손으로 익히는 코딩

```
SELECT * FROM address_book;
```

name	phone_no	group_name	description
이지은	010-1111-2222	친구	아이유
유재석	010-3333-4444	선배	국민MC
김연아	010-5555-6666	후배	피겨퀸
임영웅	010-9999-0000	친구	트롯왕

● 더 알아보기

DELETE 구문을 작성할 때 주의해야 할 사항

1. 명확한 WHERE 절

DELETE는 위험성이 강력한 명령어이므로, WHERE 절을 명확하게 작성하지 않으면 의도하지 않은 데이터가 삭제될 수 있다. 특히 WHERE 절을 생략하면 테이블의 모든 데이터가 삭제되며, 실제로 실무에서도 이와 같은 실수로 인해 데이터가 유실되는 사례들이 있으므로 반드시 주의해야 한다.

```
DELETE FROM address_book;
```

위 SQL을 실행하면 address_book 테이블의 모든 데이터가 삭제된다.

2. COMMIT or ROLLBACK

DELETE 쿼리를 수행한 뒤에는 COMMIT 명령어까지 수행해야 데이터가 완전하게 삭제되며, 만일 데이터 삭제를 취소하고 싶은 경우에는 ROLLBACK 명령어를 수행하여 상태를 되돌릴 수 있다. 위의 사례처럼 실수로 WHERE 절이 누락된 DELETE 구문을 실행시켰을 경우 바로 ROLLBACK 명령어를 수행하여 실수를 돌이킬 수 있으며, 그렇기 때문에 COMMIT 명령어를 수행하기 전에 반드시 데이터를 SELECT 하여 의도한 대로 삭제가 되었는지 확인하는 습관을 들이는 것이 매우 중요하다.

3. TRUNCATE로 대체

만약 테이블의 모든 데이터를 삭제하고자 할 때는 DELETE 구문보다 TRUNCATE 구문이 더 빠를 수 있다. TRUNCATE는 각 row를 개별적으로 삭제하지 않고 테이블의 데이터 블록을 전체적으로 제거하기 때문이다. TRUNCATE TABLE을 수행하면 테이블을 빠르게 비우고 초기화할 수 있지만 ROLLBACK이 불가하므로 그만큼 신중하게 사용해야 한다.

비밀 모임을 개최합니다.

다음은 비밀 모임 관련 데이터를 저장하기 위한 secret_meeting 테이블이다. secret_meeting 테이블은 다음과 같으며 attend_date, name, birth_date, mobile_no, job은 각각 출석일, 출석자 이름, 출석자 생년월일, 출석자 핸드폰 번호, 출석자 직업을 의미한다.

Column Name	Data Type
attend_date	DATE
name	VARCHAR(15)
birth_date	DATE
mobile_no	VARCHAR(11)
job	VARCHAR(20)

Q1 위 테이블에 출석자 명단을 저장하려고 한다. 아래와 같은 명단을 저장하는 SQL을 작성하려면 어떻게 해야 할까?

attend_date	name	birth_date	mobile_no	job
2024-02-14	손경진	1992-05-22	01011112222	의사
2024-02-17	김경준	1994-12-02	01022223333	교수
2024-02-17	위원희	1995-06-29	01033334444	경찰
2024-02-20	곽진성	1993-09-05	01044445555	사업가
2024-02-21	신용희	1994-08-14	01055556666	작가

Quick Tip

테이블에 데이터를 저장하기 위해서는 INSERT 구문을 사용해야 합니다.

정답

```
INSERT INTO secret_meeting VALUES
('2024-02-14','손경진','1992-05-22','01011112222','의사');
INSERT INTO secret_meeting VALUES
('2024-02-17','김경준','1994-12-02','01022223333','교수');
INSERT INTO secret_meeting VALUES
('2024-02-17','위원희','1995-06-29','01033334444','경찰');
INSERT INTO secret_meeting VALUES
('2024-02-20','곽진성','1993-09-05','01044445555','사업가');
INSERT INTO secret_meeting VALUES
('2024-02-21','신용희','1994-08-14','01055556666','작가');

COMMIT;
```

위 SQL은 아래와 같이 작성할 수도 있다.

또 다른 정답

```
INSERT INTO secret_meeting VALUES
('2024-02-14','손경진','1992-05-22','01011112222','의사'),
('2024-02-17','김경준','1994-12-02','01022223333','교수'),
('2024-02-17','위원희','1995-06-29','01033334444','경찰'),
('2024-02-20','곽진성','1993-09-05','01044445555','사업가'),
('2024-02-21','신용희','1994-08-14','01055556666','작가');

COMMIT;
```

Q2 secret_meeting 명단 중 김경준 출석자의 생일 정보가 잘못 저장되어 변경하려고 한다. 생일 정보를 '1994-12-02'에서 '1994-11-02'로 변경하는 SQL을 작성하려면 어떻게 해야 할까?

Quick Tip

테이블에 저장된 데이터를 변경하기 위해서는 UPDATE 구문을 사용해야 합니다.

정답

```
UPDATE secret_meeting
    SET birth_date = '1994-11-02'
 WHERE name = '김경준';

COMMIT;
```

Q3 출석자 중 신용희 출석자가 모임에서 탈퇴하기를 요청해 왔다. 출석자 명단에서 신용희 출석자를 삭제하는 SQL을 작성하려면 어떻게 해야 할까?

Quick Tip

테이블에 저장된 데이터를 삭제하기 위해서는 DELETE 구문을 사용해야 합니다.

정답

```
DELETE FROM secret_meeting
 WHERE name = '신용희';

COMMIT;
```

03

DCL

#DCL #GRANT #REVOKE

여기서는 무얼 배울까

데이터 제어어라는 의미를 지닌 DCL(Data Control Language)은 데이터에 대한 접근 및 권한을 관리하는 데 사용되는 SQL 구문이다. DCL은 데이터의 보안적인 측면에서 중요한 명령어라고 할 수 있으며, 실무에서는 주로 DBA를 사용하는 경우가 많이 있으니 참고하도록 하자.

GRANT

데이터베이스 사용자에게 특정 테이블이나 뷰 등에 대한 접근 권한을 부여하기 위해 GRANT 명령어를 이용한다.

코·드·소·개

```
GRANT list_of_permissions
    ON object_type object_name
    TO user_name [WITH GRANT OPTION];
```

- list_of_permissions: 부여할 권한에 대한 리스트

  예 SELECT, INSERT, UPDATE, DELETE 등

- object_type: 권한을 부여할 객체의 유형

  예 TABLE, VIEW, DATABASE 등

- object_name: 권한을 부여할 객체의 이름

  예 TABLE 명, VIEW 명, DATABASE 명 등

- user_name: 권한을 부여받을 사용자의 이름

- WITH GRANT OPTION: 사용자가 다른 사용자에게 같은 권한을 부여할 수 있도록 해 주는 옵션

아래는 mydb에 있는 employees 테이블에 대해, localhost에 접속하는 mina라는 사용자가 SELECT, INSERT, UPDATE를 수행할 수 있도록 권한을 주는 SQL이다.

손으로 익히는 코딩

```
GRANT SELECT, INSERT, UPDATE ON mydb.employees
    TO 'mina'@'localhost';
```

아래는 mydb에 있는 모든 테이블에 대해, localhost에 접속하는 mina라는 사용자에게 모든 권한을 주는 SQL이다.

손으로 익히는 코딩

```
GRANT ALL PRIVILEGES ON mydb.*
    TO 'mina'@'localhost';
```

아래는 mydb에 있는 employees 테이블에 대해, localhost에 접속하는 mina라는 사용자가 SELECT를 수행할 수 있도록 권한을 주고, 이 사용자가 다른 사용자에게 동일한 권한을 부여할 수 있도록 하는 SQL이다.

손으로 익히는 코딩

```
GRANT SELECT ON mydb.employees
    TO 'mina'@'localhost' WITH GRANT OPTION;
```

REVOKE

데이터베이스 사용자에게 부여된 권한을 회수하기 위해 REVOKE 명령어를 이용한다.

코·드·소·개

```
REVOKE list_of_permissions ON object_type object_name
    FROM user_name;
```

- list_of_permissions: 회수할 권한에 대한 리스트
   SELECT, INSERT, UPDATE, DELETE 등

- object_type: 권한을 회수할 객체의 유형
   TABLE, VIEW, DATABASE 등

- object_name: 권한을 회수할 객체의 이름
   TABLE명, VIEW명, DATABASE명 등

- user_name: 권한을 회수당할 사용자의 이름

아래는 localhost에 접속하는 mina라는 사용자에게서 모든 데이터베이스와 테이블에 대한 INSERT 권한을 회수하는 SQL이다.

손으로 익히는 코딩

```
REVOKE INSERT ON *.* FROM 'mina'@'localhost';
```

아래는 localhost에 접속하는 mina라는 사용자에게서 mydb 데이터베이스에 대한 모든 권한을 회수하는 SQL이다.

손으로 익히는 코딩

```
REVOKE ALL PRIVILEGES ON mydb.* FROM 'mina'@'localhost';
```

아래는 localhost에 접속하는 mina라는 사용자에게서 다른 사용자에게 권한을 부여하는 GRANT OPTION 권한을 회수하는 SQL이다.

손으로 익히는 코딩

```
REVOKE GRANT OPTION FROM 'mina'@'localhost';
```

내가 DBA가 된다면?

Normal

Q1 User명 Alice에게는 Sales 데이터베이스의 orders 테이블에 대한 SELECT 권한을 부여하고, User명 Bob에게는 Sales 데이터베이스의 모든 테이블에 대해 INSERT, UPDATE, SELECT 권한을 부여하는 SQL을 작성하려면 어떻게 해야 할까?

Quick Tip

User에게 권한을 부여하는 명령어는 GRANT입니다.

정답

- Alice에게 Sales 데이터베이스의 orders 테이블에 대한 SELECT 권한 부여

```
GRANT SELECT ON Sales.orders TO Alice;
```
- Bob에게 Sales 데이터베이스의 모든 테이블에 대한 INSERT, UPDATE, SELECT 권한 부여

```
GRANT INSERT, UPDATE, SELECT ON Sales.* TO Bob;
```

Q2 User명 Alice에게서 Sales 데이터베이스의 orders 테이블에 대한 SELECT 권한을 회수하는 SQL을 작성하려면 어떻게 해야 할까?

Quick Tip

User에게 권한을 부여하는 명령어는 REVOKE입니다.

정답

```
REVOKE SELECT ON Sales.orders FROM Alice;
```

04

TCL

#TCL #TRANSACTION #COMMIT #ROLLBACK #SAVEPOINT

여기서는 무얼 배울까
트랜잭션 제어어라는 의미를 지닌 TCL(Transaction Control Language)은 트랜잭션을 관리하는 데 사용되는 SQL 구문으로, 앞서 배운 DML과 함께 수행되는 경우가 많이 있다. 여기에서는 주요 TCL 명령어와 트랜잭션의 개념에 대해서 알아보도록 하자.

TRANSACTION

'All or Nothing'이라는 말을 한 번쯤 들어본 적이 있을 것이다. 흔히 '모 아니면 도'라고 해석되는 이 말은 데이터베이스에서 하나의 트랜잭션으로 묶인 SQL들은 모두 성공하거나 모두 실패해야 한다는 의미로 사용된다. 트랜잭션은 하나 이상의 SQL을 포함하는 단일 작업 단위이며, 데이터베이스를 관리하는 데 매우 중요한 개념이라고 할 수 있다.

우리가 가장 많이 알고 있는 계좌 이체 트랜잭션은 출금 계좌의 잔고 차감 작업과 입금 계좌의 잔고 증가 작업으로 구성되고, 온라인 쇼핑 주문 트랜잭션은 금액 결제 작업과 상품 재고 차감 작업으로 구성되며, 쿠폰 다운로드 이벤트 트랜잭션은 이벤트 참여자 생성 작업과 쿠폰 발급 작업으로 구성될 수 있다.

> **🔍 더 알아보기**
>
> **TRANSACTION의 특징**
>
> 1. 원자성(Atomicity)
>   트랜잭션 내의 모든 작업은 하나의 단위로 간주된다. 'All or Nothing' 원칙에 따라 트랜잭션 내의 작업들은 모두 성공하거나 모두 실패해야 한다.
>
> 2. 일관성(Consistency)
>   트랜잭션이 완료된 후 시스템은 일관된 상태를 유지해야 한다. 예를 들어, 쿠폰 다운로드 이벤트의 경우 이벤트 참여자와 발급된 쿠폰의 수가 일치해야 한다.
>
> 3. 고립성(Isolation)
>   여러 트랜잭션이 동시에 실행되고 있을 때 각 트랜잭션은 서로 독립적으로 진행되어야 한다. 이는 각 트랜잭션이 다른 트랜잭션의 결과에 영향을 받지 않음을 의미한다.
>
> 4. 지속성(Durability)
>   트랜잭션이 성공했을 경우 그 결과는 영구적으로 데이터베이스에 반영되어야 한다. 이는 어떠한 이슈가 발생해도 트랜잭션 결과가 유지되어야 함을 의미한다.

COMMIT

데이터베이스에서 하나 이상의 변경 사항에 대해 영구적으로 저장하기 위해 COMMIT 명령어를 이용한다.

> **💬 Clear Comment**
>
> INSERT, UPDATE, DELETE 등의 명령어로 데이터에 발생한 변경 사항을 의미합니다.

코·드·소·개

```
COMMIT;
```

아래는 'user01'이라는 아이디를 가진 고객이 쿠폰 이벤트에 참여하여 쿠폰 번호 '12345'인 쿠폰을 다운로드 했을 경우의 SQL이다.

```
INSERT INTO event_participant VALUES ('coupon_event', 'user01', NOW());
UPDATE coupon SET download_yn = 'Y' WHERE coupon_no = '12345';

COMMIT;
```

더 알아보기

COMMIT의 역할

1. 데이터 무결성 보장

   COMMIT은 데이터의 정확성과 일관성을 보장한다.

2. 트랜잭션 관리

   COMMIT은 트랜잭션이 끝났음을 나타내며 데이터베이스 시스템에 트랜잭션이 성공적으로 완료되었음을 알린다.

3. Recovery 기준

   어떠한 이슈(천재지변이나 정전 등)로 인해 데이터 유실이 발생했을 경우, COMMIT 여부에 따라 해당 트랜잭션을 복구할 것인지 말 것인지를 판단할 수 있다. COMMIT이 완료된 변경 사항은 시스템 장애 후에도 유지되어야 한다.

ROLLBACK

ROLLBACK 명령어는 마지막 COMMIT 이후에 발생한 모든 변경 사항을 되돌리는 데 이용한다.

```
ROLLBACK;
```

만약 고객이 온라인 쇼핑몰에서 상품을 주문하고 결제를 한다고 가정할 때 대략적인 트랜잭션의 단계는 아래와 같을 것이다.

① 주문 정보 기록: 주문과 관련된 정보(예 상품 코드, 주문 수량, 상품 금액, 고객 아이디 등)를 주문 테이블에 저장한다.

② 결제 처리: 고객의 결제 정보(예 신용카드 정보, 할부 정보, 할인 정보 등)를 결제 테이블에 저장한다.

③ 재고 처리: 재고 테이블에서 주문된 상품의 재고를 주문 수량만큼 차감한다.

위 단계를 진행하던 중 만약 결제 처리 단계에서 오류가 발생했다면 트랜잭션은 이미 진행된 단계에 대해 ROLLBACK을 해야 한다. 아래는 'user01'이라는 아이디를 가진 고객이 5,900원인 'p123123' 상품 3개를 주문한 후 해당 주문이 결제 실패했을 경우의 SQL이다.

손으로 익히는 코딩

```
INSERT INTO order_info
VALUES ('2024010101', 'p123123', 3, 5900, 'user01', NOW());

ROLLBACK;
```

더 알아보기

ROLLBACK의 역할

1. 데이터 무결성 보장
   ROLLBACK은 데이터베이스 오류가 발생했을 경우, 데이터를 오류가 발생하기 이전의 일관된 상태로 복구한다.

2. 오류 Recovery
   ROLLBACK은 트랜잭션 중에 발생하는 예상치 못한 오류나 장애로부터 시스템을 복구하는 데 사용된다.

3. Human error 대응
   사용자가 실수로 잘못된 명령어를 수행했을 경우 ROLLBACK을 통해 이전 상태로 되돌릴 수 있다.

SAVEPOINT

데이터베이스에서 특정 지점까지만 ROLLBACK하기 위한 장치로 SAVEPOINT를 이용한다.

```
SAVEPOINT savepoint_name;
```

SAVEPOINT는 트랜잭션 진행 중 오류가 발생하는 경우 전체 트랜잭션을 ROLLBACK하는 대신 필요한 부분만 선택적으로 ROLLBACK할 수 있게 해 준다. 이는 비교적 복잡한 트랜잭션에서 필요한 부분만 선택적으로 ROLLBACK하고 오류를 처리한 뒤 남은 트랜잭션을 계속 진행하고자 할 때 활용할 수 있으며, 트랜잭션의 제어를 더욱 세밀하게 함으로써 데이터를 더 안정적으로 관리할 수 있게 한다. MySQL에서 SAVEPOINT를 사용하기 위해서는 명시적으로 트랜잭션을 시작해야 하며 SAVEPOINT는 해당 트랜잭션이 COMMIT되거나 ROLLBACK될 때까지 유효하다.

손으로 익히는 코딩

```
CREATE TABLE sample_table (
   col1 INT,
   col2 INT
);

INSERT INTO sample_table VALUES (1,1);

COMMIT;
```

위와 같이 테이블과 데이터를 생성한 뒤 sample_table 테이블을 전체 조회해 보자.

손으로 익히는 코딩

```
SELECT * FROM sample_table;
```

실행 결과

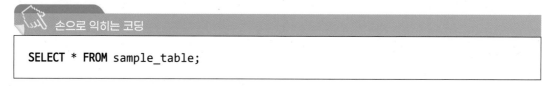

col1	col2
1	1

아래는 sample_table의 col2 데이터를 변경하는 도중 SAVEPOINT sp2 지점으로 ROLLBACK 을 수행하는 SQL이다.

```
START TRANSACTION;

SAVEPOINT sp1;
UPDATE sample_table SET col2 = 2 WHERE col1 = 1;

SAVEPOINT sp2;
UPDATE sample_table SET col2 = 3 WHERE col1 = 1;

SAVEPOINT sp3;
UPDATE sample_table SET col2 = 4 WHERE col1 = 1;

ROLLBACK TO SAVEPOINT sp2;
```

위 SQL을 실행한 뒤 sample_table 테이블을 전체 조회해 보면 다음과 같이 데이터가 변경된 것을 확인할 수 있다.

```
SELECT * FROM sample_table;
```

실행 결과

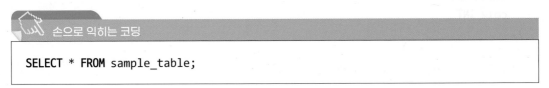

col1	col2
1	2

만약 위 상태에서 다시 SAVEPOINT sp3으로 ROLLBACK 하고자 한다면 에러가 발생하게 된다.

```
START TRANSACTION;

SAVEPOINT sp1;
UPDATE sample_table SET col2 = 2 WHERE col1 = 1;

SAVEPOINT sp2;
UPDATE sample_table SET col2 = 3 WHERE col1 = 1;
SAVEPOINT sp3;
UPDATE sample_table SET col2 = 4 WHERE col1 = 1;

ROLLBACK TO SAVEPOINT sp2;
ROLLBACK TO SAVEPOINT sp3;
```

Error. SAVEPOINT sp3 does not exist

ROLLBACK TO SAVEPOINT sp2; 구문이 수행되면서 SAVEPOINT sp3;까지 ROLLBACK되었기 때문이다.

Normal

Q1 마지막 결과가 아래와 같을 때 괄호 안에 들어갈 SQL 구문은 어떻게 작성해야 할까?

```
START TRANSACTION;

INSERT INTO lazy_covy VALUES('07:30:00', 'good morning covy', 'apple');
SAVEPOINT sp1;

INSERT INTO lazy_covy VALUES('12:30:00', 'good afternoon covy', 'sandwich');
SAVEPOINT sp2;

UPDATE lazy_covy SET menu = 'orange' WHERE menu = 'apple';
SAVEPOINT sp3;

INSERT INTO lazy_covy VALUES('12:30:00', 'good evening covy', 'steak');

(                    )

SELECT * FROM lazy_covy;
```

lazy_time	hello	menu
07:30:00	good morning covy	apple
12:30:00	good afternoon covy	sandwich

Quick Tip

데이터베이스에서 특정 지점까지만 ROLLBACK하기 위해서는 SAVEPOINT를 이용해야 합니다.

정답

```
ROLLBACK TO SAVEPOINT sp2;
```

● DDL(Data Definition Language): CREATE, ALTER, DROP, TRUNCATE
● CREATE TABLE: 테이블을 생성

> 코·드·소·개

```
CREATE TABLE table_name (
    column1 datatype [NOT NULL | NULL] [DEFAULT default_value],
    column2 datatype [NOT NULL | NULL] [DEFAULT default_value],
    column3 datatype [NOT NULL | NULL] [DEFAULT default_value],
    ...
);
```

● Data Type

유형	데이터 타입	설명
정수형	INT	소수점이 없는 숫자 데이터를 저장
문자형	CHAR, VARCHAR	텍스트 데이터를 저장
실수형	FLOAT, DOUBLE	소수점이 있는 숫자 데이터를 저장
날짜형	DATE, TIME, DATETIME	날짜 및 시간 데이터를 저장

● ALTER TABLE: 테이블을 변경
  - ADD COLUMN: 테이블에 있는 컬럼 추가

> 코·드·소·개

```
ALTER TABLE table_name
ADD column_name datatype;
```

  - DROP COLUMN: 테이블에 있는 컬럼 삭제

> 코·드·소·개

```
ALTER TABLE table_name
DROP COLUMN column_name;
```

  - MODIFY COLUMN: 테이블에 있는 컬럼 변경

> 코·드·소·개

```
ALTER TABLE table_name
MODIFY COLUMN column_name datatype;
```

  - RENAME COLUMN: 테이블에 있는 컬럼의 이름 변경

> 코·드·소·개

```
ALTER TABLE table_name
RENAME COLUMN old_column_name TO new_column_name;
```

– ALTER COLUMN ~ SET DEFAULT: 테이블에 있는 컬럼의 기본값 설정

코·드·소·개

```
ALTER TABLE table_name
ALTER COLUMN column_name SET DEFAULT default_value;
```

– ALTER COLUMN ~ DROP DEFAULT: 테이블에 있는 컬럼의 기본값 제거

코·드·소·개

```
ALTER TABLE table_name
ALTER COLUMN column_name DROP DEFAULT;
```

● DROP TABLE: 테이블을 삭제

코·드·소·개

```
DROP TABLE table_name [CASCADE CONSTRAINT];
```

● TRUNCATE: 테이블 초기화

코·드·소·개

```
TRUNCATE TABLE table_name;
```

● DML(Data Manapulation Language): INSERT, UPDATE, DELETE
  – INSERT: 테이블에 새로운 데이터 추가

코·드·소·개

```
INSERT INTO table_name
VALUES (value1, value2, value3, ...);
```

  – UPDATE: 테이블에 저장된 기존 데이터 변경

코·드·소·개

```
UPDATE table_name
   SET column1 = value1, column2 = value2, ...
 WHERE condition;
```

  – DELETE: 테이블에 저장된 기존 데이터 삭제

코·드·소·개

```
DELETE FROM table_name WHERE condition;
```

● DCL(Data Control Language): GRANT, REVOKE
  – GRANT: 데이터베이스 사용자에게 권한 부여

코·드·소·개

```
GRANT list_of_permissions
   ON object_type object_name
   TO user_name [WITH GRANT OPTION];
```

- REVOKE: 데이터베이스 사용자에게 권한 회수

```
REVOKE list_of_permissions ON object_type object_name
   FROM user_name;
```

● TCL(Transaction Control Language): COMMIT, ROLLBACK, SAVEPOINT
  - TRANSACTION: 하나 이상의 SQL을 포함하는 단일 작업 단위
  - COMMIT: 하나 이상의 변경사항에 대해 영구적으로 저장
  - ROLLBACK: 마지막 COMMIT 이후에 발생한 모든 변경 사항을 원복
  - SAVEPOINT: 특정 지점까지만 ROLLBACK 하기 위한 장치

memo

memo

더 멋진 내일(Tomorrow)을 위한 내일(My Career)

비전공자 & 입문자를 위한 1:1 과외

족집게 식의
친절한
코멘트 & 팁
+
코딩이
손에 익을 수 있는
구성과 예제
+
입문자가
흔히 하는 실수를
분석한 에러 정리
+
SQL과 파이썬을
연동하여
다이어리 만들기

특히 연구개발 분야에서 SQL은 단연코 가장 효과적인 언어라고 할 수 있습니다. 저자의 풍부한 실무 경험과 유익한 예제들이 SQL이 처음인 분에게 더없이 좋은 길잡이가 되어줄 것입니다.
현대자동차 R&D본부 **박용민**

비전공자인 저에게 교재 선택이 무엇보다 중요했습니다. 이 책은 SQL의 정석과도 같은 책입니다. 책으로 기본을 쌓아 연습하고 저자의 유튜브 강의로 실습하는 학습법이 정말 큰 도움이 되었습니다.
내과의사 **최영락**

데이터베이스라는 우주에서 별자리를 찾는 천문학자가 되어보세요. 이 책의 목차를 따라서 별처럼 반짝이는 데이터 포인트 사이의 숨겨진 패턴과 연결고리를 발견해 보세요.
유통 IT기업 PO **김현호**

SQL에 대한 이해는 데이터분석가의 역량을 향상시키는 중요한 토대가 됩니다. 이 책은 비전공자도 SQL의 핵심을 쉽게 습득할 수 있게 설계되었으며, 데이터 추출과 분석 작업에서의 효율성과 정확성을 높이는 데 큰 도움을 줄 것입니다.
금융권 데이터분석가 **김현수**

데이터베이스를 처음 사용해보고자 하는 입문자뿐 아니라 현직에서 데이터베이스를 다루는 실무자에게도 도움이 되는 SQL에 관한 지식이 담겨 있습니다. 다양한 예제와 코딩테스트 문제들까지 수록되어 있어 스킬 업이 필요하신 분에게 추천합니다.
한화생명 **정현호**

데이터베이스의 기본이 되는 지식과 데이터를 다루는 쿼리 작성 방법, 더불어 파이썬을 활용한 예제까지 포함되어 있어 SQL을 시작하고자 하는 분에게 큰 도움이 되리라 확신합니다.
앤드유컴퍼니 대표 **윤지상**

MySQL 환경 세팅(책속 부록) | **SQL 스크립트** 제공 | **챕터 요약 정리**(PDF) 제공

내일은

정미나 지음

SQL

with
MySQL™

응용 실전편

비전공자&입문자를 위한 **SQL**의 **모든 것!**

SQL
SQL 코딩테스트 문항 수록

입문자의 실수 패턴을 분석한 **에러 완벽 정리**

파이썬을 이용한 다이어리 구축

SQL 전문가 유튜버 정미나의 쉬운 용어로 배우는 SQL 노하우 공개

김앤북
KIM&BOOK

내일은

정미나 지음

SQL with MySQL™

응용 실전편 ||||||||||||||||||||||||||

김앤북
KIM & BOOK

초판1쇄 인쇄 2024년 4월 8일
초판1쇄 발행 2024년 4월 15일
지은이 정미나
기획 김응태, 손혜인, 정다운
디자인 서제호, 서진희, 조아현
판매영업 조재훈, 김승규, 문지영

발행처 ㈜아이비김영
펴낸이 김석철
등록번호 제22-3190호
주소 (06728) 서울 서초구 서운로 32, 우진빌딩 5층
전화 (대표전화) 1661-7022
팩스 02)3456-8073

ISBN 978-89-6512-925-7 13000
정가 24,000원

잘못된 책은 바꿔드립니다.

<내일은 시리즈>란?

'내일(Tomorrow)의 내일(My Career)을 위해!'라는 중의적인 의미를 담은, 김앤북 출판사의 '취업 실무&자격증 시리즈' 도서입니다.

<내일은 SQL> 이렇게 만들었습니다.

1. 휴대 편의성 증진

무겁고 두꺼운 도서, 들고 다니기 힘들고 불편하시죠? 〈내일은 SQL〉은 1권, 2권으로 분권하여 가볍게 들고 다닐 수 있도록 하였습니다.

2. 한 권으로 입문부터 실전까지 완성

입문용 도서와 실무용 도서를 따로 찾아 다니며 구매하시지는 않으셨나요? 이제 〈내일은 SQL〉의 기초 입문편과 응용 실전편으로 입문부터 실전까지 마스터 하세요!

3. 코딩은 몸으로 익혀야 진짜 공부

눈으로만 읽고서 공부를 다했다고 착각하고 있지는 않으신가요? 코딩은 수학과 같아서 직접 손으로 입력하며 연습해야 진짜 학습 효과가 있습니다. 직접 연습해 볼 수 있는 여러 구성을 체험해 보세요.

4. 코딩 중 발생할 수 있는 각종 에러 해결법 제시

분명히 배운대로 코딩을 진행 중인데 자꾸 에러가 발생할 때마다 스트레스 받으시죠? 에러가 왜 발생하며, 에러를 어떻게 해결해야 하는지 그 방법을 정리해드렸습니다.

5. 실무 마스터를 위한 SQL과 파이썬을 연동하여 다이어리 만들기

분명 책을 읽고 다 이해했다고 생각했는데, 막상 실무에서 적용해 보려고 하니 무엇부터 시작해야 하고 어떻게 마무리해야 하는지 혼란스러우시다고요? 이를 위해 프로젝트를 처음부터 끝까지 진행해 보는 구성을 제시하였습니다.

혜택 안내

1. SQL 스크립트, 챕터 요약 정리 다운로드(PC)

김앤북(www.kimnbook.co.kr) 사이트 접속

〉 상단 카테고리 중 '자료실'의 자료 다운로드 클릭

〉 도서명 '내일은 SQL' 클릭

〉 첨부파일 다운로드

2. 무료강의(PC/모바일)

유튜브에서 '김앤북' 또는 'SQL전문가 정미나' 검색

내 일 은   S Q L

SQL - Normal

01

더 멋진 내일(Tomorrow)을 위한 내일(My Career) **내일은 SQL**

서브쿼리

✓ 핵심 키워드

#Subquery #Scalar Subquery #Inline View #Nested Subquery

여기서는 무얼 배울까

SQL은 기본적으로 하나의 쿼리 블록으로 이루어지지만, 때에 따라서는 여러 개의 쿼리 블록으로 구성될 수
도 있다. 이런 경우 바깥에 있는 쿼리를 메인 쿼리(Main query), 안쪽에 있는 쿼리를 서브쿼리(Subquery)라
고 부른다. 지금부터는 실전편이니만큼 조금 난이도가 높을 수도 있으니 한번 보고 이해가 안 된다고 해서
절망하지 않았으면 좋겠다. 모든 학습의 기본은 반복임을 기억하자.

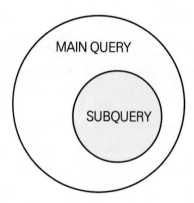

서브쿼리는 위치에 따라 다음과 같이 나뉜다.

타입	사용 위치
스칼라 서브쿼리(Scalar Subquery)	SELECT 절
인라인 뷰(Inline View)	FROM 절
중첩 서브쿼리(Nested Subquery)	WHERE 절, HAVING 절

스칼라 서브쿼리

스칼라 서브쿼리(Scalar Subquery)는 단일 행, 단일 값을 반환하는 서브쿼리를 의미하며, 주로 SELECT 절에 위치하지만 컬럼이 오는 모든 자리에 대입하여 사용될 수 있다.

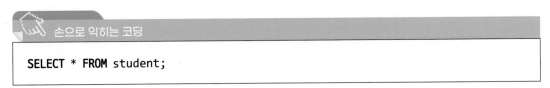
손으로 익히는 코딩

```sql
USE mydb;

CREATE TABLE student (
    id      VARCHAR(20),
    name    VARCHAR(15),
    mobile    VARCHAR(11)
);

CREATE TABLE winner_list (
    ranking   INT,
    id    VARCHAR(20)
);

INSERT INTO student VALUES ('apple', '김사과', '01011110000');
INSERT INTO student VALUES ('banana', '박나나', '01022220000');
INSERT INTO student VALUES ('strawberry', '신딸기', '01033330000');
INSERT INTO student VALUES ('lemon', '오레몬', '01044440000');
INSERT INTO student VALUES ('carrot', '주당근', '01055550000');

INSERT INTO winner_list VALUES (1, 'strawberry');
INSERT INTO winner_list VALUES (2, 'lemon');
INSERT INTO winner_list VALUES (3, 'banana');

COMMIT;
```

[SQL 스크립트] 실전_ch1-1-1-student&winner_list.sql

위와 같이 테이블과 데이터를 생성한 뒤 student 테이블과 winner_list 테이블을 전체 조회해 보자.

손으로 익히는 코딩

```sql
SELECT * FROM student;
```

id	name	mobile
apple	김사과	01011110000
banana	박나나	01022220000
strawberry	신딸기	01033330000
lemon	오레몬	01044440000
carrot	주당근	01055550000

```
SELECT * FROM winner_list;
```

ranking	id
1	strawberry
2	lemon
3	banana

student 테이블에는 학생들의 정보가 저장되어 있고, winner_list 테이블에는 상을 받은 학생들의 순위와 id가 저장되어 있다. 만약 여러분이 선생님이고 수상자들의 순위와 핸드폰 번호를 추출하여 기프티콘을 보내야 하는 상황이라고 가정한다면, 스칼라 서브쿼리를 활용하여 아래와 같이 SQL을 작성할 수 있다.

```
SELECT a.ranking,
       (SELECT mobile FROM student b WHERE b.id = a.id) AS mobile
  FROM winner_list a;
```

ranking	mobile
1	01033330000
2	01044440000
3	01022220000

위 SQL을 살펴보면 mobile 컬럼이 위치하고 있어야 하는 자리에 student 테이블을 활용한 스칼라 서브쿼리가 위치하고 있는 것을 확인할 수 있다. 여기서 주목해야 하는 점은 student 테이블의 id 컬럼(b.id)과 winner_list 테이블의 id 컬럼(a.id)이 equal(=) 조건으로 연결이 되어 있다는 것이다. 이렇게 메인 쿼리와 관계를 맺고 있는 서브쿼리를 연관 서브쿼리라고 부른다.

타입	설명
연관 서브쿼리(Correlated Subquery)	메인 쿼리와 관계를 맺음
비연관 서브쿼리(Uncorrelated Subquery)	메인 쿼리와 관계를 맺지 않음

에러에서 배우기

스칼라 서브쿼리는 반드시 단일 값(단일 행, 단일 열)만을 반환해야 하기 때문에, 만약 위 SQL을 비연관 서브쿼리로 작성하게 된다면 결과 데이터가 여러 행이 되면서 에러가 발생하게 될 것이다.

```
SELECT ranking,
       (SELECT mobile FROM student) AS mobile
  FROM winner_list;
```

```
Error. Subquery returns more than 1 row
```

메인 쿼리 안에 여러 개의 서브쿼리를 작성할 수도 있는데, 만약 수상자들의 휴대폰 번호뿐만 아니라 이름까지 추출해야 하는 상황이라면 아래와 같이 SQL을 작성할 수 있다.

손으로 익히는 코딩

```
SELECT a.ranking,
       (SELECT mobile FROM student b WHERE b.id = a.id) AS mobile,
       (SELECT name FROM student b WHERE b.id = a.id) AS name
  FROM winner_list a;
```

실행 결과

ranking	mobile	name
1	01033330000	신딸기
2	01044440000	오레몬
3	01022220000	박나나

하지만 위와 같은 SQL은 동일한 테이블에 두 번 액세스를 하게 되므로 성능상 바람직하지 않다고 볼 수 있다. 이 경우는 스칼라 서브쿼리를 사용하기보다 JOIN을 활용하는 것이 성능상 더 유리하다.

```
SELECT a.ranking,
       b.mobile,
       b.name
  FROM winner_list a
  LEFT OUTER JOIN student b
    ON a.id = b.id;
```

실행 결과

ranking	mobile	name
1	01033330000	신딸기
2	01044440000	오레몬
3	01022220000	박나나

더 알아보기

스칼라 서브쿼리는 동일한 입력값에 대해서는 별도의 연산 없이 이전에 캐싱해 놓은 결과값을 반환한다. 따라서 최초 1번은 연산하는데 시간이 소요되지만, 그 뒤부터는 속도가 빨라지는 특징이 있다. 이런 점을 활용하여 소용량의 테이블의 경우 스칼라 서브쿼리로 SQL을 작성하면 성능을 높일 수 있다.

인라인 뷰

인라인 뷰(Inline View)는 From 절, 즉 테이블명이 오는 자리에 대입하여 사용되며 주로 메인 쿼리에서 참조되는 가상의 테이블로 간주된다. 일반적으로 인라인 뷰를 사용하면 쿼리의 가독성이 향상되며, WITH 절을 사용하여 공통 테이블 표현식(Common Table Expression, CTE)으로 정의할 수도 있다.

공통 테이블 표현식(Common Table Expression, CTE)이란 SQL 내에서 별도의 결과 집합을 생성하는 독립된 구문에 임시로 정의한 이름을 붙여 주는 방식입니다.

손으로 익히는 코딩

```sql
USE mydb;

CREATE TABLE product (
    product_no      VARCHAR(4),
    product_name    VARCHAR(20),
    price      INT
);

CREATE TABLE payment (
    payment_no     VARCHAR(8),
    member_id      VARCHAR(10),
    product_no     VARCHAR(4)
);

INSERT INTO product VALUES ('S100', '미니선풍기', 3500);
INSERT INTO product VALUES ('S101', '행운목', 2000);
INSERT INTO product VALUES ('S102', '야광텀블러', 6500);
INSERT INTO product VALUES ('S103', '포도당캔디', 3000);
INSERT INTO product VALUES ('S104', '아로마오일', 10000);

INSERT INTO payment VALUES ('24010101', 'tree25', 'S100');
INSERT INTO payment VALUES ('24010102', 'sky1004', 'S100');
INSERT INTO payment VALUES ('24010103', 'frog555', 'S102');
INSERT INTO payment VALUES ('24010104', 'cup14', 'S103');
INSERT INTO payment VALUES ('24010105', 'tree25', 'S104');
INSERT INTO payment VALUES ('24010106', 'phone99', 'S104');
INSERT INTO payment VALUES ('24010107', 'bear1070 ', 'S102');

COMMIT;
```

[SQL 스크립트] 실전_ch1-1-2-product&payment.sql

위와 같이 테이블과 데이터를 생성한 뒤 product 테이블과 payment 테이블을 전체 조회해 보자.

```
SELECT * FROM product;
```

실행 결과

product_no	product_name	price
S100	미니선풍기	3500
S101	행운목	2000
S102	야광텀블러	6500
S103	포도당캔디	3000
S104	아로마오일	10000

 손으로 익히는 코딩

```
SELECT * FROM payment;
```

실행 결과

order_no	member_id	product_no
24010101	tree25	S100
24010102	sky1004	S100
24010103	frog555	S102
24010104	cup14	S103
24010105	tree25	S104
24010106	phone99	S104
24010107	bear1070	S102

여기서 'tree25' id를 가진 회원이 구매한 상품명을 출력하고 싶다면 아래와 같이 인라인 뷰를 이용하여 SQL을 작성할 수 있다.

손으로 익히는 코딩

```
SELECT a.product_name
  FROM product a,
       (SELECT product_no
          FROM payment
         WHERE member_id = 'tree25') b
 WHERE a.product_no = b.product_no;
```

product_name
미니선풍기
아로마오일

참고로 위 쿼리는 아래 쿼리와 논리적인 측면에서 동일하며, 같은 결과 데이터를 출력한다.

손으로 익히는 코딩

```
SELECT a.product_name
  FROM product a,
       payment b
 WHERE a.product_no = b.product_no
   AND b.member_id = 'tree25';
```

실행 결과

product_name
미니선풍기
아로마오일

이제 인라인 뷰를 이용하여 WITH 절을 작성해 보도록 하자. WITH 절은 별도의 결과 집합을 생성하는 독립된 구문에 임시로 정의한 이름을 붙여주는 구문인데, 그 이름을 SQL 내에서 테이블 명처럼 바로 사용할 수 있다. 앞서 작성한 인라인 뷰 쿼리를 WITH 절이 포함된 쿼리로 변경하면 아래와 같다.

손으로 익히는 코딩

```
WITH cte_order_info AS (
    SELECT product_no
      FROM payment
     WHERE member_id = 'tree25'
)

SELECT a.product_name
  FROM product a,
       cte_order_info b
 WHERE a.product_no = b.product_no;
```

WITH 절을 사용하면 인라인 뷰와 마찬가지로 복잡한 쿼리를 단순화하고 가독성을 향상시킬 수 있다. 또한 동일한 공통 테이블 표현식(Common Table Expression, CTE)을 여러 번 사용해야 하는 경우 WITH 절을 유용하게 활용할 수 있다(위 예시에서는 cte_order_info). WITH 절에 대한 상세한 내용은 챕터2의 02 WITH 절에 나올 예정이니 참고하도록 하자.

중첩 서브쿼리

중첩 서브쿼리는 메인 쿼리의 결과에 따라 동적으로 데이터가 결정되거나 주로 복잡한 조건 등을 다루는 서브쿼리이며, WHERE 절과 HAVING 절에 위치한다. 중첩 서브쿼리는 메인 쿼리와의 관계 유무에 따라 연관 서브쿼리와 비연관 서브쿼리로 나눌 수 있으며, 비연관 서브쿼리의 경우 독립적으로도 실행이 가능하다는 특징이 있다.

유형	설명
연관 서브쿼리(correlated subquery)	메인쿼리와 관계 있음
비연관 서브쿼리(uncorrelated subquery)	메인쿼리와 관계 없음

연관 서브쿼리

연관 서브쿼리(correlated subquery)는 주로 메인 쿼리의 컬럼 값을 기반으로 동적으로 수행되는 형태의 서브쿼리로, 서브쿼리의 WHERE 절에 메인 쿼리와의 관계가 존재한다. 연관 서브쿼리는 메인 쿼리의 각 행마다 서브쿼리가 수행되며, 메인 쿼리의 컬럼 값에 따라 서브쿼리의 결과 데이터가 달라진다. 예를 들어, 아래와 같은 테이블이 있다고 가정해 보자.

손으로 익히는 코딩

```
USE mydb;

CREATE TABLE departments (
    department_id    INT,
    department_name    VARCHAR(30)
);

CREATE TABLE employees (
    employee_id    INT,
    employee_name    VARCHAR(20),
    salary    INT,
    department_id    INT
```

```
);

INSERT INTO departments VALUES (10, '데이터분석팀');
INSERT INTO departments VALUES (20, 'DB기술팀');
INSERT INTO departments VALUES (30, '클라우드팀');
INSERT INTO departments VALUES (40, 'AI팀');
INSERT INTO departments VALUES (50, '시스템개발팀');

INSERT INTO employees VALUES (100, '이익준', 9000, 10);
INSERT INTO employees VALUES (101, '안정원', 8000, 20);
INSERT INTO employees VALUES (102, '김준완', 8500, 30);
INSERT INTO employees VALUES (103, '양석형', 7000, 40);
INSERT INTO employees VALUES (104, '채송화', 9000, 50);
INSERT INTO employees VALUES (105, '장겨울', 6000, 10);
INSERT INTO employees VALUES (106, '종세혁', 7200, 20);
INSERT INTO employees VALUES (107, '황지우', 6500, 30);
INSERT INTO employees VALUES (108, '김건', 7500, 40);
INSERT INTO employees VALUES (109, '최세훈', 6000, 50);

COMMIT;
```

[SQL 스크립트] 실전_ch1-1-3-departments&employees.sql

위와 같이 테이블과 데이터를 생성한 뒤 departments 테이블과 employees 테이블을 전체 조회해 보자.

 손으로 익히는 코딩

```
SELECT * FROM departments;
```

실행 결과

department_id	department_name
10	데이터분석팀
20	DB기술팀
30	클라우드팀
40	AI팀
50	시스템개발팀

```
SELECT * FROM employees;
```

실행 결과

employee_id	employee_name	salary	department_id
100	이익준	9000	10
101	안정원	8000	20
102	김준완	8500	30
103	양석형	7000	40
104	채송화	9000	50
105	장겨울	6000	10
106	종세혁	7200	20
107	황지우	6500	30
108	김건	7500	40
109	최세훈	6000	50

아래는 자신이 속한 부서의 평균 급여보다 많은 급여를 받는 직원의 이름과 급여 데이터를 출력하는 SQL이다.

손으로 익히는 코딩

```
SELECT a.employee_name,
       a.salary
  FROM employees a
 WHERE a.salary > (
    SELECT AVG(b.salary)
      FROM employees b
     WHERE b.department_id = a.department_id
);
```

실행 결과

employee_name	salary
이익준	9000
안정원	8000
김준완	8500
채송화	9000
김건	7500

위 SQL을 살펴보면 서브쿼리 내에 메인 쿼리의 컬럼을 이용한 조건인 WHERE b.department_id = a.department_id가 포함되어 있음을 알 수 있다. 아래는 급여가 7000 미만인 직원이 속해 있는 부서의 정보를 출력하는 SQL이다.

손으로 익히는 코딩

```
SELECT d.department_id,
       d.department_name
  FROM departments d
 WHERE EXISTS (
    SELECT 1
      FROM employees e
     WHERE e.department_id = d.department_id
       AND e.salary < 7000
);
```

실행 결과

department_id	department_name
10	데이터분석팀
30	클라우드팀
50	시스템개발팀

여기서 EXISTS 구문은 서브쿼리의 결과 데이터가 존재하면 TRUE를 반환하고, 그렇지 않으면 FALSE를 반환한다. 데이터가 있는지 없는지 여부만 체크하면 되기 때문에 성능상 부하를 최대한 줄이기 위해 SELECT 절에 상수값으로 1을 작성하였다. EXISTS 구문은 IN 구문과 함께 다른 테이블에 대한 조건을 확인하거나, 특정 조건을 만족하는지 여부를 확인할 때 사용된다. 반대로 NOT EXISTS 구문은 서브쿼리의 결과 데이터가 존재하면 FALSE를 반환하고, 그렇지 않으면 TRUE를 반환한다.

세미 조인(Semi Join)

세미 조인은 두 테이블 간의 조인이 일어나지 않고 한 테이블의 특정 행이 다른 테이블에 존재하는지만 확인하는 조인 유형이다. 주로 EXISTS나 IN을 이용한 서브쿼리로 작성된다. 존재 여부만 확인하면 되기 때문에 원하는 데이터가 처음 발견된 즉시 연산을 멈추고 다음 행으로 넘어간다. 이러한 이유로 성능상의 이점을 가져올 수 있다는 특징이 있다.

Table: employees

```
+-----------------+-------------------+
|   employee_id   |   employee_name   |
+-----------------+-------------------+
|        1        |       이지은       |
|        2        |       유재석       |
|        3        |       손흥민       |
|        4        |       김연아       |
+-----------------+-------------------+
```

Table: orders

```
+-------------+-----------------+
|   order_id  |   employee_id   |
+-------------+-----------------+
|     101     |        1        |
|     102     |        2        |
|     103     |        1        |
|     104     |        3        |
+-------------+-----------------+
```

위 테이블을 이용하여 아래처럼 SQL을 작성한 경우

```sql
SELECT e.employee_id,
       e.employee_name
  FROM employees e
 WHERE EXISTS (
    SELECT 1
      FROM orders o
     WHERE o.employee_id = e.employee_id
);
```

주문 이력이 있는 직원을 찾는 과정에서 이지은 직원을 order 테이블에서 처음 찾은 순간 더 이상 찾기를 멈추고, 다음 차례인 유재석 직원을 찾는 연산이 시작된다고 이해하면 된다.

비연관 서브쿼리

비연관 서브쿼리(uncorrelated subquery)는 메인 쿼리와 상호 작용을 하지 않기 때문에 독립적으로 실행이 가능한 서브쿼리이다. 그런 이유로 서브쿼리의 WHERE 절에 메인쿼리의 컬럼이 존재하지 않고, 연관 서브쿼리와는 달리 한 번만 실행된다는 특징이 있다. 앞에서 생성해 두었던 employees 테이블의 데이터를 이용하여 SQL을 작성해 보도록 하자.

```
SELECT * FROM employees;
```

실행 결과

employee_id	employee_name	salary	department_id
100	이익준	9000	10
101	안정원	8000	20
102	김준완	8500	30
103	양석형	7000	40
104	채송화	9000	50
105	장겨울	6000	10
106	종세혁	7200	20
107	황지우	6500	30
108	김건	7500	40
109	최세훈	6000	50

아래는 전체 직원 중 최대 급여를 받는 직원의 이름과 급여 데이터를 출력하는 SQL이다.

손으로 익히는 코딩

```
SELECT employee_name,
       salary
  FROM employees
 WHERE salary = (
    SELECT MAX(salary)
      FROM employees
);
```

실행 결과

employee_name	salary
이익준	9000
채송화	9000

위 쿼리를 살펴보면 서브쿼리 내에 메인 쿼리의 컬럼이 존재하지 않으며, 서브쿼리는 독립적으로 수행이 가능하다는 것을 알 수 있다. 예시를 하나 더 들어보자. 아래는 전체 직원의 평균 급여보다 많은 급여를 받는 직원의 이름과 급여 데이터를 출력하는 SQL이다.

```
SELECT employee_name,
       salary
  FROM employees a
 WHERE salary > (
    SELECT AVG(b.salary)
      FROM employees b
);
```

실행 결과

employee_name	salary
이익준	9000
안정원	8000
김준완	8500
채송화	9000
김건	7500

더 알아보기

기호	의미
All	모든 서브쿼리의 값이 조건을 충족하는 경우 true
AND	AND로 이어진 모든 조건이 참인 경우 true
ANY	서브쿼리 값 중 조건을 충족하는 값이 하나라도 있는 경우 true
BETWEEN	값이 주어진 범위 내에 존재하는 경우 true
EXISTS	서브쿼리가 한 개 이상의 레코드를 반환하는 경우 true
IN	값이 주어진 리스트(List) 항목 중 하나와 같은 경우 true
LIKE	값이 주어진 패턴과 일치하는 경우 true
SOME	서브쿼리 값 중 조건을 충족하는 값이 하나라도 있는 경우 true

좋은 책을 읽는다는 것은 과거의 가장 훌륭한 사람들과 대화하는 것이다.

다음은 서점에서 판매하는 책에 대한 데이터가 담긴 book 테이블, 책에 대한 주문 정보가 담긴 order_info 테이블, 주문된 책의 배송 정보가 담긴 delivery 테이블이다. book 테이블은 다음과 같으며, book_id, book_name, writer, price는 각각 도서 아이디, 도서명, 작가, 가격을 의미한다.

Column Name	Data Type
book_id	VARCHAR
book_name	VARCHAR
writer	VARCHAR
price	INT

order_info 테이블은 다음과 같으며, order_code, member_id, book_id, order_date는 각각 주문 코드, 회원 아이디, 도서 아이디, 주문 일자를 의미한다.

Column Name	Data Type
order_code	VARCHAR
member_id	VARCHAR
book_id	VARCHAR
order_date	DATE

delivery 테이블은 다음과 같으며, delivery_code, order_code, status, finish_date는 각각 배송 코드, 주문 코드, 배송상태, 배송완료 일자를 의미한다.

Column Name	Data Type
delivery_code	VARCHAR
order_code	VARCHAR
status	VARCHAR
finish_date	DATE

배송상태의 종류로는 결제완료, 상품준비중, 배송준비중, 배송중, 배송완료가 있으며 배송완료 일자는 배송상태가 배송완료일 경우에만 존재한다.

book

book_id	book_name	writer	price
230907	마흔에 읽는 쇼펜하우어	강용수	17000
231214	흔한남매	백난도	14500
240105	내가 한 말을 내가 오해하지 않기로 함	문상훈	19800
230302	세이노의 가르침	세이노	7200
230830	퓨처 셀프	벤저민 하디	19800
230428	도둑맞은 집중력	요한 하리	18800
231030	남에게 보여주려고 인생을 낭비하지 마라	쇼펜하우어	17500
230925	생각이 너무 많은 어른들을 위한 심리학	김혜남	17800
230922	요즘 어른을 위한 최소한의 세계사	임소미	18800
231127	이처럼 사소한 것들	클레어 키건	13800

order_info

order_code	member_id	book_id	order_date
24010901	aaa10	230907	2024-01-09
24010902	bbb20	230302	2024-01-09
24010903	ccc30	231127	2024-01-09
24010904	ddd40	230922	2024-01-09
24011001	aaa10	231030	2024-01-10
24011002	ccc30	230907	2024-01-10
24011003	eee50	231127	2024-01-10
24011004	fff60	230428	2024-01-10
24011005	bbb20	240105	2024-01-10
24011006	ggg70	230428	2024-01-10
24011101	aaa10	230907	2024-01-11
24011102	ccc30	230925	2024-01-11
24011103	eee50	231127	2024-01-11
24011104	ggg70	230922	2024-01-11
24011105	bbb20	231030	2024-01-11
24011106	ddd40	230907	2024-01-11
24011107	fff60	230830	2024-01-11
24011201	aaa10	230830	2024-01-12
24011202	bbb20	240105	2024-01-12
24011203	ccc30	230428	2024-01-12

delivery

delivery_code	order_code	status	finish_date
C211	24010901	배송완료	2024-01-12
C212	24010902	배송완료	2024-01-13
C213	24010903	배송중	NULL
C214	24010904	배송완료	2024-01-12
C215	24011001	배송준비중	NULL
C216	24011002	상품준비중	NULL
C217	24011003	배송완료	2024-01-13
C218	24011004	상품준비중	NULL
C219	24011005	배송중	NULL
C220	24011006	상품준비중	NULL
C221	24011101	상품준비중	NULL
C222	24011102	결제완료	NULL
C223	24011103	배송중	NULL
C224	24011104	상품준비중	NULL
C225	24011105	상품준비중	NULL
C226	24011106	상품준비중	NULL
C227	24011107	결제완료	NULL
C228	24011201	결제완료	NULL
C229	24011202	결제완료	NULL
C230	24011203	상품준비중	NULL

Q1 판매되고 있는 책 리스트 중 아직 아무에게도 팔리지 않은 책의 도서명, 작가, 가격을 출력하는 SQL을 작성하려면 어떻게 해야 할까?

*SQL을 실행하면 다음과 같이 출력되어야 한다.

book_name	writer	price
흔한남매	백난도	14500

Quick Tip

현재 테이블의 데이터 중에서 다른 테이블에 존재하지 않는 데이터만을 필터링하여 출력하기 위해서는 NOT IN 구문이나 NOT EXISTS 구문을 이용할 수 있습니다.

정답

```
SELECT book_name,
       writer,
       price
  FROM book
 WHERE book_id NOT IN (
         SELECT book_id
           FROM order_info
);
```

위 SQL을 EXISTS 구문으로 표현하면 다음과 같다.

또 다른 정답

```
SELECT a.book_name,
       a.writer,
       a.price
  FROM book a
 WHERE NOT EXISTS (
         SELECT 1
           FROM order_info b
          WHERE b.book_id = a.book_id
);
```

Q2 2024년 1월 10일과 11일에 주문된 도서의 주문 회원 아이디, 주문 일자, 배송상태를 배송일자와 회원 아이디 컬럼을 기준으로 오름차순 하여 출력하는 SQL을 작성하려면 어떻게 해야 할까?

*SQL을 실행하면 다음과 같이 출력되어야 한다.

member_id	order_date	status
aaa10	2024-01-10	배송준비중
bbb20	2024-01-10	배송중
ccc30	2024-01-10	상품준비중
eee50	2024-01-10	배송완료
fff60	2024-01-10	상품준비중
ggg70	2024-01-10	상품준비중
aaa10	2024-01-11	상품준비중
bbb20	2024-01-11	상품준비중
ccc30	2024-01-11	결제완료
ddd40	2024-01-11	상품준비중
eee50	2024-01-11	배송중
fff60	2024-01-11	결제완료
ggg70	2024-01-11	상품준비중

Quick Tip

데이터를 조회할 때 다른 테이블에 있는 컬럼 하나를 같이 출력하고자 한다면 스칼라 서브쿼리를 이용하여 SQL을 작성할 수 있습니다.

정답

```
SELECT a.member_id,
       a.order_date,
         (SELECT b.status
            FROM delivery b
           WHERE b.order_code = a.order_code) AS status
  FROM order_info a
 WHERE a.order_date BETWEEN '2024-01-10' AND '2024-01-11'
 ORDER BY a.order_date, a.member_id;
```

교육은 세상을 바꾸는 가장 강력한 무기이다.

다음은 오프라인 강의에 대한 데이터가 담긴 offline_class 테이블과 온라인 강의에 대한 데이터가 담긴 online_class 테이블이다. offline_class 테이블은 다음과 같으며 class_no, class_name, teacher, capacity는 각각 강의번호, 강의명, 강사, 인원을 의미한다.

Column Name	Data Type
class_no	VARCHAR
class_name	VARCHAR
teacher	VARCHAR
capacity	INT

online_class 테이블은 다음과 같으며 class_no, class_name, teacher, capacity는 각각 강의번호, 강의명, 강사, 인원을 의미한다.

Column Name	Data Type
class_no	VARCHAR
class_name	VARCHAR
teacher	VARCHAR
capacity	INT

○ offline_class

class_no	class_name	teacher	capacity
A101	천연 화장품 만들기	류미인	20
A102	아침 건강 요가	백진주	15
A103	원어민 영어 놀이터	신남정	10
A104	수채화 그리기	오미지	20
A105	세무사가 알려주는 상속과 증여	박동국	15
A106	부수입을 위한 체험단 블로그	한혜인	20
A107	SNS마케팅 활용	장현주	20
A108	메타인지 학습법	김성준	15

online_class

class_no	class_name	teacher	capacity
B101	꽃풍선 만들기	이지현	20
B102	아침 건강 요가	백진주	15
B103	부수입을 위한 이모티콘 만들기	유주영	20
B104	수채화 그리기	오미지	20
B105	세무사가 알려주는 상속과 증여	박동국	15
B106	부수입을 위한 체험단 블로그	한혜인	20
B107	SNS마케팅 활용	장현주	20
B108	영화같은 브이로그 만들기	안슬기	20

Q4 오프라인으로 출시된 강의 중 온라인에서도 들을 수 있는 강의가 무엇인지 조회해 보려고 한다. 강의명, 강사, 인원을 출력하는 SQL을 작성하려면 어떻게 해야 할까?(단, 강의명이 같으면 동일한 강의로 간주함)

*SQL을 실행하면 다음과 같이 출력되어야 한다.

class_name	teacher	capacity
아침 건강 요가	백진주	15
수채화 그리기	오미지	20
세무사가 알려주는 상속과 증여	박동국	15
부수입을 위한 체험단 블로그	한혜인	20
SNS마케팅 활용	장현주	20

Quick Tip

현재 테이블의 데이터 중에서 다른 테이블에 존재하는 데이터만을 필터링하여 출력하기 위해서는 IN 구문이나 EXISTS 구문을 이용할 수 있습니다.

정답

```
SELECT class_name,
       teacher,
       capacity
  FROM offline_class
 WHERE class_name IN (
       SELECT class_name
         FROM online_class
       );
```

위 SQL을 EXISTS 구문으로 표현하면 다음과 같다.

또 다른 정답

```
SELECT a.class_name,
       a.teacher,
       a.capacity
  FROM offline_class a
 WHERE EXISTS (
       SELECT 1
         FROM online_class b
        WHERE a.class_name = b.class_name
       );
```

02

CASE WHEN

✓핵심 키워드

#CASE WHEN #IF

여기서는 무얼 배울까

여기에서는 조건에 따라 분기 처리를 하는 SQL 구문에 대해 알아볼 것이다. 조건에 따라 분기 처리를 한다는 것은 IF THEN ELSE, 즉 '만약에 ～이면 ～를 출력하고, 그렇지 않으면 ～를 출력하라'는 의미인데 SQL에서는 CASE WHEN과 IF 구문을 이용하여 이런 분기 처리가 가능하다. 지금부터 이런 구문들을 어떻게 활용할 수 있는지에 대해 알아보도록 하자.

CASE WHEN

CASE WHEN 구문은 조건에 따라 결과를 다르게 반환하고자 할 때 사용하는 구문이다. 첫 번째 조건부터 차례대로 충족이 되는지 안 되는지 여부를 판단하는데, 만약 true로 판단이 되는 조건을 만나면 읽기를 중지하고 결과를 반환하지만 그렇지 않을 경우 ELSE 절의 값을 반환한다. 그리고 만약 ELSE 구문이 없고 true인 조건이 없는 경우라면 NULL을 반환한다.

CASE WHEN 구문을 작성하는 방식에는 단순 CASE 표현식과 검색 CASE 표현식의 두 가지가 있다. 아래는 단순 CASE 표현식의 기본 문법이다.

```
CASE col
    WHEN val1 THEN result1
    WHEN val2 THEN result2
    WHEN valN THEN resultN
    ELSE result
END;
```

손으로 익히는 코딩

```
USE mydb;

CREATE TABLE member_info (
    member_no    INT,
    name     VARCHAR(10),
    gender     VARCHAR(1)
);

INSERT INTO member_info VALUES (10, '이장현', 'M');
INSERT INTO member_info VALUES (20, '유길채', 'F');
INSERT INTO member_info VALUES (30, '남연준', 'M');
INSERT INTO member_info VALUES (40, '경은애', 'F');
INSERT INTO member_info VALUES (50, '량음', 'M');

COMMIT;
```

[SQL 스크립트] 실전_ch1-2-1-member_info.sql

위와 같이 테이블과 데이터를 생성한 뒤 member_info 테이블을 전체 조회해 보자.

손으로 익히는 코딩

```
SELECT * FROM member_info;
```

cust_no	name	gender
10	이장현	M
20	유길채	F
30	남연준	M
40	경은애	F
50	량음	M

이제 CASE WHEN 구문을 이용하여 SQL을 작성해 보도록 하자. 아래는 member_info 테이블에서 이름과 한글로 변경된 성별 데이터를 출력하는 SQL이다.

손으로 익히는 코딩

```
SELECT name,
       CASE gender
            WHEN 'F' THEN '여자'
            WHEN 'M' THEN '남자'
            ELSE '해당없음'
       END AS gender
  FROM member_info;
```

실행 결과

name	gender
이장현	남자
유길채	여자
남연준	남자
경은애	여자
량음	남자

같은 의미의 SQL을 다른 방식의 CASE 표현식으로 작성할 수도 있다. 아래는 검색 CASE 표현식의 기본 문법이다.

코 · 드 · 소 · 개

```
CASE
    WHEN condition1 THEN result1
    WHEN condition2 THEN result2
    WHEN conditionN THEN resultN
    ELSE result
END;
```

위에서 작성했던 SQL을 검색 CASE 표현식으로 나타내면 다음과 같다.

```sql
SELECT name,
       CASE WHEN gender = 'F' THEN '여자'
            WHEN gender = 'M' THEN '남자'
            ELSE '해당없음'
       END AS gender
  FROM member_info;
```

실행 결과

name	gender
이장현	남자
유길채	여자
남연준	남자
경은애	여자
량음	남자

IF

IF 구문도 CASE WHEN 구문과 마찬가지로 조건에 따라 다른 값을 반환하는 구문이다. IF 절의 기본 문법은 다음과 같다.

코·드·소·개

```sql
IF(condition, value_if_true, value_if_false)
```

여기서 각각의 매개변수는 다음과 같은 의미를 가진다.

매개변수	의미
condition	충족 여부를 판단하기 위해 주어진 조건
value_if_true	조건을 충족할 경우의 반환값
value_if_false	조건을 충족하지 않을 경우의 반환값

앞에서 생성해 두었던 member_info 테이블의 데이터를 이용하여 SQL을 작성해 보도록 하자.

member_info 테이블을 전체 조회한다.

손으로 익히는 코딩

```
SELECT * FROM member_info;
```

실행 결과

cust_no	name	gender
10	이장현	M
20	유길채	F
30	남연준	M
40	경은애	F
50	량음	M

아래는 member_info 테이블에서 이름과 한글로 변경된 성별 데이터를 출력하는 SQL이다.

손으로 익히는 코딩

```
SELECT name,
       IF(gender = 'F', '여자', '남자') AS gender
  FROM member_info;
```

실행 결과

name	gender
이장현	남자
유길채	여자
남연준	남자
경은애	여자
량음	남자

IF 절은 CASE WHEN 절에 비해 비교적 간단한 형태를 가지고 있어 작성이 편리하지만, 하나의 조건만 사용이 가능하다는 특징이 있다. 반면에 CASE WHEN 절의 경우에는 조금 더 복잡한 구조를 가지고 있지만, 여러 조건들에 대한 처리가 가능하기 때문에 데이터 출력에 대한 복잡한 로직이 필요한 경우 더 적합하다고 볼 수 있다. 한마디로 간단한 조건을 처리하는 경우에는 IF 절을, 복잡한 조건을 처리하는 경우에는 CASE WHEN 절을 이용하는 것이 효율적이라고 볼 수 있다.

좋은 책을 읽는다는 것은 과거의 가장 훌륭한 사람들과 대화하는 것이다.

다음은 서점에서 판매하는 책에 대한 데이터가 담긴 book 테이블, 책에 대한 주문 정보가 담긴 order_info 테이블, 주문된 책의 배송 정보가 담긴 delivery 테이블이다. book 테이블은 다음과 같으며, book_id, book_name, writer, price는 각각 도서 아이디, 도서명, 작가, 가격을 의미한다.

Column Name	Data Type
book_id	VARCHAR
book_name	VARCHAR
writer	VARCHAR
price	INT

order_info 테이블은 다음과 같으며, order_code, member_id, book_id, order_date는 각각 주문 코드, 회원 아이디, 도서 아이디, 주문 일자를 의미한다.

Column Name	Data Type
order_code	VARCHAR
member_id	VARCHAR
book_id	VARCHAR
order_date	DATE

delivery 테이블은 다음과 같으며, delivery_code, order_code, status, finish_date는 각각 배송 코드, 주문 코드, 배송상태, 배송완료 일자를 의미한다.

Column Name	Data Type
delivery_code	VARCHAR
order_code	VARCHAR
status	VARCHAR
finish_date	DATE

배송상태의 종류로는 결제완료, 상품준비중, 배송준비중, 배송중, 배송완료가 있으며, 배송완료 일자는 배송상태가 배송완료일 경우에만 존재한다.

book

book_id	book_name	writer	price
230907	마흔에 읽는 쇼펜하우어	강용수	17000
231214	흔한남매	백난도	14500
240105	내가 한 말을 내가 오해하지 않기로 함	문상훈	19800
230302	세이노의 가르침	세이노	7200
230830	퓨처 셀프	벤저민 하디	19800
230428	도둑맞은 집중력	요한 하리	18800
231030	남에게 보여주려고 인생을 낭비하지 마라	쇼펜하우어	17500
230925	생각이 너무 많은 어른들을 위한 심리학	김혜남	17800
230922	요즘 어른을 위한 최소한의 세계사	임소미	18800
231127	이처럼 사소한 것들	클레어 키건	13800

order_info

order_code	member_id	book_id	order_date
24010901	aaa10	230907	2024-01-09
24010902	bbb20	230302	2024-01-09
24010903	ccc30	231127	2024-01-09
24010904	ddd40	230922	2024-01-09
24011001	aaa10	231030	2024-01-10
24011002	ccc30	230907	2024-01-10
24011003	eee50	231127	2024-01-10
24011004	fff60	230428	2024-01-10
24011005	bbb20	240105	2024-01-10
24011006	ggg70	230428	2024-01-10
24011101	aaa10	230907	2024-01-11
24011102	ccc30	230925	2024-01-11
24011103	eee50	231127	2024-01-11
24011104	ggg70	230922	2024-01-11
24011105	bbb20	231030	2024-01-11
24011106	ddd40	230907	2024-01-11
24011107	fff60	230830	2024-01-11
24011201	aaa10	230830	2024-01-12
24011202	bbb20	240105	2024-01-12
24011203	ccc30	230428	2024-01-12

delivery

delivery_code	order_code	status	finish_date
C211	24010901	배송완료	2024-01-12
C212	24010902	배송완료	2024-01-13
C213	24010903	배송중	NULL
C214	24010904	배송완료	2024-01-12
C215	24011001	배송준비중	NULL
C216	24011002	상품준비중	NULL
C217	24011003	배송완료	2024-01-13
C218	24011004	상품준비중	NULL
C219	24011005	배송중	NULL
C220	24011006	상품준비중	NULL
C221	24011101	상품준비중	NULL
C222	24011102	결제완료	NULL
C223	24011103	배송중	NULL
C224	24011104	상품준비중	NULL
C225	24011105	상품준비중	NULL
C226	24011106	상품준비중	NULL
C227	24011107	결제완료	NULL
C228	24011201	결제완료	NULL
C229	24011202	결제완료	NULL
C230	24011203	상품준비중	NULL

Q1 판매된 도서의 구매 회원 아이디, 도서명, 가격, 배송상태, 배송완료 일자를 출력하되 배송완료
일자가 NULL인 경우 '배송 예정'이라고 출력되도록 SQL을 작성하려면 어떻게 해야 할까?

*SQL을 실행하면 다음과 같이 출력되어야 한다.

member_id	book_name	price	status	finish_date
aaa10	마흔에 읽는 쇼펜하우어	17000	배송완료	2024-01-12
bbb20	세이노의 가르침	7200	배송완료	2024-01-13
ccc30	이처럼 사소한 것들	13800	배송중	배송 예정
ddd40	요즘 어른을 위한 최소한의 세계사	18800	배송완료	2024-01-12
aaa10	남에게 보여주려고 인생을 낭비하지 마라	17500	배송준비중	배송 예정
ccc30	마흔에 읽는 쇼펜하우어	17000	상품준비중	배송 예정
eee50	이처럼 사소한 것들	13800	배송완료	2024-01-13
fff60	도둑맞은 집중력	18800	상품준비중	배송 예정
bbb20	내가 한 말을 내가 오해하지 않기로 함	19800	배송중	배송 예정
ggg70	도둑맞은 집중력	18800	상품준비중	배송 예정
aaa10	마흔에 읽는 쇼펜하우어	17000	상품준비중	배송 예정
ccc30	생각이 너무 많은 어른들을 위한 심리학	17800	결제완료	배송 예정
eee50	이처럼 사소한 것들	13800	배송중	배송 예정
ggg70	요즘 어른을 위한 최소한의 세계사	18800	상품준비중	배송 예정
bbb20	남에게 보여주려고 인생을 낭비하지 마라	17500	상품준비중	배송 예정
ddd40	마흔에 읽는 쇼펜하우어	17000	상품준비중	배송 예정
fff60	퓨처 셀프	19800	결제완료	배송 예정
aaa10	퓨처 셀프	19800	결제완료	배송 예정
bbb20	내가 한 말을 내가 오해하지 않기로 함	19800	결제완료	배송 예정
ccc30	도둑맞은 집중력	18800	상품준비중	배송 예정

Quick Tip

조건에 따라 결과를 다르게 출력하고 싶은 경우 CASE WHEN 구문을 이용하여 SQL을 작성할 수 있습니다.

정답

```
SELECT a.member_id,
       b.book_name,
       b.price,
       c.status,
       CASE WHEN c.finish_date IS NULL THEN '배송 예정'
       ELSE c.finish_date END AS finish_date
```

```
  FROM order_info a,
       book b,
       delivery c
 WHERE a.book_id = b.book_id
   AND a.order_code = c.order_code
 ORDER BY a.order_code;
```

위 SQL을 IF 구문으로 표현하면 다음과 같다.

```
 SELECT a.member_id,
        b.book_name,
        b.price,
        c.status,
        IF(c.finish_date IS NULL, '배송 예정', c.finish_date) AS finish_date
   FROM order_info a,
        book b,
        delivery c
  WHERE a.book_id = b.book_id
    AND a.order_code = c.order_code
  ORDER BY a.order_code;
```

Q2 도서별로 몇 권이 팔렸는지 카운트한 다음 3권 이상 팔린 책은 별도로 BestSeller 표시를 하려고 한다. 도서명, 작가, 베스트셀러 여부가 출력되도록 SQL을 작성하려면 어떻게 해야 할까?

*SQL을 실행하면 다음과 같이 출력되어야 한다.

book_name	writer	best_yn
마흔에 읽는 쇼펜하우어	강용수	BestSeller
세이노의 가르침	세이노	NULL
이처럼 사소한 것들	클레어 키건	BestSeller
요즘 어른을 위한 최소한의 세계사	임소미	NULL
남에게 보여주려고 인생을 낭비하지 마라	쇼펜하우어	NULL
도둑맞은 집중력	요한 하리	BestSeller
내가 한 말을 내가 오해하지 않기로 함	문상훈	NULL
생각이 너무 많은 어른들을 위한 심리학	김혜남	NULL
퓨처 셀프	벤저민 하디	NULL

Quick Tip

도서별로 데이터를 집계하고자 하는 경우에는 GROUP BY 구문을 사용해야 하고, 조건에 따라 결과를 다르게 출력하고 싶은 경우 CASE WHEN 구문을 이용하여 SQL을 작성할 수 있습니다.

정답

```
SELECT b.book_name,
       b.writer,
       CASE WHEN COUNT(*) > 2 THEN 'BestSeller' END AS best_yn
  FROM order_info a,
       book b
 WHERE a.book_id = b.book_id
 GROUP BY b.book_name, b.writer;
```

위 SQL을 IF 구문으로 표현하면 다음과 같다.

또 다른 정답

```
SELECT b.book_name,
       b.writer,
       IF(COUNT(*) > 2, 'BestSeller', NULL) AS best_yn
  FROM order_info a,
       book b
 WHERE a.book_id = b.book_id
 GROUP BY b.book_name, b.writer;
```

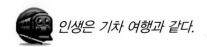 *인생은 기차 여행과 같다.*

다음은 기차 스케줄에 대한 데이터가 담긴 train_schedule 테이블과 기차 예약 정보가 담긴 train_reservation 테이블이다. train_schedule 테이블은 다음과 같으며 train_no, departure_time, departures, arrivals는 각각 기차 번호, 출발 시간, 출발지, 도착지를 의미한다.

Column Name	Data Type
train_no	INT
departure_time	DATETIME
departures	VARCHAR
arrivals	VARCHAR

train_reservation 테이블은 다음과 같으며 customer_name, train_no, seat_no는 각각 고객 이름, 기차 번호, 좌석 번호를 의미한다.

Column Name	Data Type
customer_name	VARCHAR
train_no	INT
seat_no	VARCHAR

🔘 train_schedule

train_no	departure_time	departures	arrivals
1	2024-02-01 13:15:00	서울	부산
2	2024-02-01 15:45:00	여수	서울
3	2024-02-01 16:30:00	대전	광주

train_reservation

customer_name	train_no	seat_no
박홍준	1	A1
이건호	1	A2
주원경	1	B1
양상준	1	C2
여은비	1	D1
김민재	1	D2
한지상	1	C4
고우리	1	B3
안현진	1	F1
임건호	1	F4
김지은	2	B1
반효정	2	A2
김덕근	2	B3
김진영	2	B4
남은영	2	D1
최성익	2	D2
유상길	2	C4
오혜민	3	C1
송진현	3	C2
안해경	3	C3
박다솔	3	C4
김연수	3	F1

Q3 행선지에 대한 기차 시간표를 시간대별로 가로로 출력되도록 SQL을 작성하려면 어떻게 해야 할까?

*SQL을 실행하면 다음과 같이 출력되어야 한다.

departures	arrivals	13:00~	14:00~	15:00~	16:00~
서울	부산	1	0	0	0
여수	서울	0	0	1	0
대전	광주	0	0	0	1

Quick Tip

각기 다른 열에 저장되어 있는 데이터를 하나의 행으로 표현하기 위해서는 CASE WHEN 구문을 이용하고, 특정 시간에서 시간만 추출하기 위해서는 HOUR 함수를 이용하면 편리합니다.

함수	의미
HOUR(시간)	시간만 추출
MINUTE(시간)	분만 추출
SECOND(시간)	초만 추출

※ 시간에 대한 함수는 03 함수에서 상세하게 나옵니다.

```
SELECT t.departures,
       t.arrivals,
       a AS '13:00~',
       b AS '14:00~',
       c AS '15:00~',
       d AS '16:00~'
  FROM (
    SELECT departures,
           arrivals,
           SUM(CASE WHEN HOUR(departure_time) LIKE '13%' THEN 1
               ELSE 0 END) AS a,
           SUM(CASE WHEN HOUR(departure_time) LIKE '14%' THEN 1
               ELSE 0 END) AS b,
           SUM(CASE WHEN HOUR(departure_time) LIKE '15%' THEN 1
               ELSE 0 END) AS c,
           SUM(CASE WHEN HOUR(departure_time) LIKE '16%' THEN 1
               ELSE 0 END) AS d
      FROM train_schedule
     GROUP BY departures, arrivals, HOUR(departure_time)
  ) AS t;
```

위 SQL을 IF 구문으로 표현하면 다음과 같다.

```
SELECT t.departures,
       t.arrivals,
       a AS '13:00~',
       b AS '14:00~',
       c AS '15:00~',
       d AS '16:00~'
  FROM (
    SELECT departures,
           arrivals,
           SUM(IF(HOUR(departure_time) LIKE '13%', 1, 0)) AS a,
           SUM(IF(HOUR(departure_time) LIKE '14%', 1, 0)) AS b,
           SUM(IF(HOUR(departure_time) LIKE '15%', 1, 0)) AS c,
           SUM(IF(HOUR(departure_time) LIKE '16%', 1, 0)) AS d
      FROM train_schedule
     GROUP BY departures, arrivals, HOUR(departure_time)
  ) AS t;
```

03
함수

#문자 함수 #숫자 함수 #날짜 함수 #형 변환 함수 #NULL 함수

여기서는 무얼 배울까

여기에서는 알아두면 여러모로 쓸모가 많은 SQL 함수에 대해서 배워볼 것이다. 지금 배울 함수들은 DBMS
에서 제공하는 특별한 명령어라고 할 수 있는데, 데이터를 특정 규칙에 따라 변환하거나 연산하는 등 다양한
작업을 수행하는 데 활용된다. 어떤 기능의 함수들이 제공되고 있는지를 알아두면 추후 SQL 작성 시 적재적
소에 활용할 수 있으므로 꼭 숙지해 두면 좋겠다.

> **Clear Comment**
>
> 각 DBMS마다 제공되는 함수들이 각기 다르지만(예 MySQL 함수, Oracle 함수 등) 문법의 차이는 있어도 기능 자체는
> 유사한 경우가 많기 때문에, 어떤 기능이 제공되고 있는지 알아두면 다른 DBMS를 다룰 때에도 도움이 될 수 있습니다.

문자 함수(String Functions)

문자 함수는 문자 타입 데이터에 대한 변환 작업을 수행하는 함수이다.

CONCAT

여러 개의 문자열을 결합하여 하나로 만드는 데에 사용된다. 참고로 만약 매개변수 중에 NULL
이 존재하는 경우 다른 매개변수와는 상관없이 결과 데이터로 NULL이 반환된다.

> **코·드·소·개**
>
> ```
> CONCAT(문자열1, 문자열2, 문자열3, ...)
> ```

다음은 'Hello' 문자열, 공백(' '), 'SQL' 문자열을 하나로 연결한 SQL이다.

```
SELECT CONCAT('Hello', ' ', 'SQL') AS ConcatString;
```

ConcatString
Hello SQL

실무에서 사용하는 CONCAT 함수 예제

고객의 기본 주소 컬럼(address1)과 상세 주소 컬럼(address2)을 하나로 연결하여 출력하고자 할 때

address1	address2
서울시 송파구 오금로 32길 14	505동 2003호

```
SELECT CONCAT(address1, ' ', address2) AS address
  FROM customers;
```

address
서울시 송파구 오금로 32길 14 505동 2003호

고객의 핸드폰 번호 세 자리를 하나로 연결하여 출력하고자 힐 때

mobile1	mobile2	mobile3
010	1234	5678

```
SELECT CONCAT(mobile1, '-', mobile2, '-', mobile3) AS mobile
  FROM customers;
```

mobile
010-1234-5678

SUBSTRING

문자열에서 특정 부분만 추출하고자 할 때 사용된다.

SUBSTRING(문자열, 시작점, 길이)

아래는 'Hello SQL' 문자열의 7번째 자리를 시작점으로 두 글자만 추출하는 SQL이다.

```
SELECT SUBSTRING('Hello SQL', 7, 2) AS ExtractString;
```

ExtractString
SQ

만약에 시작점 매개변수가 음수라면 시작점을 오른쪽 끝에서부터 지정한다. 아래는 'Hello SQL' 문자열의 오른쪽부터 7번째 자리를 시작점으로 2글자만 추출하는 SQL이다.

```
SELECT SUBSTRING('Hello SQL', -7, 2) AS ExtractString;
```

ExtractString
ll

실무에서 사용하는 SUBSTRING 함수 예제

화면에 출력하기에 길이가 너무 긴 컨텐츠를 20자까지만 자르고 이후는 말 줄임표로 표시하고자 할 때

review
여기서 맨날 시켜 먹어요~ 친구가 니 혈관에 로제 소스 흐르겠다고 해요 ㅋㅋ 근데 진짜 대박 맛있음 핵꿀맛 보장!

```
SELECT CONCAT(SUBSTRING(review, 1, 20), '...') AS review
  FROM review_info;
```

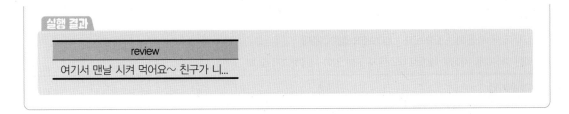

review
여기서 맨날 시켜 먹어요~ 친구가 니...

UPPER / LOWER

UPPER 함수는 문자열을 대문자로 변환할 때 사용되며, LOWER 함수는 문자열을 소문자로 변환할 때 사용된다.

```
UPPER(문자열) / LOWER(문자열)
```

아래는 'Hello SQL' 문자열을 모두 대문자로 변경하는 SQL이다.

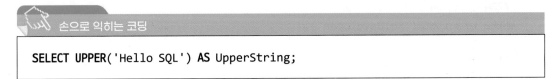

```
SELECT UPPER('Hello SQL') AS UpperString;
```

UpperString
HELLO SQL

아래는 'Hello SQL' 문자열을 모두 소문자로 변경하는 SQL이다.

```
SELECT LOWER('Hello SQL') AS LowerString;
```

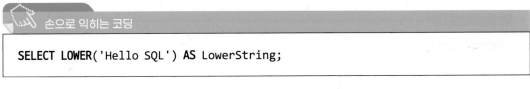

LowerString
hello sql

실무에서 사용하는 UPPER / LOWER 함수 예제

회원 아이디를 사이트 내에서 대소문자 구분 없이 사용하고자 할 때

회원가입

아이디   [SqlDeveloper]

이름   [소지섭]

비밀번호   [*******]

회원이 입력한 아이디를 소문자로 변경하여 입력한다.

```
INSERT INTO customers VALUES (LOWER('SqlDeveloper'), ........);
```

Clear Comment

LOWER 안의 값은 사용자가 회원가입 시 입력한 값입니다.

회원 로그인 시 아이디를 소문자로 변경하여 정보를 조회한다.

```
SELECT id, pw, name, address, ...
  FROM customers
 WHERE id = LOWER('SqlDeveloper');
```

Clear Comment

LOWER 안의 값은 사용자가 로그인 시 입력한 값입니다.

※ 같은 상황에서 대문자로 적용할 수도 있음

LENGTH

문자열의 길이를 확인할 때 사용된다.

코 · 드 · 소 · 개

```
LENGTH(문자열)
```

아래는 'Hello SQL' 문자열의 길이를 출력하는 SQL이다.

 손으로 익히는 코딩

```
SELECT LENGTH('Hello SQL') AS LengthOfString;
```

LengthOfString
9

더 알아보기

실무에서 사용하는 LENGTH 함수 예제

특정 컬럼에 저장된 데이터의 길이를 파악하고자 할 때

```sql
SELECT contents, LENGTH(contents) AS length
  FROM news_info
 ORDER BY length DESC;
```

SQL을 위와 같이 작성하면 news_info 테이블에서 contents의 길이가 가장 긴 데이터부터 정렬되어 출력된다.

TRIM

문자열의 앞뒤에 있는 공백을 제거하는 데 사용된다.

코·드·소·개

TRIM(문자열)

아래는 ' Hello SQL ' 문자열의 앞뒤 공백을 제거하여 출력하는 SQL이다.

 손으로 익히는 코딩

```sql
SELECT TRIM('   Hello SQL            ') AS TrimmedString;
```

실행 결과

TrimmedString
Hello SQL

더 알아보기

실무에서 사용하는 TRIM 함수 예제

키워드 검색 시 앞이나 뒤에 공백이 입력된 경우 공백 제거 후 데이터 조회

검색 [토트넘   ]
→ 검색 [토트넘]

검색어로 ' 토트넘 '이 입력되어도 '토트넘'이 입력된 것과 같은 결과가 출력된다.

```sql
SELECT *
  FROM good_news
 WHERE keyword LIKE CONCAT('%', TRIM(' 토트넘 '), '%');
```

REPLACE

특정 문자열을 다른 문자열로 대체하는 데 사용된다.

---코·드·소·개---

REPLACE(문자열, 특정 문자열, 대체 문자열)

아래는 'Hello SQL' 문자열을 'Hi SQL'로 변경하여 출력하는 SQL이다.

손으로 익히는 코딩

```sql
SELECT REPLACE('Hello SQL', 'Hello', 'Hi') AS UpdatedString;
```

실행 결과

UpdatedString
Hi SQL

더 알아보기

실무에서 사용하는 REPLACE 함수 예제

핸드폰 번호 데이터에서 하이픈('-')을 제거하여 출력하고자 할 때

```sql
SELECT REPLACE(mobile_no, '-', '') AS mobile_no
  FROM customer;
```

SQL을 위와 같이 작성하면 customer 테이블의 mobile_no 데이터가 '010-1234-5678'이라고 할 때 '01012345678'로 변경되어 출력된다.

LPAD / RPAD

문자열을 특정 길이로 만들기 위해 사용된다.

```
LPAD(str, len, padstr) / RPAD(str, len, padstr)
```

- str: 가공이 필요한 문자열
- len: 결과 문자열의 총길이
- padstr: 채워 넣을 문자열

아래는 'abc' 문자열에 'x' 문자를 왼쪽에 채워 넣어 길이 6으로 출력하는 SQL이다.

손으로 익히는 코딩

```
SELECT LPAD('abc', 6, 'x') AS LpadString;
```

실행 결과

LpadString
xxxabc

아래는 'abc' 문자열에 'x' 문자를 오른쪽에 채워 넣어 길이 6으로 출력하는 SQL이다.

손으로 익히는 코딩

```
SELECT RPAD('abc', 6, 'x') AS RpadString;
```

실행 결과

RpadString
abcxxx

숫자 함수(Numeric Functions)

숫자 함수는 숫자 타입 데이터에 대한 연산을 수행하는 함수이다.

ROUND

숫자를 특정 자릿수로 반올림하는 데 사용된다.

ROUND(숫자)

아래는 182.345를 반올림하여 소수점 둘째 자리까지 출력하는 SQL이다.

```sql
SELECT ROUND(182.345, 2) AS RoundedNumber;
```

RoundedNumber
182.35

ABS

숫자의 절댓값을 반환하는 데 사용된다.

ABS(숫자)

아래는 -256.5의 절댓값을 출력하는 SQL이다.

```sql
SELECT ABS(-256.5) AS AbsoluteNumber;
```

AbsoluteNumber
256.5

CEIL

숫자를 올림하는 데 사용된다.

```
CEIL(숫자)
```

아래는 35.75를 올림하여 출력하는 SQL이다.

 손으로 익히는 코딩

```
SELECT CEIL(35.75) AS CeilNumber;
```

실행 결과

CeilNumber
36

FLOOR

숫자를 버림하는 데 사용된다.

```
FLOOR(숫자)
```

아래는 35.75를 버림하여 출력하는 SQL이다.

 손으로 익히는 코딩

```
SELECT FLOOR(35.75) AS FloorNumber;
```

실행 결과

FloorNumber
35

TRUNCATE

숫자를 특정 자릿수로 버림하는 데 사용된다.

> **TRUNCATE**(숫자, 자릿수)

아래는 182.345를 버림하여 소수점 둘째 자리까지 출력하는 SQL이다.

```sql
SELECT TRUNCATE(182.345, 2) AS TruncatedNumber;
```

TruncatedNumber
182.34

만약에 자릿수 매개변수가 음수라면 버림하는 부분이 소수점 아랫자리가 아니라 정수 부분이 된다. 아래는 1823.45를 버림하여 백의 자리까지 출력하는 SQL이다.

```sql
SELECT TRUNCATE(1823.45, -2) AS TruncatedNumber;
```

TruncatedNumber
1800

날짜 함수(Date Functions)

날짜 함수는 날짜 타입 데이터에 대한 연산을 수행하는 함수이다.

NOW

현재의 날짜와 시간을 나타내는 데 사용된다.

```
NOW()
```

아래는 현재의 날짜와 시간을 출력하는 SQL이다.

```
SELECT NOW() AS Now;
```

실행 결과

Now
2023-12-17 07:21:24

Clear Comment

실행 결과는 현재 원고를 집필하고 있는 날짜와 시간을 나타내므로, 독자 여러분들의 결과 데이터는 각기 다를 수 있습니다.

SYSDATE

현재의 날짜와 시간을 나타내는 데 사용된다.

```
SYSDATE()
```

아래는 현재의 날짜와 시간을 출력하는 SQL이다.

손으로 익히는 코딩

```
SELECT SYSDATE() AS SysDate;
```

실행 결과

SysDate
2023-12-17 07:29:37

더 알아보기

NOW() 함수와 SYSDATE() 함수의 차이

NOW() 함수와 SYSDATE() 함수는 둘 다 현재의 날짜와 시간을 출력하는 함수지만, 쿼리의 수행 시간이 길어지는 경우 서로 다른 값을 나타낼 수 있다. NOW() 함수의 경우 쿼리 수행이 시작되는 시점을 나타내지만, SYSDATE() 함수의 경우 실제로 함수가 실행되는 시점을 나타내기 때문이다. 이런 이유로 복잡도가 높은 쿼리일수록 NOW() 함수와 SYSDATE() 함수의 데이터 차이가 크게 날 수 있다.

〈SELECT 쿼리의 논리적인 수행 순서〉

```
SELECT ·················⑤
  FROM ·················①
  WHERE ···············②
  GROUP BY ···········③
  HAVING ··············④
  ORDER BY ············⑥
```

CURRENT_DATE

현재의 날짜를 나타내는 데 사용된다.

코 · 드 · 소 · 개

```
CURRENT_DATE()
```

아래는 현재의 날짜를 출력하는 SQL이다.

 손으로 익히는 코딩

```
SELECT CURRENT_DATE() AS CurrentDate;
```

실행 결과

CurrentDate
2023-12-17

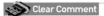 **Clear Comment**

실행 결과는 현재 원고를 집필하고 있는 날짜와 시간을 나타내므로, 독자 여러분의 결과 데이터는 각기 다를 수 있습니다.

CURRENT_TIME

현재의 시간을 나타내는 데 사용된다.

┌ 코·드·소·개

```
CURRENT_TIME()
```

아래는 현재의 시간을 출력하는 SQL이다.

👆 손으로 익히는 코딩

```
SELECT CURRENT_TIME() AS CurrentTime;
```

 실행 결과

CurrentTime
19:06:36

Clear Comment

실행 결과는 현재 원고를 집필하고 있는 날짜와 시간을 나타내므로, 독자 여러분의 결과 데이터는 각기 다를 수 있습니다.

DATE_FORMAT

날짜를 특정 형식으로 포맷하여 나타내는 데 사용된다.

┌ 코·드·소·개

```
DATE_FORMAT(날짜, 형식)
```

Quick Tip

날짜에 NOW() 함수를 적용할 경우 현재의 날짜를 원하는 포맷으로 출력할 수 있습니다.

아래는 2023년 12월 25일을 2023/12/25 형태로 출력하는 SQL이다.

```
SELECT DATE_FORMAT('2023-12-25', '%Y/%m/%d') AS FormattedDate;
```

실행 결과

FormattedDate
2023/12/25

DATE_ADD

날짜에 일정 기간을 더하는 데 사용된다.

코·드·소·개

```
DATE_ADD(날짜, INTERVAL n 단위)
```

Quick Tip

날짜에 NOW() 함수를 적용할 경우 현재의 날짜에 n 기간 단위를 더한 일자를 출력할 수 있습니다.

더할 수 있는 기간의 단위는 다음과 같다.

단위	의미
DAY	일
WEEK	주
MONTH	월
YEAR	년
HOUR	시간
MINUTE	분
SECOND	초

아래는 2023년 12월 25일의 10일 뒤 일자를 출력하는 SQL이다.

```
SELECT DATE_ADD('2023-12-25', INTERVAL 10 DAY) AS AddedDate;
```

AddedDate
2024-01-04

DATE_SUB

날짜에 일정 기간을 빼는 데 사용된다.

코·드·소·개

```
DATE_SUB(날짜, INTERVAL n 단위)
```

Quick Tip

날짜에 NOW() 함수를 적용할 경우 현재의 날짜에 n 기간 단위를 뺀 일자를 출력할 수 있습니다.

뺄 수 있는 기간의 단위는 다음과 같다.

단위	의미
DAY	일
WEEK	주
MONTH	월
YEAR	년
HOUR	시간
MINUTE	분
SECOND	초

아래는 2023년 12월 25일의 10일 전 일자를 출력하는 SQL이다.

손으로 익히는 코딩

```
SELECT DATE_SUB('2023-12-25', INTERVAL 10 DAY) AS SubtractedDate;
```

실행 결과

SubtractedDate
2023-12-15

DATEDIFF

두 날짜 간 일수 차를 계산하는 데 사용된다.

```
DATEDIFF(날짜1, 날짜2)
```

계산은 날짜1에서 날짜2를 빼는 방식으로 이루어지며, 만약에 날짜1이 날짜2보다 작은 경우 (과거일 경우)에는 음수가 출력된다. 아래는 2024년 1월 4일과 2023년 12월 25일 간의 일수 차를 출력하는 SQL이다.

 손으로 익히는 코딩

```
SELECT DATEDIFF('2024-01-04', '2023-12-25') AS DifferenceDay;
```

실행 결과

DifferenceDay
10

YEAR / MONTH / DAY

각각 주어진 날짜의 년, 월, 일을 출력하는 데 사용된다.

```
YEAR(날짜)
MONTH(날짜)
DAY(날짜)
```

Quick Tip

각 함수에 NOW() 함수를 적용할 경우 현재 날짜의 년, 월, 일을 출력할 수 있습니다.

아래는 2023년 12월 25일의 년, 월, 일을 출력하는 SQL이다.

 손으로 익히는 코딩

```
SELECT YEAR('2023-12-25') AS Year,
       MONTH('2023-12-25') AS Month,
       DAY('2023-12-25') AS Day;
```

Year	Month	Day
2023	12	25

HOUR / MINUTE / SECOND

각각 주어진 시간의 시간, 분, 초를 출력하는 데 사용된다.

코·드·소·개

```
HOUR(시간)
MINUTE(시간)
SECOND(시간)
```

Quick Tip

각 함수에 NOW() 함수를 적용할 경우 현재 날짜의 년, 월, 일을 출력할 수 있습니다.

아래는 16시 30분 15초의 시간, 분, 초를 출력하는 SQL이다.

손으로 익히는 코딩

```
SELECT HOUR('16:30:15') AS Hour,
       MINUTE('16:30:15') AS Minute,
       SECOND('16:30:15') AS Second;
```

실행 결과

Hour	Minute	Second
10	30	15

변환 함수(Conversion Functions)

변환 함수는 데이터 타입에 대한 형 변환을 수행하는 함수이다.

CAST

데이터 타입을 명시적으로 형 변환하는 데 사용된다.

코·드·소·개

```
CAST(데이터 AS 변환할 데이터 타입)
```

아래는 문자열 '2023-12-25'를 DATE 형으로 변환하여 출력하는 SQL이다.

```sql
SELECT CAST('2023-12-25' AS DATE) AS ConvertedDate;
```

실행 결과

ConvertedDate
2023-12-25

CONVERT

데이터 타입을 명시적으로 형 변환하는 데 사용된다.

코·드·소·개

```
CONVERT(데이터, 변환할 데이터 타입)
```

아래는 문자열 '2023-12-25'를 DATE 형으로 변환하여 출력하는 SQL이다.

```sql
SELECT CONVERT('2023-12-25', DATE) AS ConvertedDate;
```

실행 결과

ConvertedDate
2023-12-25

NULL 관련 함수(Null Functions)

NULL 관련 함수는 NULL 데이터에 대한 처리를 수행하는 함수이다.

IFNULL

NULL 데이터에 대한 대체 값을 지정하는 데 사용된다.

IFNULL(데이터, 대체 값)

데이터가 NULL이면 대체 값을 출력하고, NULL이 아니면 데이터를 그대로 출력한다. 데이터
와 대체 값 둘 다 NULL일 경우에는 NULL을 출력한다. 아래는 NULL 대신에 'Hello SQL' 문
자열을 출력하는 SQL이다.

 손으로 익히는 코딩

```sql
SELECT IFNULL(NULL, 'Hello SQL') AS NullData;
```

실행 결과

NullData
Hello SQL

ISNULL

데이터의 NULL 여부를 나타내는 데 사용된다.

코·드·소·개

ISNULL(데이터)

데이터가 NULL이면 1을 출력하고, NULL이 아니면 0을 출력한다. 아래는 NULL과 NULL이
아닌 데이터에 대한 ISNULL 결과를 출력하는 SQL이다.

 손으로 익히는 코딩

```sql
SELECT ISNULL(NULL) AS NullData,
       ISNULL('SQL') AS NonNullData;
```

실행 결과

NullData	NonNullData
1	0

COALESCE

NULL 데이터에 대한 대체 값을 여러 개 지정하는 데 사용된다.

```
COALESCE(데이터, 대체 값1, 대체 값2, ....... )
```

데이터가 NULL이면 대체 값1을 출력하고, 대체 값1도 NULL이면 대체 값2를 출력하고, ...의
식이다. 즉, COALESCE 함수는 매개변수 중 NULL이 아닌 최초의 값을 출력한다. 만약 모든
매개변수가 NULL이라면 NULL을 출력한다. 아래는 NULL 대신 'Hello' 문자열을 출력하는
SQL이다.

```
SELECT COALESCE(NULL, NULL, 'Hello', NULL, 'SQL') AS NullData;
```

NullData
Hello

NULLIF

주어진 두 데이터가 동일한지 동일하지 않은지를 나타내는 데 사용된다.

```
NULLIF(데이터1, 데이터2)
```

데이터1과 데이터2가 동일한 값이면 NULL을 출력하고 그렇지 않으면 데이터1을 출력한다. 아
래는 동일한 매개변수로 인해 NULL을 출력하는 SQL이다.

```
SELECT NULLIF('SQL', 'SQL') AS NullData;
```

NullData
NULL

좋은 책을 읽는다는 것은 과거의 가장 훌륭한 사람들과 대화하는 것이다.

다음은 서점에서 판매하는 책에 대한 데이터가 담긴 book 테이블과 책에 대한 주문 정보가 담긴 order_info 테이블, 주문된 책의 배송 정보가 담긴 delivery 테이블이다. book 테이블은 다음과 같으며 book_id, book_name, writer, price는 각각 도서 아이디, 도서명, 작가, 가격을 의미한다.

Column Name	Data Type
book_id	VARCHAR
book_name	VARCHAR
writer	VARCHAR
price	INT

order_info 테이블은 다음과 같으며 order_code, member_id, book_id, order_date는 각각 주문 코드, 회원 아이디, 도서 아이디, 주문 일자를 의미한다.

Column Name	Data Type
order_code	VARCHAR
member_id	VARCHAR
book_id	VARCHAR
order_date	DATE

delivery 테이블은 다음과 같으며 delivery_code, order_code, status, finish_date는 각각 배송 코드, 주문 코드, 배송상태, 배송완료 일자를 의미한다.

Column Name	Data Type
delivery_code	VARCHAR
order_code	VARCHAR
status	VARCHAR
finish_date	DATE

배송상태의 종류로는 결제완료, 상품준비중, 배송준비중, 배송중, 배송완료가 있으며 배송완료 일자는 배송상태가 배송완료일 경우에만 존재한다.

book

book_id	book_name	writer	price
230907	마흔에 읽는 쇼펜하우어	강용수	17000
231214	흔한남매	백난도	14500
240105	내가 한 말을 내가 오해하지 않기로 함	문상훈	19800
230302	세이노의 가르침	세이노	7200
230830	퓨처 셀프	벤저민 하디	19800
230428	도둑맞은 집중력	요한 하리	18800
231030	남에게 보여주려고 인생을 낭비하지 마라	쇼펜하우어	17500
230925	생각이 너무 많은 어른들을 위한 심리학	김혜남	17800
230922	요즘 어른을 위한 최소한의 세계사	임소미	18800
231127	이처럼 사소한 것들	클레어 키건	13800

order_info

order_code	member_id	book_id	order_date
24010901	aaa10	230907	2024-01-09
24010902	bbb20	230302	2024-01-09
24010903	ccc30	231127	2024-01-09
24010904	ddd40	230922	2024-01-09
24011001	aaa10	231030	2024-01-10
24011002	ccc30	230907	2024-01-10
24011003	eee50	231127	2024-01-10
24011004	fff60	230428	2024-01-10
24011005	bbb20	240105	2024-01-10
24011006	ggg70	230428	2024-01-10
24011101	aaa10	230907	2024-01-11
24011102	ccc30	230925	2024-01-11
24011103	eee50	231127	2024-01-11
24011104	ggg70	230922	2024-01-11
24011105	bbb20	231030	2024-01-11
24011106	ddd40	230907	2024-01-11
24011107	fff60	230830	2024-01-11
24011201	aaa10	230830	2024-01-12
24011202	bbb20	240105	2024-01-12
24011203	ccc30	230428	2024-01-12

delivery

delivery_code	order_code	status	finish_date
C211	24010901	배송완료	2024-01-12
C212	24010902	배송완료	2024-01-13
C213	24010903	배송중	NULL
C214	24010904	배송완료	2024-01-12
C215	24011001	배송준비중	NULL
C216	24011002	상품준비중	NULL
C217	24011003	배송완료	2024-01-13
C218	24011004	상품준비중	NULL
C219	24011005	배송중	NULL
C220	24011006	상품준비중	NULL
C221	24011101	상품준비중	NULL
C222	24011102	결제완료	NULL
C223	24011103	배송중	NULL
C224	24011104	상품준비중	NULL
C225	24011105	상품준비중	NULL
C226	24011106	상품준비중	NULL
C227	24011107	결제완료	NULL
C228	24011201	결제완료	NULL
C229	24011202	결제완료	NULL
C230	24011203	상품준비중	NULL

Q1 도서 할인 프로모션을 진행하려고 한다. 정가에서 10%를 할인하여 판매한다고 할 때 도서명, 작가, 할인가를 도서명 기준으로 오름차순 하여 출력하는 SQL을 작성하려면 어떻게 해야 할까?(단, 도서명과 작가는 '-'으로 연결하여 하나의 컬럼으로 출력하고 할인가는 10원 단위 이하 절사함)

*SQL을 실행하면 다음과 같이 출력되어야 한다.

book	price
마흔에 읽는 쇼펜하우어-강용수	15700
흔한남매-백난도	17800
내가 한 말을 내가 오해하지 않기로 함-문상훈	16900
세이노의 가르침-세이노	15300
퓨처 셀프-벤저민 하디	16000
도둑맞은 집중력-요한 하리	6400
남에게 보여주려고 인생을 낭비하지 마라-쇼펜하우어	16900
생각이 너무 많은 어른들을 위한 심리학-김혜남	12400
요즘 어른을 위한 최소한의 세계사-임소미	17800
이처럼 사소한 것들-클레어 키건	13000

Quick Tip

두 개 이상의 문자를 하나로 결합하기 위해서는 CONCAT 함수를 이용할 수 있고, 숫자 데이터를 특정 자릿수에서 버림하기 위해서는 TRUNCATE 함수를 이용할 수 있습니다.

정답

```
SELECT CONCAT(book_name, '-', writer) AS book,
       TRUNCATE(price * 0.9, -2) AS price
  FROM book
 ORDER BY book_name;
```

Q2 배송완료된 도서들의 배송 소요 시간을 알아보고자 한다. 주문 일자, 도서명, 배송완료 일자, 배송 소요일을 출력하는 SQL을 작성하려면 어떻게 해야 할까?(단, 주문 일자, 배송완료 일자, 도서명 기준으로 오름차순 정렬)

*SQL을 실행하면 다음과 같이 출력되어야 한다.

order_date	book_name	finish_date	delivery_date
2024-01-09	마흔에 읽는 쇼펜하우어	2024-01-12	3
2024-01-09	요즘 어른을 위한 최소한의 세계사	2024-01-12	3
2024-01-09	세이노의 가르침	2024-01-13	4
2024-01-10	이처럼 사소한 것들	2024-01-13	3

Quick Tip

두 날짜 간 일수 차를 계산하기 위해 DATEDIFF 함수를 이용할 수 있습니다.

정답

```sql
SELECT a.order_date,
       b.book_name,
       c.finish_date,
       DATEDIFF(c.finish_date, a.order_date) AS delivery_date
  FROM order_info a,
       book b,
       delivery c
 WHERE a.book_id = b.book_1d
   AND a.order_code = c.order_code
   AND c.status = '배송완료'
 ORDER BY a.order_date, c.finish_date, b.book_name;
```

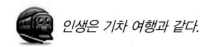 *인생은 기차 여행과 같다.*

다음은 기차 스케줄에 대한 데이터가 담긴 train_schedule 테이블과 기차 예약 정보가 담긴 train_reservation 테이블이다. train_schedule 테이블은 다음과 같으며 train_no, departure_time, departures, arrivals는 각각 기차 번호, 출발 시간, 출발지, 도착지를 의미한다.

Column Name	Data Type
train_no	INT
departure_time	DATETIME
departures	VARCHAR
arrivals	VARCHAR

train_reservation 테이블은 다음과 같으며 customer_name, train_no, seat_no는 각각 고객 이름, 기차 번호, 좌석 번호를 의미한다.

Column Name	Data Type
customer_name	VARCHAR
train_no	INT
seat_no	VARCHAR

⦿ train_schedule

train_no	departure_time	departures	arrivals
1	2024-02-01 13:15:00	서울	부산
2	2024-02-01 15:45:00	여수	서울
3	2024-02-01 16:30:00	대전	광주

customer_name	train_no	seat_no
박홍준	1	A1
이건호	1	A2
주원경	1	B1
양상준	1	C2
여은비	1	D1
김민재	1	D2
한지상	1	C4
고우리	1	B3
안현진	1	F1
임건호	1	F4
김지은	2	B1
반효정	2	A2
김덕근	2	B3
김진영	2	B4
남은영	2	D1
최성익	2	D2
유상길	2	C4
오혜민	3	C1
송진현	3	C2
안해경	3	C3
박다솔	3	C4
김연수	3	F1

Q3 기차별로 예약된 자리가 몇 개인지 조회하려고 한다. [출발지 ~ 도착지] 형태로 하나의 컬럼으로 표시하고 출발 시간, 예약된 자리 개수가 출력되도록 SQL을 작성하려면 어떻게 해야 할까?

*SQL을 실행하면 다음과 같이 출력되어야 한다.

train_info	departure_time	seat_count
서울 ~ 부산	2024-02-01 13:15:00	10
여수 ~ 서울	2024-02-01 15:45:00	7
대전 ~ 광주	2024-02-01 16:30:00	5

Quick Tip

예약된 자리에 대해 같은 기차 번호끼리 그룹핑을 해야 하므로 GROUP BY가 필요합니다. 그리고 예약된 자리를 카운트해야 하므로 COUNT 함수를 사용할 수 있으며 출발지와 도착지를 하나로 연결하여 출력하기 위해서는 CONCAT 함수를 이용해야 합니다.

정답

```sql
SELECT CONCAT(departures,' ~ ',arrivals) AS train_info,
       departure_time,
       COUNT(seat_no) AS seat_count
  FROM train_schedule a
  LEFT OUTER JOIN train_reservation b
    ON a.train_no = b.train_no
 GROUP BY CONCAT(departures,' ~ ',arrivals), departure_time;
```

04

집합 연산자

#합집합 #교집합 #차집합

여기서는 무얼 배울까

집합 연산자는 여러 쿼리의 결과를 하나로 결합하는 데 사용된다. 예를 들어, 하나의 쿼리 결과를 하나의 데이터 셋이라고 했을 때, 여러 데이터 셋의 합집합을 구할 수도 있고 차집합이나 교집합을 구할 수도 있다. 이런 집합 연산자는 데이터 분석이나 보고서 작성, 각 데이터 셋의 비교·분석 등을 하는 데 유용하게 활용될 수 있으므로, 각각의 연산자와 이들의 사용법을 꼭 알아 두도록 하자.

UNION

UNION은 여러 쿼리의 결과 데이터를 하나로 합하는 데 사용된다.

코·드·소·개

```
SELECT column_name(s) FROM table1
UNION
SELECT column_name(s) FROM table2;
```

JOIN이 데이터가 옆으로 덧붙여지는 형태라고 한다면, UNION은 데이터가 아래로 덧붙여지는 형태라고 이야기할 수 있다. UNION을 사용할 때 주의해야 할 사항은 결합되는 각 쿼리의 SELECT 절에 오는 컬럼의 개수가 동일해야 한다는 점이다. 그리고 결과 데이터의 헤더 값은 맨 위에 있는 쿼리 셋을 따르게 되며, UNION은 결과 데이터에서 중복되는 행은 제거되기 때문에 동일 행이 존재하는 경우 하나로 출력이 된다는 사실 또한 염두에 두어야 한다.

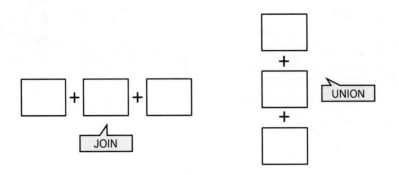

만약 UNION 사용 시 각 쿼리의 SELECT 절에 오는 컬럼의 수가 다른 경우 DBMS는 에러를 발생하게 된다.

```
SELECT 1 AS a, 2 AS b, 3 AS c
UNION
SELECT 3 AS d, 4 AS e;
```

Error. The used SELECT statements have a different number of columns

위 SQL은 아래처럼 컬럼의 개수를 맞춰 주어야 한다.

```
SELECT 1 AS a, 2 AS b, 3 AS c
UNION
SELECT 3 AS d, 4 AS e, 5 AS f;
```

실행 결과

a	b	c
1	2	3
3	4	5

```
CREATE TABLE squid_game1 (
    role    VARCHAR(20),
    actor    VARCHAR(8),
    gender    VARCHAR(1)
);

CREATE TABLE squid_game2 (
    role    VARCHAR(20),
    actor    VARCHAR(8),
    gender    VARCHAR(1)
);

INSERT INTO squid_game1 VALUES ('성기훈', '이정재', 'M');
INSERT INTO squid_game1 VALUES ('조상우', '박해수', 'M');
INSERT INTO squid_game1 VALUES ('오일남', '오영수', 'M');
INSERT INTO squid_game1 VALUES ('황준호', '위하준', 'M');
INSERT INTO squid_game1 VALUES ('강새벽', '정호연', 'F');
INSERT INTO squid_game1 VALUES ('프론트맨', '이병헌', 'M');
INSERT INTO squid_game1 VALUES ('양복남', '공유', 'M');

INSERT INTO squid_game2 VALUES ('성기훈', '이정재', 'M');
INSERT INTO squid_game2 VALUES ('프론트맨', '이병헌', 'M');
INSERT INTO squid_game2 VALUES ('OOO', '임시완', 'M');
INSERT INTO squid_game2 VALUES ('OOO', '강하늘', 'M');
INSERT INTO squid_game2 VALUES ('황준호', '위하준', 'M');
INSERT INTO squid_game2 VALUES ('OOO', '양동근', 'M');
INSERT INTO squid_game2 VALUES ('양복남', '공유', 'M');

COMMIT;
```

[SQL 스크립트] 실전_ch1-1-4-squid_game1&2.sql

위와 같이 테이블과 데이터를 생성한 뒤 squid_game1, squid_game2 테이블을 전체 조회해 보자.

```
SELECT * FROM squid_game1;
```

role	actor	gender
성기훈	이정재	M
조상우	박해수	M
오일남	오영수	M
황준호	위하준	M
강새벽	정호연	F
프론트맨	이병헌	M
양복남	공유	M

```
SELECT * FROM squid_game2;
```

role	actor	gender
성기훈	이정재	M
프론트맨	이병헌	M
OOO	임시완	M
OOO	강하늘	M
황준호	위하준	M
OOO	양동근	M
양복남	공유	M

아래는 squid_game1 데이터와 squid_game2 데이터를 UNION 연산한 것이다.

```
SELECT role, actor, gender FROM squid_game1
UNION
SELECT role, actor, gender FROM squid_game2;
```

role	actor	gender
성기훈	이정재	M
조상우	박해수	M
오일남	오영수	M
황준호	위하준	M
강새벽	정호연	F
프론트맨	이병헌	M
양복남	공유	M
OOO	임시완	M
OOO	강하늘	M
OOO	양동근	M

squid_game1에도 출연하고 squid_game2에도 출연하는 배우들이 중복되지 않고 한 개의 행으로만 출력된 것을 확인할 수 있다.

UNION ALL

UNION ALL은 앞서 알아본 UNION과 동일한 기능을 가진 구문이지만 중복된 데이터를 제거하지 않고 여러 개의 행으로 출력한다는 차이점을 가지고 있다.

코·드·소·개

```
SELECT column_name(s) FROM table1
UNION ALL
SELECT column_name(s) FROM table2;
```

아래는 squid_game1 데이터와 squid_game2 데이터를 UNION ALL 연산한 것이다.

 손으로 익히는 코딩

```
SELECT role, actor, gender FROM squid_game1
UNION ALL
SELECT role, actor, gender FROM squid_game2;
```

role	actor	gender
성기훈	이정재	M
조상우	박해수	M
오일남	오영수	M
황준호	위하준	M
강새벽	정호연	F
프론트맨	이병헌	M
양복남	공유	M
성기훈	이정재	M
프론트맨	이병헌	M
OOO	임시완	M
OOO	강하늘	M
황준호	위하준	M
OOO	양동근	M
양복남	공유	M

squid_game1에도 출연하고 squid_game2에도 출연하는 배우들이 2줄씩 출력된 것을 확인할 수 있다.

에러에서 배우기

UNION 구문이나 UNION ALL 구문으로 데이터 셋이 합해지는 경우 ORDER BY 절은 가장 아래에 한 번만 작성해 주면 되며, 만약 그렇지 않을 경우 에러가 발생하게 된다.

```
SELECT role, actor, gender FROM squid_game1
 ORDER BY actor
UNION
SELECT role, actor, gender FROM squid_game2
 ORDER BY actor;
```

```
Error. You have an error in your SQL syntax; check the manual that
corresponds to your MySQL server version for the right syntax to use near
'UNION
SELECT role, actor, gender FROM squid_game2
ORDER BY actor'
```

```
SELECT role, actor, gender FROM squid_game1
UNION
SELECT role, actor, gender FROM squid_game2
 ORDER BY actor;
```

role	actor	gender
OOO	강하늘	M
양복남	공유	M
조상우	박해수	M
OOO	양동근	M
오일남	오영수	M
황준호	위하준	M
프론트맨	이병헌	M
성기훈	이정재	M
OOO	임시완	M
강새벽	정호연	F

메모 *교육은 세상을 바꾸는 가장 강력한 무기이다.*

다음은 오프라인 강의에 대한 데이터가 담긴 offline_class 테이블과 온라인 강의에 대한 데이터가 담긴 online_class 테이블이다. offline_class 테이블은 다음과 같으며 class_no, class_name, teacher, capacity는 각각 강의번호, 강의명, 강사, 인원을 의미한다.

Column Name	Data Type
class_no	VARCHAR
class_name	VARCHAR
teacher	VARCHAR
capacity	INT

online_class 테이블은 다음과 같으며 class_no, class_name, teacher, capacity는 각각 강의번호, 강의명, 강사, 인원을 의미한다.

Column Name	Data Type
class_no	VARCHAR
class_name	VARCHAR
teacher	VARCHAR
capacity	INT

📍 offline_class

class_no	class_name	teacher	capacity
A101	천연 화장품 만들기	류미인	20
A102	아침 건강 요가	백진주	15
A103	원어민 영어 놀이터	신남정	10
A104	수채화 그리기	오미지	20
A105	세무사가 알려주는 상속과 증여	박동국	15
A106	부수입을 위한 체험단 블로그	한혜인	20
A107	SNS마케팅 활용	장현주	20
A108	메타인지 학습법	김성준	15

online_class

class_no	class_name	teacher	capacity
B101	꽃풍선 만들기	이지현	20
B102	아침 건강 요가	백진주	15
B103	부수입을 위한 이모티콘 만들기	유주영	20
B104	수채화 그리기	오미지	20
B105	세무사가 알려주는 상속과 증여	박동국	15
B106	부수입을 위한 체험단 블로그	한혜인	20
B107	SNS마케팅 활용	장현주	20
B108	영화같은 브이로그 만들기	안슬기	20

Q1 오프라인 혹은 온라인에서 오픈되는 강의의 리스트를 조회하고자 한다. 강의명, 강사, 인원을 강의명 기준으로 오름차순 하여 출력하는 SQL을 작성하려면 어떻게 해야 할까?(단, 오프라인 과 온라인 동시에 오픈되는 강의는 중복을 제거하고 1줄로 출력함)

*SQL을 실행하면 다음과 같이 출력되어야 한다.

class_name	teacher	capacity
SNS마케팅 활용	장현주	20
꽃풍선 만들기	이지현	20
메타인지 학습법	김성준	15
부수입을 위한 이모티콘 만들기	유주영	20
부수입을 위한 체험단 블로그	한혜인	20
세무사가 알려주는 상속과 증여	박동국	15
수채화 그리기	오미지	20
아침 건강 요가	백진주	15
영화같은 브이로그 만들기	안슬기	20
원어민 영어 놀이터	신남정	10
천연 화장품 만들기	류미인	20

Quick Tip

UNION을 이용하면 중복되는 데이터가 제거되어 하나의 행으로 출력됩니다.

정답

```
SELECT class_name,
       teacher,
       capacity
  FROM offline_class
UNION
SELECT class_name,
       teacher,
       capacity
  FROM online_class
ORDER BY class_name;
```

Q2 오프라인과 온라인에서 동시에 오픈되는 강의의 강의명, 강사, 인원을 강의명 기준으로 오름차
순 하여 출력하는 SQL을 작성하려면 어떻게 해야 할까?(단, 강의명, 강사, 인원이 모두 같은
경우 동일한 강의로 간주함)

*SQL을 실행하면 다음과 같이 출력되어야 한다.

class_name	teacher	capacity
SNS마케팅 활용	장현주	20
부수입을 위한 체험단 블로그	한혜인	20
세무사가 알려주는 상속과 증여	박동국	15
수채화 그리기	오미지	20
아침 건강 요가	백진주	15

Quick Tip

UNION ALL을 이용하면 중복되는 데이터가 제거되지 않고 여러 행으로 출력됩니다.

정답

```
SELECT t.class_name,
       t.teacher,
       t.capacity
  FROM (
       SELECT class_name,
              teacher,
              capacity
         FROM offline_class
        UNION ALL
       SELECT class_name,
              teacher,
              capacity
       FROM   online_class
       ) t
 GROUP BY t.class_name, t.teacher, t.capacity
HAVING COUNT(*) > 1
 ORDER BY class_name;
```

Q3 오프라인과 온라인에서 동시에 오픈되지 않고 한 군데에서만 들을 수 있는 강의의 강의 타입, 강의명, 강사, 인원을 강의 타입과 강의명 기준으로 오름차순 하여 출력하는 SQL을 작성하려면 어떻게 해야 할까?(단, 강의명, 강사, 인원이 모두 같은 경우 동일한 강의로 간주함)

*SQL을 실행하면 다음과 같이 출력되어야 한다.

class_type	class_name	teacher	capacity
offline	메타인지 학습법	김성준	15
offline	원어민 영어 놀이터	신남정	10
offline	천연 화장품 만들기	류미인	20
online	꽃풍선 만들기	이지현	20
online	부수입을 위한 이모티콘 만들기	유주영	20
online	영화같은 브이로그 만들기	안슬기	20

Quick Tip

UNION ALL을 이용하면 중복되는 데이터가 제거되지 않고 여러 행으로 출력됩니다.

정답

```
SELECT MAX(t.class_type) AS class_type,
       t.class_name,
       t.teacher,
       t.capacity
  FROM (
        SELECT 'offline' AS class_type,
               class_name,
               teacher,
               capacity
          FROM offline_class
         UNION ALL
        SELECT 'online',
               class_name,
               teacher,
               capacity
          FROM online_class
     ) t
 GROUP BY t.class_name, t.teacher, t.capacity
HAVING COUNT(*) = 1
 ORDER BY class_type, class_name;
```

- 서브쿼리(Subquery): 메인 쿼리 안쪽에 포함된 또 하나의 쿼리
- 사용 위치에 따른 분류

타입	사용 위치
스칼라 서브쿼리(Scalar Subquery)	SELECT 절
인라인 뷰(Inline View)	FROM 절
중첩 서브쿼리(Nested Subquery)	WHERE 절, HAVING 절

- 메인 쿼리와의 관계에 따른 분류

타입	설명
연관 서브쿼리(Correlated Subquery)	메인 쿼리와 관계를 맺음
비연관 서브쿼리(Uncorrelated Subquery)	메인 쿼리와 관계를 맺지 않음

- 스칼라 서브쿼리(Scalar Subquery): SELECT 절에 위치. 단일 행, 단일 값을 반환하는 서브쿼리
- 인라인 뷰(Inline View): FROM 절에 위치. 테이블명이 오는 자리에 위치하는 서브쿼리로 가상의 테이블로 간주
- 중첩 서브쿼리: WHERE 절이나 HAVING 절에 위치. 메인 쿼리의 결과에 따라 동적으로 데이터가 결정되거나 주로 복잡한 조건 등을 다루는 서브쿼리
- EXISTS 구문: 서브쿼리의 결과 데이터가 존재하면 TRUE를 반환하고, 그렇지 않으면 FALSE를 반환
- CASE WHEN: 조건에 따라 결과를 다르게 반환하고자 할 때 사용하는 구문

코·드·소·개

```
단순 CASE 표현식
CASE col
    WHEN val1 THEN result1
    WHEN val2 THEN result2
    WHEN valN THEN resultN
    ELSE result
END;
```

코·드·소·개

```
검색 CASE 표현식
CASE
    WHEN condition1 THEN result1
    WHEN condition2 THEN result2
    WHEN conditionN THEN resultN
    ELSE result
END;
```

● IF: 조건에 따라 다른 값을 반환하는 구문

코·드·소·개

```
IF(condition, value_if_true, value_if_false)
```

매개변수	의미
condition	충족 여부를 판단하기 위해 주어진 조건
value_if_true	조건을 충족할 경우의 반환값
value_if_false	조건을 충족하지 않을 경우의 반환값

● 문자 함수: 문자 타입 데이터에 대한 변환 작업을 수행

● CONCAT: 여러 개의 문자열을 결합

 손으로 익히는 코딩

```
SELECT CONCAT('Hello', ' ', 'SQL') AS ConcatString;
```

실행 결과

ConcatString
Hello SQL

● SUBSTRING: 문자열에서 특정 부분만 추출하고자 할 때 사용

 손으로 익히는 코딩

```
SELECT SUBSTRING('Hello SQL', 7, 2) AS ExtractString;
```

실행 결과

ExtractString
SQ

● UPPER: 문자열을 대문자로 변환

손으로 익히는 코딩

```
SELECT UPPER('Hello SQL') AS UpperString;
```

실행 결과

UpperString
HELLO SQL

- LOWER: 문자열을 소문자로 변환

```
SELECT LOWER('Hello SQL') AS LowerString;
```

LowerString
hello sql

- LENGTH: 문자열의 길이를 확인

```
SELECT LENGTH('Hello SQL') AS LengthOfString;
```

LengthOfString
9

- REPLACE: 특정 문자열을 다른 문자열로 대체

```
SELECT REPLACE('Hello SQL', 'Hello', 'Hi') AS UpdatedString;
```

UpdatedString
Hi SQL

- LPAD / RPAD: 문자열을 특정 길이로 만들기 위해 사용

```
SELECT LPAD('abc', 6, 'x') AS LpadString;
```

LpadString
xxxabc

손으로 익히는 코딩

```
SELECT RPAD('abc', 6, 'x') AS RpadString;
```

실행 결과

RpadString
abcxxx

- 숫자 함수: 숫자 타입 데이터에 대한 연산을 수행
- ROUND: 숫자를 특정 자릿수로 반올림

 손으로 익히는 코딩

```
SELECT ROUND(182.345, 2) AS RoundedNumber;
```

실행 결과

RoundedNumber
182.35

- ABS: 숫자의 절댓값을 반환

 손으로 익히는 코딩

```
SELECT ABS(-256.5) AS AbsoluteNumber;
```

실행 결과

AbsoluteNumber
256.5

- CEIL: 숫자를 올림

 손으로 익히는 코딩

```
SELECT CEIL(35.75) AS CeilNumber;
```

실행 결과

CeilNumber
36

● FLOOR: 숫자를 버림

 손으로 익히는 코딩

```
SELECT FLOOR(35.75) AS FloorNumber;
```

실행 결과

FloorNumber
35

● TRUNCATE: 숫자를 특정 자릿수로 버림

 손으로 익히는 코딩

```
SELECT TRUNCATE(182.345, 2) AS TruncatedNumber;
```

실행 결과

TruncatedNumber
182.34

● 날짜 함수: 날짜 타입 데이터에 대한 연산을 수행
 − NOW(): 현재의 날짜와 시간을 나타냄
 − SYSDATE(): 현재의 날짜와 시간을 나타냄
 − CURRENT_DATE(): 현재의 날짜를 나타냄
 − CURRENT_TIME(): 현재의 시간을 나타냄
 − DATE_FORMAT(날짜, 형식): 날짜를 특정 형식으로 포맷
 − DATE_ADD(날짜, INTERVAL n 단위): 날짜에 일정 기간(n)을 더함
 − DATE_SUB(날짜, INTERVAL n 단위): 날짜에 일정 기간(n)을 뺌
 − DATEDIFF(날짜1, 날짜2): 두 날짜 간 일수 차를 계산
 − YEAR / MONTH / DAY: 각각 주어진 날짜의 년, 월, 일을 출력
● 변환 함수: 데이터 타입에 대한 형 변환을 수행
 − CAST(데이터 AS 변환할 데이터 타입): 데이터 타입을 명시적으로 형 변환
 − CONVERT(데이터, 변환할 데이터 타입): 데이터 타입을 명시적으로 형 변환
● NULL 관련 함수: NULL 데이터에 대한 처리를 수행
 − IFNULL(데이터, 대체 값): NULL 데이터에 대한 대체 값을 지정
 − ISNULL(데이터): 데이터의 NULL 여부를 나타냄
 − COALESCE(데이터, 대체 값1, 대체 값2, …….): NULL 데이터에 대한 대체 값을 여러 개 지정
 − NULLIF(데이터1, 데이터2): 주어진 두 데이터가 동일한지 동일하지 않은지를 나타냄
● 집합 연산자: 여러 쿼리의 결과를 하나로 결합

– UNION: 여러 쿼리의 결과 데이터를 하나로 합함

코·드·소·개

```
SELECT column_name(s) FROM table1
UNION
SELECT column_name(s) FROM table2;
```

– UNION ALL: UNION과 동일한 기능을 가진 구문이지만 중복된 데이터를 제거하지 않고 여러 개의 행으로 출력

코·드·소·개

```
SELECT column_name(s) FROM table1
UNION ALL
SELECT column_name(s) FROM table2;
```

02

내
일
은

S
Q
L

SQL - Hard

01

분석 함수

✓ 핵심 키워드

#통계 #집계 #WINDOW 함수 #순위 함수

여기서는 무얼 배울까

언제부터인가 우리 주변에서 Data-driven이라는 키워드를 자주 접할 수 있게 되었다. Data-driven이란 의사결정이나 전략 수립에 있어서 데이터를 중심으로 하는 접근 방식을 나타낸다. SQL은 단순히 원하는 데이터를 조회하는 데에도 쓰이지만 쌓여 있는 데이터를 집계하거나 통계를 내고 그것을 근거로 실질적인 마케팅이나 기획의 방향성을 찾아갈 때 그 가치가 빛을 발하게 된다. 분석 함수에서는 이를 위한 SQL 구문들에 대해 배워볼 것이다. 분석 함수를 공부하고 나면 한 사이트의 월별 가입 고객의 추이라든지 이용 고객의 연령대 분포, 월별로 가장 많이 팔린 상품 등에 대한 데이터를 추출해 볼 수 있을 뿐만 아니라, 향후 데이터 분석을 하는 데에도 많은 도움이 되리라 생각한다.

집계 함수

집계 함수는 데이터의 통계적 분석을 수행하는 데 사용되는 함수이다. 집계 함수는 데이터베이스 쿼리, 데이터 분석 프로그램, 백엔드 개발 등 다양한 환경에서 사용되며 복잡한 데이터 셋을 보다 쉽고 효율적으로 이해하는 데 중요한 역할을 한다.

COUNT

주어진 조건을 만족하는 row의 수를 계산할 때 사용된다.

코·드·소·개

```sql
SELECT COUNT(column_name)
  FROM table_name
 WHERE condition;
```

COUNT 함수의 매개변수는 특정 컬럼이 될 수도 있고 '*'나 1과 같은 상수 값이 될 수도 있는데 각각의 차이는 아래와 같다.

함수	의미
COUNT(*)	전체 row의 수를 반환, NULL 값도 포함
COUNT(1)	전체 row의 수를 반환, NULL 값도 포함
COUNT(column_name)	NULL 값을 제외한 특정 컬럼 값의 수를 반환
COUNT(DISTINCT column_name)	NULL 값과 중복 값을 제외한 특정 컬럼 값의 수를 반환

손으로 익히는 코딩

```
USE mydb;

CREATE TABLE customer_info (
    cust_id    VARCHAR(20),
    birthdate    VARCHAR(8),
    gender    VARCHAR(1),
    type    VARCHAR(10)
);

INSERT INTO customer_info VALUES ('aaa111', '19770101', 'M', 'Naver');
INSERT INTO customer_info VALUES ('bbb222', '19820303', 'F', 'Kakao');
INSERT INTO customer_info VALUES ('ccc333', '19930201', 'F', 'Facebook');
INSERT INTO customer_info VALUES ('ddd444', '19970501', NULL, 'Naver');
INSERT INTO customer_info VALUES ('eee555', '19790505', 'M', 'Naver');
INSERT INTO customer_info VALUES ('fff666', '19870601', 'F', 'Kakao');
INSERT INTO customer_info VALUES ('ggg777', '19950210', 'M', 'Naver');
INSERT INTO customer_info VALUES ('hhh888', '19990701', 'M', 'Naver');
INSERT INTO customer_info VALUES ('iii999', '20001201', NULL, 'Kakao');
INSERT INTO customer_info VALUES ('jjj000', '19920801', 'M', 'Facebook');

COMMIT;
```

[SQL 스크립트] 실전_ch2-1-1-customer_info.sql

위와 같이 테이블과 데이터를 생성한 뒤 customer_info 테이블을 전체 조회해 보자.

손으로 익히는 코딩

```
SELECT * FROM customer_info;
```

실행 결과

cust_id	birthdate	gender	type
aaa111	19770101	M	Naver
bbb222	19820303	F	Kakao
ccc333	19930201	F	Facebook
ddd444	19970501	NULL	Naver
eee555	19790505	M	Naver
fff666	19870601	F	Kakao
ggg777	19950210	M	Naver
hhh888	19990701	M	Naver
iii999	20001201	NULL	Kakao
jjj000	19920801	M	Facebook

아래는 네이버 로그인 회원이 몇 명인지를 출력하는 SQL이다.

 손으로 익히는 코딩

```
SELECT COUNT(*) AS all_cnt,
       COUNT(type) AS type_cnt
  FROM customer_info
 WHERE type = 'Naver';
```

실행 결과

all_cnt	type_cnt
5	5

아래는 네이버 로그인 회원 중에 성별 정보가 존재하는 회원의 수를 출력하는 SQL이다.

 손으로 익히는 코딩

```
SELECT COUNT(gender) AS gender_cnt
  FROM customer_info
 WHERE type = 'Naver';
```

실행 결과

gender_cnt
4

집계 함수를 GROUP BY 구문과 함께 사용하면 더욱 세밀한 데이터를 출력할 수 있다. 아래는
타입별 회원의 수를 출력하는 SQL이다.

손으로 익히는 코딩

```sql
SELECT type,
       COUNT(*) AS customer_cnt
  FROM customer_info
 GROUP BY type;
```

실행 결과

type	customer_cnt
Naver	5
kakao	3
Facebook	2

SUM

특정 컬럼의 합을 계산할 때 사용되며 만약 해당 컬럼 데이터 중 NULL이 존재하는 경우 NULL
값은 무시된다.

코·드·소·개

```sql
SELECT SUM(column_name)
  FROM table_name
 WHERE condition;
```

손으로 익히는 코딩

```sql
USE mydb;

CREATE TABLE exam_score (
    student_name    VARCHAR(10),
```

```
    subject    VARCHAR(10),
    score    INT
);

INSERT INTO exam_score VALUES ('공기준', '국어', 97);
INSERT INTO exam_score VALUES ('공기준', '영어', 89);
INSERT INTO exam_score VALUES ('공기준', '수학', 95);
INSERT INTO exam_score VALUES ('진지원', '국어', 90);
INSERT INTO exam_score VALUES ('진지원', '영어', NULL);
INSERT INTO exam_score VALUES ('진지원', '수학', 92);
INSERT INTO exam_score VALUES ('정영주', '국어', 80);
INSERT INTO exam_score VALUES ('정영주', '영어', 95);
INSERT INTO exam_score VALUES ('정영주', '수학', 100);

COMMIT;
```

[SQL 스크립트] 실전_ch2-1-2-exam_score.sql

위와 같이 테이블과 데이터를 생성한 뒤 exam_score 테이블을 전체 조회해 보자.

손으로 익히는 코딩

```
SELECT * FROM exam_score;
```

실행 결과

student_name	subject	score
공기준	국어	97
공기준	영어	89
공기준	수학	95
진지원	국어	90
진지원	영어	NULL
진지원	수학	92
정영주	국어	80
정영주	영어	95
정영주	수학	100

아래는 공기준 학생의 국어, 영어, 수학 점수의 합을 출력하는 SQL이다.

```
SELECT SUM(score) AS sum_score
  FROM exam_score
 WHERE student_name = '공기준';
```

sum_score
281

아래는 각 학생별 국어, 영어, 수학 점수의 합을 출력하는 SQL이다.

```
SELECT student_name,
       SUM(score) AS sum_score
  FROM exam_score
 GROUP BY student_name;
```

student_name	sum_score
공기준	281
진지원	182
정영주	275

AVG

특정 컬럼의 평균값을 계산하는 데 사용되며 만약 해당 컬럼 데이터 중 NULL이 존재하는 경우
평균값 계산 대상에서 제외된다.

```
SELECT AVG(column_name)
  FROM table_name
 WHERE condition;
```

앞에서 생성해 두었던 exam_score 테이블의 데이터를 이용하여 SQL을 작성해 보도록 하자.

손으로 익히는 코딩

```sql
SELECT * FROM exam_score;
```

실행 결과

student_name	subject	score
공기준	국어	97
공기준	영어	89
공기준	수학	95
진지원	국어	90
진지원	영어	NULL
진지원	수학	92
정영주	국어	80
정영주	영어	95
정영주	수학	100

아래는 수학 성적의 평균값을 출력하는 SQL이다.

손으로 익히는 코딩

```sql
SELECT AVG(score) AS avg_score
  FROM exam_score
 WHERE subject = '수학';
```

실행 결과

avg_score
95.6667

💡 더 알아보기

데이터의 평균값을 구할 때는 소수점 아래로 숫자가 길게 늘어나는 경우가 많기 때문에 주로 반올림(ROUND)이나 올림 (CEIL), 버림(FLOOR) 함수를 같이 이용한다.

```sql
SELECT ROUND(AVG(score), 2) AS avg_score
  FROM exam_score
 WHERE subject = '수학';
```

avg_score
95.67

위 SQL은 수학 성적의 평균값을 반올림하여 소수점 둘째 자리까지 출력한다.

아래는 학생별로 국어, 수학, 영어 점수의 평균을 출력하는 SQL이다.

 손으로 익히는 코딩

```
SELECT student_name,
       AVG(score) AS avg_score
  FROM exam_score
 GROUP BY student_name;
```

실행 결과

student_name	avg_score
공기준	93.6667
진지원	91
정영주	91.6667

더 알아보기

exam_score 테이블을 보면 진지원 학생의 영어 점수가 NULL인 것을 확인할 수 있다. 하지만 그럼에도 불구하고 다른 학생들과 평균 점수가 비슷하게 나왔는데, 이는 AVG 함수가 평균을 구할 때 NULL 값은 제외시키기 때문이다. 이런 경우 국어, 영어, 수학 점수의 정확한 평균을 구하기 위해서 NULL 관련 함수를 이용할 수 있다.

```
SELECT student_name,
       AVG(IFNULL(score,0)) AS avg_score
  FROM exam_score
 GROUP BY student_name;
```

student_name	avg_score
공기준	93.6667
진지원	60.6667
정영주	91.6667

위 결과는 점수가 존재하지 않는 과목에 대해 0점 처리한 것이다.

MIN / MAX

특정 컬럼의 최솟값 / 최댓값을 계산하는 데 사용되며, 만약 해당 컬럼 데이터 중 NULL이 존재하는 경우 NULL 값은 무시된다.

```
SELECT MIN(column_name)
  FROM table_name
 WHERE condition;

SELECT MAX(column_name)
  FROM table_name
 WHERE condition;
```

앞에서 생성해 두었던 exam_score 테이블의 데이터를 이용하여 SQL을 작성해 보도록 하자.

손으로 익히는 코딩

```
SELECT * FROM exam_score;
```

실행 결과

student_name	subject	score
공기준	국어	97
공기준	영어	89
공기준	수학	95
진지원	국어	90
진지원	영어	NULL
진지원	수학	92
정영주	국어	80
정영주	영어	95
정영주	수학	100

아래는 국어 과목의 최저 점수와 최고 점수를 출력하는 SQL이다.

손으로 익히는 코딩

```
SELECT MIN(score) AS min_score,
       MAX(score) AS max_score
  FROM exam_score
 WHERE subject = '국어';
```

min_score	max_score
80	97

아래는 각 과목별 최고 점수와 최저 점수를 출력하는 SQL이다.

 손으로 익히는 코딩

```
SELECT subject,
       MIN(score) AS min_score,
       MAX(score) AS max_score
  FROM exam_score
 GROUP BY subject;
```

실행 결과

subject	min_score	max_score
국어	80	97
영어	89	95
수학	92	100

윈도우 함수

윈도우 함수(Window Function)는 어떤 특별한 유형의 SQL 함수라고 볼 수 있다. 윈도우 함수에서 윈도우(Window)란 '창문'이라는 의미를 가지는데 데이터를 창문으로 보듯이 여러 파티션으로 나눈 뒤에 그 파티션 내의 집계가 가능하게끔 지원해 준다는 의미로 이해하면 쉽다. 예를 들어, 학생들의 성적 데이터가 있다면 그 데이터를 학급별로 파티션을 나누어서 학급별 1등이 누구인지를 추출해 볼 수도 있고 평균 점수가 가장 높은 학급을 추출해 볼 수도 있다.

Quick Tip

윈도우 함수는 데이터를 그룹핑하지 않고 각 행에 대한 집계, 순위 등의 연산을 수행합니다. GROUP BY 절이 여러 행을 하나의 결과로 압축한다면 윈도우 함수는 행의 개별성을 유지한다고 볼 수 있습니다.

```
FUNCTION_NAME() OVER ( [PARTITION BY column1, column2, ...]
                       [ORDER BY column3, column4, ...] )
```

- FUNCTION_NAME(): 사용하고자 하는 함수명

  예 SUM(), RANK(), AVG() 등

- OVER(): 윈도우 함수를 적용할 범위와 순서를 설정하는 구문

- PARTITION BY: 윈도우 함수의 범위를 정의하는 옵션

  예 PARTITION BY department_id, 부서별로 파티션을 나눈다는 의미

- ORDER BY: 각 파티션 내에서 row의 정렬 순서를 정의하는 옵션

  예 ORDER BY salary desc, 급여가 높은 순으로 정렬하겠다는 의미

앞에서 생성해 두었던 customer_info 테이블의 데이터를 이용하여 SQL을 작성해 보도록 하자.

 손으로 익히는 코딩

```
SELECT * FROM customer_info;
```

cust_id	birthdate	gender	type
aaa111	19770101	M	Naver
bbb222	19820303	F	Kakao
ccc333	19930201	F	Facebook
ddd444	19970501	NULL	Naver
eee555	19790505	M	Naver
fff666	19870601	F	Kakao
ggg777	19950210	M	Naver
hhh888	19990701	M	Naver
iii999	20001201	NULL	Kakao
jjj000	19920801	M	Facebook

아래는 member type별로 네이버 로그인 회원, 카카오 로그인 회원, 페이스북 로그인 회원이 각각 몇 명인지를 출력하는 SQL이다.

손으로 익히는 코딩

```
SELECT cust_id,
       birthdate,
       gender,
       type,
       COUNT(*) OVER(PARTITION BY type) AS type_cnt
  FROM customer_info;
```

실행 결과

member_id	birthdate	gender	type	type_cnt
ccc333	19930201	F	Facebook	2
jjj000	19920801	M	Facebook	2
bbb222	19820303	F	Kakao	3
fff666	19870601	F	Kakao	3
iii999	20001201	NULL	Kakao	3
aaa111	19770101	M	Naver	5
ddd444	19970501	NULL	Naver	5
eee555	19790505	M	Naver	5
ggg777	19950210	M	Naver	5
hhh888	19990701	M	Naver	5

아래는 type, gender별로 네이버 로그인 회원, 카카오 로그인 회원, 페이스북 로그인 회원이 각 각 몇 명인지를 출력하는 SQL이다.

 손으로 익히는 코딩

```sql
SELECT cust_id,
       birthdate,
       gender,
       type,
       COUNT(*) OVER(PARTITION BY type, gender) AS cnt
  FROM customer_info;
```

실행 결과

cust_id	birthdate	gender	type	cnt
ccc333	19930201	F	Facebook	1
jjj000	19920801	M	Facebook	1
iii999	20001201	NULL	Kakao	1
bbb222	19820303	F	Kakao	2
fff666	19870601	F	Kakao	2
ddd444	19970501	NULL	Naver	1
aaa111	19770101	M	Naver	4
eee555	19790505	M	Naver	4
ggg777	19950210	M	Naver	4
hhh888	19990701	M	Naver	4

이번에는 앞에서 생성해 두었던 exam_score 테이블의 데이터를 이용하여 SQL을 작성해 보도 록 하자.

손으로 익히는 코딩

```sql
SELECT * FROM exam_score;
```

실행 결과

student_name	subject	score
공기준	국어	97
공기준	영어	89
공기준	수학	95
진지원	국어	90

진지원	영어	NULL
진지원	수학	92
정영주	국어	80
정영주	영어	95
정영주	수학	100

아래는 학생별 점수의 총합을 출력하는 SQL이다.

 손으로 익히는 코딩

```
SELECT student_name,
       subject,
       SUM(score) OVER(PARTITION BY student_name) AS sum_score
  FROM exam_score;
```

실행 결과

student_name	subject	sum_score
공기준	국어	281
공기준	영어	281
공기준	수학	281
정영주	국어	275
정영주	영어	275
정영주	수학	275
진지원	국어	182
진지원	영어	182
진지원	수학	182

아래는 과목별 점수의 총합을 출력하는 SQL이다.

 손으로 익히는 코딩

```
SELECT student_name,
       subject,
       SUM(score) OVER(PARTITION BY subject) AS sum_score
  FROM exam_score;
```

student_name	subject	sum_score
공기준	국어	267
진지원	국어	267
정영주	국어	267
공기준	수학	287
진지원	수학	287
정영주	수학	287
공기준	영어	184
진지원	영어	184
정영주	영어	184

순위 함수

순위 함수는 데이터의 각 row에 순위를 부여하는 함수이다.

ROW_NUMBER

각 row에 고유한 순위를 할당하고자 할 때 사용된다.

코·드·소·개

```
ROW_NUMBER() OVER( [PARTITION BY column1, column2, ...]
                   [ORDER BY column3, column4, ...] )
```

손으로 익히는 코딩

```
USE mydb;

CREATE TABLE sales_info (
    product    VARCHAR(15),
    company    VARCHAR(10),
    sales      INT
);

INSERT INTO sales_info VALUES ('먹태깡', '농심', 2561);
INSERT INTO sales_info VALUES ('꼬북칩', '오리온', 1594);
INSERT INTO sales_info VALUES ('새우깡', '농심', 1821);
```

```
INSERT INTO sales_info VALUES ('꼬깔콘', '롯데', 1248);
INSERT INTO sales_info VALUES ('허니버터칩', '해태', 1594);
INSERT INTO sales_info VALUES ('홈런볼', '해태', 1777);
INSERT INTO sales_info VALUES ('오징어땅콩', '오리온', 875);
INSERT INTO sales_info VALUES ('맛동산', '해태', 1594);
INSERT INTO sales_info VALUES ('포카칩', '롯데', 875);

COMMIT;
```

[SQL 스크립트] 실전_ch2-1-3-sales_info.sql

위와 같이 테이블과 데이터를 생성한 뒤 sales_info 테이블을 전체 조회해 보자.

손으로 익히는 코딩

```
SELECT * FROM sales_info;
```

실행 결과

product	company	sales
먹태강	농심	2561
꼬북침	오리온	1594
새우깡	농심	1821
꼬깔콘	롯데	1248
허니버터칩	해태	1594
홈런볼	해태	1777
오징어땅콩	오리온	875
맛동산	해태	1594
포카칩	롯데	875

아래는 판매량이 높은 순서대로 순위를 매기는 SQL이다.

손으로 익히는 코딩

```
SELECT product,
       company,
       sales,
       ROW_NUMBER() OVER(ORDER BY sales DESC) AS r_no
  FROM sales_info;
```

product	subject	sales	r_no
먹태깡	농심	2561	1
새우깡	농심	1821	2
홈런볼	해태	1777	3
꼬북칩	오리온	1594	4
허니버터칩	해태	1594	5
맛동산	해태	1594	6
꼬깔콘	롯데	1248	7
오징어땅콩	오리온	875	8
포카칩	롯데	875	9

아래는 제조사별 판매량이 높은 순서대로 순위를 매기는 SQL이다.

손으로 익히는 코딩

```
SELECT product,
       company,
       sales,
       ROW_NUMBER() OVER(PARTITION BY company
                         ORDER BY sales DESC) AS r_no
  FROM sales_info;
```

product	company	sales	r_no
먹태깡	농심	2561	1
새우깡	농심	1821	2
꼬깔콘	롯데	1248	1
포카칩	롯데	875	2
꼬북칩	오리온	1594	1
오징어땅콩	오리온	875	2
홈런볼	해태	1777	1
허니버터칩	해태	1594	2
맛동산	해태	1594	3

RANK

동일한 값에 대해 동일 순위를 부여하고 다음 순위는 건너뛰어 할당하고자 할 때 사용된다.

```
RANK() OVER( [PARTITION BY column1, column2, ...]
             [ORDER BY column3, column4, ...] )
```

아래는 판매량이 높은 순서대로 순위를 매기는 SQL이다.

손으로 익히는 코딩

```
SELECT product,
       company,
       sales,
       RANK() OVER(ORDER BY sales DESC) AS rank_no
  FROM sales_info;
```

실행 결과

product	subject	sales	rank_no
먹태깡	농심	2561	1
새우깡	농심	1821	2
홈런볼	해태	1777	3
꼬북칩	오리온	1594	4
허니버터칩	해태	1594	4
맛동산	해태	1594	4
꼬깔콘	롯데	1248	7
오징어땅콩	오리온	875	8
포카칩	롯데	875	8

아래는 제조사별 판매량이 낮은 순서대로 순위를 매기는 SQL이다.

손으로 익히는 코딩

```
SELECT product,
       company,
       sales,
       RANK() OVER(PARTITION BY company
                   ORDER BY sales) AS rank_no
  FROM sales_info;
```

product	company	sales	rank_no
새우깡	농심	1821	1
먹태깡	농심	2561	2
포카칩	롯데	875	1
꼬깔콘	롯데	1248	2
오징어땅콩	오리온	875	1
꼬북칩	오리온	1594	2
허니버터칩	해태	1594	1
맛동산	해태	1594	1
홈런볼	해태	1777	3

DENSE_RANK

동일한 값에 대해 동일 순위를 부여하고 다음 순위는 건너뛰지 않고 할당하고자 할 때 사용된다.

코·드·소·개

```
DENSE_RANK() OVER( [PARTITION BY column1, column2, ...]
                   [ORDER BY column3, column4, ...] )
```

아래는 판매량이 높은 순서대로 순위를 매기는 SQL이다.

손으로 익히는 코딩

```
SELECT product,
       company,
       sales,
       DENSE_RANK() OVER(ORDER BY sales DESC) AS dr_no
  FROM sales_info;
```

product	subject	sales	dr_no
먹태깡	농심	2561	1
새우깡	농심	1821	2
홈런볼	해태	1777	3
꼬북칩	오리온	1594	4
허니버터칩	해태	1594	4
맛동산	해태	1594	4

꼬깔콘	롯데	1248	5
오징어땅콩	오리온	875	6
포카칩	롯데	875	6

아래는 제조사별 판매량이 낮은 순서대로 순위를 매기는 SQL이다.

 손으로 익히는 코딩

```
SELECT product,
       company,
       sales,
       DENSE_RANK() OVER(PARTITION BY company
                         ORDER BY sales) AS dr_no
  FROM sales_info;
```

실행 결과

product	company	sales	dr_no
새우깡	농심	1821	1
먹태깡	농심	2561	2
포카칩	롯데	875	1
꼬깔콘	롯데	1248	2
오징어땅콩	오리온	875	1
꼬북칩	오리온	1594	2
허니버터칩	해태	1594	1
맛동산	해태	1594	1
홈런볼	해태	1777	2

좋은 책을 읽는다는 것은 과거의 가장 훌륭한 사람들과 대화하는 것이다.

다음은 서점에서 판매하는 책에 대한 데이터가 담긴 book 테이블과 책에 대한 주문 정보가 담긴 order_info 테이블, 주문된 책의 배송 정보가 담긴 delivery 테이블이다. book 테이블은 다음과 같으며 book_id, book_name, writer, price는 각각 도서 아이디, 도서명, 작가, 가격을 의미한다.

Column Name	Data Type
book_id	VARCHAR
book_name	VARCHAR
writer	VARCHAR
price	INT

order_info 테이블은 다음과 같으며 order_code, member_id, book_id, order_date는 각각 주문 코드, 회원 아이디, 도서 아이디, 주문 일자를 의미한다.

Column Name	Data Type
order_code	VARCHAR
member_id	VARCHAR
book_id	VARCHAR
order_date	DATE

delivery 테이블은 다음과 같으며 delivery_code, order_code, status, finish_date는 각각 배송 코드, 주문 코드, 배송상태, 배송완료 일자를 의미한다.

Column Name	Data Type
delivery_code	VARCHAR
order_code	VARCHAR
status	VARCHAR
finish_date	DATE

배송상태의 종류로는 결제완료, 상품준비중, 배송준비중, 배송중, 배송완료가 있으며 배송 완료 일자는 배송상태가 배송완료일 경우에만 존재한다.

delivery

delivery_code	order_code	status	finish_date
C211	24010901	배송완료	2024-01-12
C212	24010902	배송완료	2024-01-13
C213	24010903	배송중	NULL
C214	24010904	배송완료	2024-01-12
C215	24011001	배송준비중	NULL
C216	24011002	상품준비중	NULL
C217	24011003	배송완료	2024-01-13
C218	24011004	상품준비중	NULL
C219	24011005	배송중	NULL
C220	24011006	상품준비중	NULL
C221	24011101	상품준비중	NULL
C222	24011102	결제완료	NULL
C223	24011103	배송중	NULL
C224	24011104	상품준비중	NULL
C225	24011105	상품준비중	NULL
C226	24011106	상품준비중	NULL
C227	24011107	결제완료	NULL
C228	24011201	결제완료	NULL
C229	24011202	결제완료	NULL
C230	24011203	상품준비중	NULL

Q1 주문된 도서 데이터를 배송 상태별로 카운트한 뒤 건수가 많은 데이터부터 내림차순 정렬하여
출력하는 SQL을 작성하려면 어떻게 해야 할까?

*SQL을 실행하면 다음과 같이 출력되어야 한다.

status	cnt
상품준비중	8
배송완료	4
결제완료	4
배송중	3
배송준비중	1

Quick Tip

주어진 조건을 만족하는 row의 수를 계산하는 집계 함수는 COUNT이며, 특정 데이터를 기준으로 그룹핑을 하기 위해서는
GROUP BY 절을 이용할 수 있습니다.

정답

```
SELECT status,
       COUNT(*) AS cnt
  FROM delivery
 GROUP BY status
 ORDER BY cnt DESC;
```

Q2 도서를 구매한 회원들의 평균 구매 가격과 구매한 책의 수를 조회하려고 한다. 회원 아이디, 총구매 수, 구매한 책의 수, 평균 구매 가격을 회원 아이디 기준으로 오름차순 하여 출력하는 SQL을 작성하려면 어떻게 해야 할까?

Clear Comment

한 명의 고객이 같은 책을 여러 번 구매했을 경우 총구매 수와 구매한 책의 수가 다를 수 있습니다.

*SQL을 실행하면 다음과 같이 출력되어야 한다.

member_id	total_cnt	book_cnt	avg_price
aaa10	4	3	17825
bbb20	4	3	16075
ccc30	4	4	16850
ddd40	2	2	17900
eee50	2	1	13800
fff60	2	2	19300
ggg70	2	2	18800

Quick Tip

총구매 수를 구하려면 COUNT(*)를 이용해야 하고, 중복을 제거한 특정 컬럼의 데이터 수를 구하려면 COUNT(DISTINCT column)를 이용해야 합니다.

정답

```
SELECT a.member_id,
       COUNT(*) AS total_cnt,
       COUNT(DISTINCT b.book_name) book_cnt,
       AVG(b.price) AS avg_price
  FROM order_info a,
       book b
 WHERE a.book_id = b.book_id
 GROUP BY a.member_id
 ORDER BY a.member_id;
```

Q3 책을 가장 많이 구매한 회원의 아이디, 최근 주문 일자, 주문한 도서의 수를 회원 아이디 기준으로 오름차순 하여 출력하는 SQL을 작성하려면 어떻게 해야 할까?

*SQL을 실행하면 다음과 같이 출력되어야 한다.

member_id	max_order_date	cnt
aaa10	2024-01-12	4
bbb20	2024-01-12	4
ccc30	2024-01-12	4

Quick Tip

윈도우 함수를 이용하여 특정 컬럼을 기준으로 순위를 매기면 가장 최고치의 데이터만 출력하는 것이 수월해집니다.

정답

```
SELECT a.member_id,
       a.max_order_date,
       a.cnt
  FROM (
       SELECT member_id,
              MAX(order_date) AS max_order_date,
              COUNT(*) AS cnt,
              RANK() OVER(ORDER BY COUNT(*) DESC) AS rank_no
         FROM order_info a
        GROUP BY member_id
       ) a
 WHERE rank_no = 1
 ORDER BY a.member_id;
```

Q4 도서 구매왕을 뽑는 이벤트를 하려고 한다. 도서를 구매한 총금액이 가장 높은 순으로 3위까지 뽑아 순위, 회원의 아이디, 총구매금액을 출력하는 SQL을 작성하려면 어떻게 해야 할까?(단, 동일 순위는 없다고 가정함)

*SQL을 실행하면 다음과 같이 출력되어야 한다.

ranking	member_id	total_price
1	aaa10	71300
2	ccc30	67400
3	bbb20	64300

Quick Tip

동일 순위를 고려하지 않는 경우 ROW_NUMBER()를 이용하여 윈도우 함수를 작성할 수 있고, 총구매금액으로 기준을 잡아야 하므로 SUM 함수를 사용할 수 있습니다.

정답

```
SELECT ROW_NUMBER() OVER(ORDER BY SUM(b.price) DESC) AS ranking,
       a.member_id,
       SUM(b.price) AS total_price
  FROM order_info a,
       book b
 WHERE a.book_id = b.book_id
 GROUP BY a.member_id
 ORDER BY ranking
 LIMIT 3;
```

기숙사 미스테리: 누가 내 것을 먹었는가

다음은 기숙사 방에 대한 정보가 담긴 dormitory_info 테이블과 기숙사 생활을 하는 학생들에 대한 데이터가 담긴 dormitory_member 테이블이다. dormitory_info 테이블은 다음과 같으며 room_no, room_type, head_count는 각각 방 호수, 구분(여자 방인지 남자 방인지), 정원수를 의미한다.

Column Name	Data Type
room_no	VARCHAR
room_type	VARCHAR
head_count	INT

dormitory_member 테이블은 다음과 같으며 name, major, gender, grade, room_no는 각각 이름, 전공, 성별, 학년, 방 호수를 의미한다.

Column Name	Data Type
name	VARCHAR
major	VARCHAR
gender	VARCHAR
grade	INT
room_no	VARCHAR

◆ dormitory_info

room_no	room_type	head_count
101	M	2
102	M	4
103	F	2
104	F	4
201	M	2
202	M	4
203	F	2
204	F	4

dormitory_member

name	major	gender	grade	room_no
정만수	컴퓨터공학	M	4	101
정경식	국어국문	M	4	101
이민재	전자전기	M	2	102
마이클	생명공학	M	1	102
강재욱	산업디자인	M	2	102
이해성	작곡	M	2	102
신남희	법학	F	4	103
민경진	항공우주	F	3	104
박채영	컴퓨터공학	F	2	104
구지원	컴퓨터공학	F	2	104
이희정	의예	F	1	104
김정태	기계	M	2	202
정명환	물리학	M	1	202
이규한	항공우주	M	1	202
양병석	사회체육	M	3	202
추은주	국어국문	F	3	203
오옥주	산업디자인	F	4	203
윤지민	전자전기	F	1	204
류중희	법학	F	1	204
최재영	생명공학	F	1	204
김영우	건축	F	2	204

Q5 기숙사 방 룸메이트 중 가장 막내들을 조회하려고 한다. 방 호수, 이름, 전공, 학년을 출력하는 SQL을 작성하려면 어떻게 해야 할까?(단, 비어 있는 방의 경우 NULL로 출력함)

*SQL을 실행하면 다음과 같이 출력되어야 한다.

room_no	name	major	grade
101	정경식	국어국문	4
101	정만수	컴퓨터공학	4
102	마이클	생명공학	1
103	신남희	법학	4
104	이희정	의예	1
201	NULL	NULL	NULL
202	이규한	항공우주	1
202	정명환	물리학	1
203	추은주	국어국문	3
204	최재영	생명공학	1
204	류중희	법학	1
204	윤지민	전자전기	1

Quick Tip

기숙사 방 데이터를 기준으로 멤버들을 조회하기 위해서는 OUTER JOIN을 이용해야 합니다. INNER JOIN을 이용하게 되면 멤버가 존재하지 않는 방의 경우 결과 데이터에서 누락되기 때문입니다.

정답

```
SELECT t.room_no,
       t.name,
       t.major,
       t.grade
  FROM (
        SELECT a.room_no,
               b.name,
               b.major,
               b.grade,
               RANK() OVER(PARTITION BY a.room_no ORDER BY grade) AS rank_no
        FROM dormitory_info a
        LEFT OUTER JOIN dormitory_member b
          ON a.room_no = b.room_no
       ) t
 WHERE t.rank_no = 1;
```

02

WITH 절

✓ 핵심 키워드

#WITH

여기서는 무얼 배울까

WITH 절은 일반적으로 CTE(Common Table Expression)를 정의하는 데 사용된다. CTE는 SQL에서 사용되는 임시 결과 집합으로 복잡한 쿼리를 보다 간결하게 작성하고 관리할 수 있게 한다. 여기에서는 WITH 절로 생성된 임시 집합이 쿼리 내에서 어떻게 쓰일 수 있는지 알아보도록 하겠다.

WITH 절

WITH 절은 앞서 배운 서브 쿼리 형식의 SQL에 이름을 붙여 준 것이라고 이해하면 쉽다. 그리고 WITH절을 2개 이상 정의하고 싶은 경우 콤마(,)를 통해 작성할 수 있다.

코·드·소·개

```
WITH cte_name AS (
    SELECT column1, column2
      FROM table_name
     WHERE condition
)
SELECT * FROM cte_name;
```

● cte_name: 임시 결과 집합의 이름으로, 다음 SQL에서 이를 이용하여 SQL을 작성할 수 있다.

앞에서 생성해 두었던 sales_info 테이블의 데이터를 이용하여 SQL을 작성해 보도록 하자.

 손으로 익히는 코딩

```
SELECT * FROM sales_info;
```

product	company	sales
먹태깡	농심	2561
꼬북칩	오리온	1594
새우깡	농심	1821
꼬깔콘	롯데	1248
허니버터칩	해태	1594
홈런볼	해태	1777
오징어땅콩	오리온	875
맛동산	해태	1594
포카칩	롯데	875

아래는 제조사별 총판매량이 3000보다 큰 데이터만 출력하는 SQL이다.

```
WITH CompanySales AS (
    SELECT company,
            SUM(sales) AS total_sales
      FROM sales_info
     GROUP BY company
)
SELECT company,
        total_sales
  FROM CompanySales
 WHERE total_sales > 3000;
```

company	total_sales
농심	4382
해태	4965

WITH 절의 장점

1. 가독성

복잡한 SQL을 부분 마다 나누어 WITH 절로 작성하면 가독성을 높일 수 있다.

2. 재사용성

같은 SQL을 여러 번 사용해야 할 경우 WITH 절로 정의해 두고 사용하면 효율적이다.

3. 운영의 편의성

WITH 절로 정의해 놓은 SQL에 변경 사항이 발생하였을 경우 WITH 절을 한 번만 수정하면 해당 WITH 절을 참조하는 여러 SQL이 업데이트되므로 유지 및 보수가 편리하다.

※ WITH 절은 적절히 사용하는 경우 매우 유용할 수 있지만 실행될 때마다 메모리 등의 리소스를 사용하기 때문에, 복잡하고 대량의 데이터를 처리하는 WITH 절의 경우 오히려 성능 부하를 가져올 수 있다.

좋은 옷을 입으면 좋은 일이 생긴다.

다음은 온라인 쇼핑몰의 판매 정보가 담긴 sales 테이블이다. sales 테이블은 다음과 같으며 product_id, sale_date, quantity는 각각 상품 아이디, 판매 일자, 판매된 상품 수량을 의미한다.

Column Name	Data Type
product_id	INT
sale_date	DATE
quantity	INT

📍 sales

product_id	sale_date	quantity
1001	2024-01-01	10
1002	2024-01-02	15
1001	2024-01-03	5
1003	2024-01-03	20
1002	2024-01-04	7
1001	2024-01-05	12
1003	2024-01-05	8
1001	2024-01-06	14
1002	2024-01-07	18
1003	2024-01-08	11
1001	2024-01-09	8
1001	2024-01-10	17
1002	2024-01-11	18
1001	2024-01-12	11
1002	2024-01-13	20
1002	2024-01-14	20

Q1 다음 두 기간에 대한 각 제품의 판매량을 비교하여 출력하는 SQL을 작성하려면 어떻게 해야 할까?(단, WITH 문을 활용해서 작성함)

- 2024-01-01 ~ 2024-01-07
- 2024-01-08 ~ 2024-01-14

*SQL을 실행하면 다음과 같이 출력되어야 한다.

time	max	min	avg
first	25	7	16
second	20	8	15

Quick Tip

각 기간에 해당하는 데이터 셋을 각각의 CTE로 생성한 뒤 UNION ALL 연산자를 사용하여 함께 출력할 수 있습니다.

정답

```sql
WITH first_sales AS (
    SELECT sale_date,
       SUM(quantity) AS quantity
     FROM sales
    WHERE sale_date BETWEEN '2024-01-01' AND '2024-01-07'
    GROUP BY sale_date
),
second_sales AS (
    SELECT sale_date,
       SUM(quantity) AS quantity
     FROM sales
    WHERE sale_date BETWEEN '2024-01-08' AND '2024-01-14'
    GROUP BY sale_date
)
SELECT 'first' AS time,
      MAX(quantity) AS max,
      MIN(quantity) AS min,
      ROUND(AVG(quantity)) AS avg
  FROM first_sales
UNION ALL
SELECT 'second' AS time,
       MAX(quantity) AS max,
```

```
        MIN(quantity) AS min,
        ROUND(AVG(quantity)) AS avg
FROM second_sales;
```

03

계층 쿼리

#Hierarchy #Recursive

여기서는 무얼 배울까

실무를 하다 보면 '데이터가 Hierarchy 구조를 이루고 있다'라는 말을 듣게 될 때가 있다. Hierarchy 구조란 하나의 테이블에 저장된 데이터가 계층을 이루고 있다는 것으로, 계층을 이루고 있다는 것은 데이터가 부모-자식의 관계를 가지고 있다는 의미이다. 여기에서는 이런 계층을 이루고 있는 데이터로 SQL을 작성하는 방법을 알아보도록 하겠다.

RECURSIVE

우선 계층 쿼리를 작성해 보기 전에 Hierarchy 구조*를 이루고 있는 테이블에 대해 살펴보도록 하자.

> **손으로 익히는 코딩**

```
USE mydb;

CREATE TABLE highkick_family (
    id      int,
    name    varchar(15),
    job     varchar(15),
    parent      varchar(15)
);

INSERT INTO highkick_family VALUES(1,'이순재','원장',NULL);
INSERT INTO highkick_family VALUES(2,'나문희','주부',NULL);
INSERT INTO highkick_family VALUES(3,'이준하','백수','이순재');
```

기초 용어 정리

* **Hierarchy 구조**: 계층을 이루고 있는 구조를 의미. 실제로 현업에서 많이 쓰는 용어

```
INSERT INTO highkick_family VALUES(4,'박해미','한의사','나문희');
INSERT INTO highkick_family VALUES(5,'이민용','교사','이순재');
INSERT INTO highkick_family VALUES(6,'이민호','학생','이준하');
INSERT INTO highkick_family VALUES(7,'이윤호','학생','이준하');
INSERT INTO highkick_family VALUES(8,'이준','아기','이민용');

COMMIT;
```

[SQL 스크립트] 실전_ch2-2-2-highkick_family.sql

위와 같이 테이블과 데이터를 생성한 뒤 highkick_family 테이블을 전체 조회해 보자.

```
SELECT * FROM highkick_family;
```

실행 결과

id	name	job	parent
1	이순재	원장	NULL
2	나문희	주부	NULL
3	이준하	백수	이순재
4	박해미	한의사	나문희
5	이민용	교사	이순재
6	이민호	학생	이준하
7	이윤호	학생	이준하
8	이준	아기	이민용

parent 컬럼을 보면 데이터들끼리 서로 부모-자식의 관계가 있음을 알 수 있다. 아래는 앞에서 배운 WITH 절을 이용하여 계층 쿼리를 작성한 것이다.

손으로 익히는 코딩

```
WITH RECURSIVE HighkickCTE AS (
    SELECT id,
           name,
           job,
           parent,
           CONVERT(id, CHAR) AS cte_path
```

```
       FROM highkick_family
      WHERE parent IS NULL
      UNION ALL
    SELECT hf.id,
           hf.name,
           hf.job,
           hf.parent,
      CONCAT(hcte.cte_path, '-', hf.id)
      FROM highkick_family hf
     INNER JOIN HighkickCTE hcte
        ON hf.parent = hcte.name
  )
SELECT * FROM HighkickCTE
  ORDER BY cte_path;
```

위 SQL에서 HighkickCTE는 최상위 부모부터 시작하여 각각의 자식을 재귀적으로 찾아 나가는 쿼리 구문이다. 여기에서 재귀란 자기 자신을 참조하여 데이터를 조회하는 방식을 의미한다. 위 SQL에서 주목해야 하는 부분은 각 집합의 조건절과 JOIN 조건인데,

```
WHERE parent IS NULL
```

위 조건은 계층의 시작점을 나타내고,

```
ON hf.parent = hcte.name
```

위 조건은 계층의 진행이 순방향인지 역방향인지를 나타낸다. 참고로 cte_path는 데이터를 보기 좋게 정렬하기 위한 용도로 사용되었다.

실행 결과

id	name	job	parent	cte_path
1	이순재	원장	NULL	1
3	이준하	백수	이순재	1-3
6	이민호	학생	이준하	1-3-6
7	이윤호	학생	이준하	1-3-7
5	이민용	교사	이순재	1-5
8	이준	아기	이민용	1-5-8
2	나문희	주부	NULL	2
4	박해미	한의사	나문희	2-4

위 결과 데이터를 보면 parent 데이터가 NULL인 row부터 시작하여 자식들이 차례대로 출력되었으므로 계층의 방향이 순방향으로 진행되었음을 알 수 있다. 참고로 cte_path는 계층의 경로를 나타내며 ORDER BY의 기준이 됨으로써 계층 구조를 조금 더 직관적으로 출력하게 되었다. 아래는 역방향으로 진행되는 계층 쿼리이다.

손으로 익히는 코딩

```
WITH RECURSIVE HighkickCTE AS (
    SELECT id,
           name,
           job,
           parent,
           CONVERT(id, CHAR) AS cte_path
     FROM highkick_family
    WHERE parent = '이준하'
    UNION ALL
    SELECT hf.id,
           hf.name,
           hf.job,
           hf.parent,
           CONCAT(hcte.cte_path, '-', hf.id)
     FROM highkick_family hf
    INNER JOIN HighkickCTE hcte
       ON hf.name = hcte.parent
)
SELECT * FROM HighkickCTE
 ORDER BY cte_path;
```

실행 결과

id	name	job	parent	cte_path
6	이민호	학생	이준하	6
3	이준하	백수	이순재	6-3
1	이순재	원장	NULL	6-3-1
7	이윤호	학생	이준하	7
3	이준하	백수	이순재	7-3
1	이순재	원장	NULL	7-3-1

depth란?

depth는 계층 구조에서의 깊이를 나타낸다. 예를 들어, 카테고리가 대분류, 중분류, 소분류로 구분된 [스포츠 / 레저 〉 캠핑 / 낚시 〉 랜턴 / 조명]이라는 카테고리가 있다고 했을 때 스포츠 / 레저의 depth는 1, 캠핑 / 낚시의 depth는 2, 랜턴 / 조명의 depth는 3이 된다. 앞에서 알아본 하이킥 SQL에서 depth를 나타내기 위해서는 root 노드의 depth를 1로 두고 다음 노드를 1씩 증가시키는 방식으로 작성할 수 있는데, 스크립트는 아래와 같다.

```
WITH RECURSIVE HighkickCTE AS (
    SELECT id,
           name,
           job,
           parent,
           CONVERT(id, CHAR) AS cte_path,
           1 AS depth
      FROM highkick_family
     WHERE parent = '이준하'
     UNION ALL
    SELECT hf.id,
           hf.name,
           hf.job,
           hf.parent,
           CONCAT(hcte.cte_path, '-', hf.id),
           hcte.depth + 1
      FROM highkick_family hf
     INNER JOIN HighkickCTE hcte
        ON hf.name = hcte.parent
)
SELECT * FROM HighkickCTE
 ORDER BY cte_path;
```

실행 결과

id	name	job	parent	cte_path	depth
6	이민호	학생	이준하	6	1
3	이준하	백수	이순재	6-3	2
1	이순재	원장	NULL	6-3-1	3
7	이윤호	학생	이준하	7	1
3	이준하	백수	이순재	7-3	2
1	이순재	원장	NULL	7-3-1	3

부서 관리자 찾기

회사에는 여러 팀이 있으며, 각 팀은 유니크한 팀 코드를 가지고 있다. 팀들은 계층적 구조를 이루고 있기 때문에 어떤 팀은 다른 팀의 상위 조직이 될 수 있고, 상위 조직인 팀은 여러 개의 하위 조직을 가질 수 있다. 다음은 팀의 정보가 담긴 teams 테이블로, team_code, team_name, manager_id, parent_team_code는 각각 팀 코드, 팀 이름, 팀장 아이디, 상위 팀코드를 의미한다.

Column Name	Data Type
team_code	INT
team_name	VARCHAR
manager_id	INT
parent_team_code	INT

Q1 팀의 조직도를 나타내려고 한다. 가장 상위 팀부터 하위 팀까지 팀 이름과 팀장 아이디를 순서로 출력하는 SQL을 작성하려면 어떻게 해야 할까?(단, depth를 계산하여 팀 이름을 4칸씩 들여쓰기)

*SQL을 실행하면 다음과 같이 출력되어야 한다.

team_name	manager_id
인사팀	200
인적자원개발팀	213
마케팅팀	201
콘텐츠제작팀	219
디자인팀	203
영업팀	204
리서치팀	210
마케팅팀 부산지사	208
글로벌사업팀	217
인사팀 서울지사	207
법무팀	215
IT지원팀	209
개발팀	202
제품개발팀	211
데이터분석팀	218
고객지원팀	205
품질관리팀	212
재무팀	206
전략기획팀	214

Quick Tip

계층 쿼리를 작성하기 위해서는 재귀적 CTE(Common Table Expressions)를 사용할 수 있습니다.

정답

```
WITH RECURSIVE TeamsCTE AS (
    SELECT team_code,
           team_name,
           manager_id,
           parent_team_code,
           CONVERT(team_code, CHAR) AS cte_path,
           1 AS depth
```

```sql
    FROM teams
   WHERE parent_team_code IS NULL
   UNION ALL
  SELECT t.team_code,
         CONCAT(LPAD('', tcte.depth*4,' '), t.team_name),
         t.manager_id,
         t.parent_team_code,
         CONCAT(tcte.cte_path, '-', t.team_code),
         tcte.depth + 1 AS depth
    FROM teams t
   INNER JOIN TeamsCTE tcte
      ON t.parent_team_code = tcte.team_code
)
  SELECT team_name,
         manager_id
    FROM TeamsCTE
ORDER BY cte_path;
```

● 집계 함수: 데이터의 통계적 분석을 수행하는 데 사용되는 함수
  − COUNT: 주어진 조건을 만족하는 row의 수를 계산

> 코·드·소·개

```
SELECT COUNT(column_name)
  FROM table_name
 WHERE condition;
```

  − SUM: 특정 컬럼의 합을 계산

> 코·드·소·개

```
SELECT SUM(column_name)
  FROM table_name
 WHERE condition;
```

  − AVG: 특정 컬럼의 평균값을 계산

> 코·드·소·개

```
SELECT AVG(column_name)
  FROM table_name
 WHERE condition;
```

  − MIN/MAX: 특정 컬럼의 최솟값 / 최댓값을 계산

> 코·드·소·개

```
SELECT MIN(column_name)
  FROM table_name
 WHERE condition;

SELECT MAX(column_name)
  FROM table_name
 WHERE condition;
```

● 윈도우 함수(Window Function): 데이터를 여러 파티션으로 나누어 집계

> 코·드·소·개

```
FUNCTION_NAME() OVER ( [PARTITION BY column1, column2, ...]
                       [ORDER BY column3, column4, ...] )
```

  − 순위 함수: 데이터의 각 row에 순위를 부여
  − ROW_NUMBER: 각 row에 고유한 순위를 할당

```
ROW_NUMBER() OVER( [PARTITION BY column1, column2, ...]
                   [ORDER BY column3, column4, ...] )
```

– RANK: 동일한 값에 대해 동일 순위를 부여하고 다음 순위는 건너뛰어 할당

```
RANK() OVER( [PARTITION BY column1, column2, ...]
             [ORDER BY column3, column4, ...] )
```

– DENSE_RANK: 동일한 값에 대해 동일 순위를 부여하고 다음 순위는 건너뛰지 않고 할당

```
DENSE_RANK() OVER( [PARTITION BY column1, column2, ...]
                   [ORDER BY column3, column4, ...] )
```

– WITH 절: CTE(Common Table Expression)를 정의하는 데 사용

```
WITH cte_name AS (
    SELECT column1, column2
      FROM table_name
     WHERE condition
)
SELECT * FROM cte_name;
```

● 계층 쿼리: 계층 구조를 가지고 있는 테이블의 데이터로 부모–자식 간의 관계가 출력되도록 작성한 쿼리

03

내
일
은

S Q L

SQL과 파이썬을 연동하여
다이어리 만들기

01

파이썬 설치 및 테이블 생성

▽ 핵심 키워드

#SQL #Python #PyMySQL #Diary #이제는 실전이다

여기서는 무얼 배울까

SQL은 어떤 프로그래밍 언어와도 연동할 수 있는 매우 유연하고 광범위한 언어이다. 여기에서는 요즘 대세인 파이썬 언어와 SQL을 연동하여 아주 간단하게 나만의 다이어리를 만들어 보는 실전 연습을 할 것이다. 내 컴퓨터에 나만의 다이어리 프로그램이 생긴다고 생각하니 벌써부터 기대되지 않는가? 자, 그럼 지금부터 시작해 보도록 하자.

파이썬(Python)은 귀도 반 로섬(Guido Van Rossum)이라는 네덜란드계 소프트웨어 엔지니어가 1991년 공식적으로 발표한 언어로 비교적 간결하고 쉬운 문법으로 이루어져 있어 초보자들에게도 인기가 많은 언어이다. 근래에는 데이터 분석이나 AI 인공지능 분야에서 많이 활용되기 때문에 익혀 두면 여러모로 쓸모가 많을 것이다.

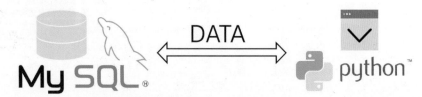

우선 이 책은 SQL을 배우기 위한 목적을 가진 책이므로 파이썬을 체계적으로 다루지는 않을 것이다. 누구나 쉽고 간단하게 SQL과 파이썬을 연동하여 다이어리를 만들 수 있게 하는 데에 중점을 두었기 때문에 조금 더 구조적으로 파이썬 프로그래밍을 공부하고자 한다면 별도로 학습하는 것을 추천한다. 지금부터는 기본 OS를 윈도우(Windows)라고 가정하고 기술할 것이며, 맥(Mac) 유저들을 위해서는 추가로 설명을 넣을 예정이니 참고하기 바란다.

파이썬과 플라스크 설치

파이썬 공식 홈페이지(https://www.python.org)로 이동한다. Downloads 메뉴를 선택한 후 Windows용 파이썬 설치 파일을 클릭하여 다운로드한다. 참고로 이 글을 작성하는 시점의 파이썬 최신 버전은 3.12.0이지만 여러분이 보고 있는 버전은 다를 수 있으며, 현재 보이는 파일로 설치해도 아무 문제가 없으니 걱정하지 않아도 된다.

다운로드 된 폴더에서 방금 내려받은 설치 파일을 실행한다. 파이썬 Setup 화면에 보이는 체크 박스에 모두 체크를 해 준 뒤 Install Now를 클릭하여 설치를 진행한다. 참고로 Add python.exe to PATH 항목은 디폴트가 체크 해제이므로, 따로 체크 표시를 선택해야 한다. 그 이유는 환경변수에 파이썬을 간편하게 추가하기 위해서라고 이해하면 된다.

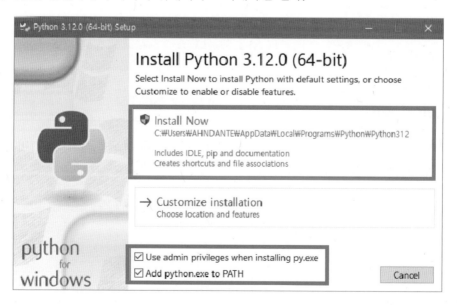

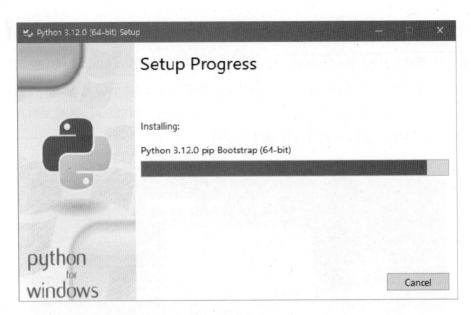

설치가 완료되면 Close 버튼을 눌러 설치를 종료한다.

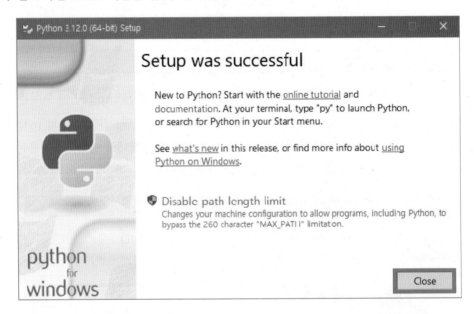

이렇게 파이썬 설치가 끝났으면 제대로 설치가 되었는지 확인해 보도록 하자. 시작 버튼을 누르고 cmd를 입력하여 명령 프롬프트를 연다.

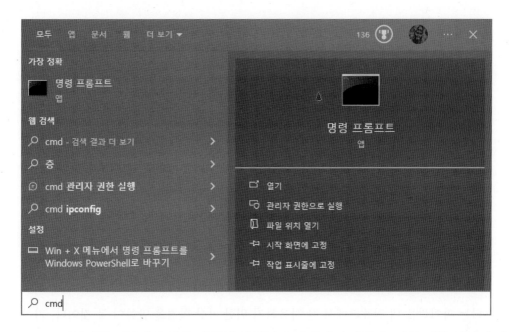

python -V 명령어를 입력하면 방금 설치한 파이썬의 버전이 출력된다. 아무 이상 없이 출력된다면 여러분은 파이썬 설치에 성공한 것이다.

맥(Mac) 파이썬 설치하기

Downloads 메뉴에서 macOS용 파이썬 설치 파일을 다운로드 받아 설치한다. 설치가 완료되면 python3 -V 명령어를 입력하여 파이썬이 정상적으로 설치가 되었는지 확인한다. 맥(Mac)은 기본적으로 파이썬 2.7 버전이 설치되어 있어서 python이라고만 입력하면 2.7이 실행되기 때문에 방금 설치한 파이썬을 이용하기 위해서는 python 대신 python3 명령어를 사용해야 한다는 것을 기억해야 한다.

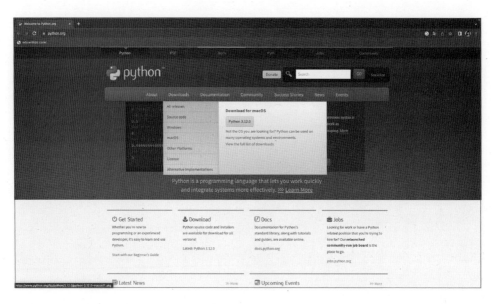

이제부터는 파이썬을 내 컴퓨터에서 잘 사용하기 위한 가상 환경을 만들어 볼 것이다. 가상 환경이라는 단어 때문에 겁먹을 필요는 없다. 여러분은 그냥 따라하기만 하면 될 정도로 간단하다. cmd로 명령 프롬프트를 실행하고 C 드라이브의 루트 디렉토리에 venvs라는 폴더를 생성한다.

맥(Mac) 홈 디렉토리(/Users/사용자명) 아래에 venvs 폴더를 생성한다.

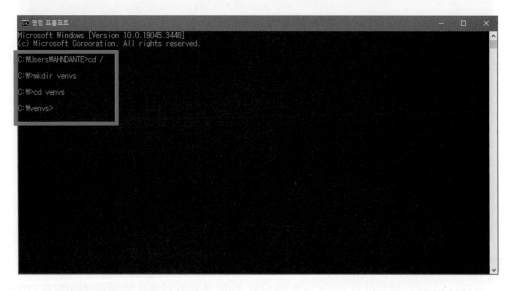

다음과 같이 파이썬 가상 환경을 생성해 주는 명령어를 실행한다. 명령어를 입력하고 엔터를 친 뒤 조금 기다리면 가상 환경이 만들어진다.

맥(Mac) python 대신 python3 명령어를 입력한다.

이제 venvs 디렉토리 안에 mydiary라는 폴더가 생성된 것을 확인할 수 있다. 이 mydiary가 하나의 가상 환경이라고 생각하면 된다. 만약에 다이어리 말고 다른 프로그램을 만들고 싶을 때는 venvs 디렉토리 안에 다른 이름의 가상 환경을 별도로 만들면 된다.

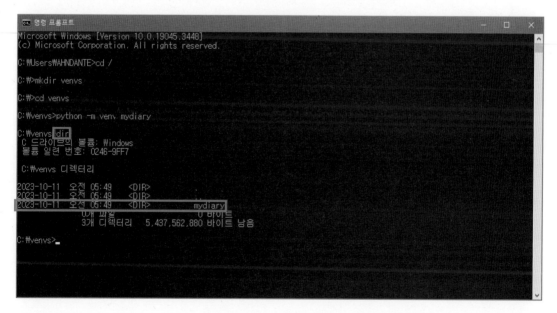

가상 환경이 만들어졌으니 그곳으로 한번 들어가 보자. 가상 환경으로 들어가기 위해서는 '열려라 참깨'와 같은 역할을 하는 명령어가 필요하다. mydiary 디렉토리 하위의 Scripts 폴더 안에 있는 activate 명령어가 바로 그것이다.

맥(Mac) /Users/사용자명/venvs/mydiary/bin 디렉토리 내에서 source activate 명령어를
실행한다.

activate 명령어를 실행시키면 맨 왼쪽에 (mydiary)라는 문구가 생기는데, 이것으로 현재 내가
가상 환경에 들어와 있다는 것을 확인할 수가 있다.

작업을 마치고 가상 환경에서 벗어나고 싶을 때에는 deactivate라는 명령어를 실행시키면 된
다. 참고로 이 명령어는 어디에서나 실행해도 무방하다.

/Users/사용자명/venvs/mydiary/bin 디렉토리 내에서 deactivate 명령어를 실행한다.

이제 파이썬에 대한 기본적인 설치가 끝났다. 지금부터는 플라스크라는 프레임워크*를 설치해 볼 것이다. 플라스크는 Django와 함께 파이썬 웹 프레임 워크의 양대 산맥을 이루고 있으며, Django 대비 가볍고 이해하기 쉬운 버전이라고 할 수 있다.

플라스크를 설치하기 위해 우선 mydiary의 가상 환경으로 들어가야 한다.

기초 용어 정리

* **프레임워크(Framework):** 소프트웨어 개발에서 어플리케이션을 빠르고 효율적으로 개발할 수 있도록 지원해 주는, 미리 세팅된 구조 및 도구들의 집합

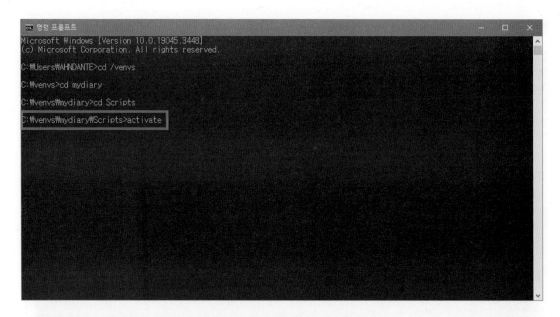

가상 환경에 진입했다면 pip install flask 명령어를 입력하여 플라스크를 설치한다. 여기서 pip 는 파이썬 라이브러리 설치를 지원해 주는 도구라고 이해하면 된다.

플라스크 설치가 끝났으면 루트 디렉토리에 workspace 폴더를 생성한다.

이 상태에서 아까 만들어 놓은 가상 환경으로 들어가 프로젝트를 담을 mydiary 폴더를 생성한다.

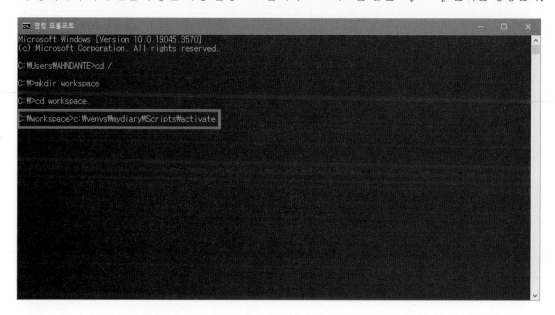

파이참 설치

이제 파이썬 프로그래밍을 할 환경이 갖추어졌으니 본격적으로 mydiary를 만들면 되는데, 그 전에 소스 코드를 작성할 IDE*를 먼저 설치해야 한다. 이 책에서는 파이참을 이용하여 파이썬 프로그래밍을 할 예정이지만, 취향에 따라 비주얼 스튜디오 코드나 주피터 등을 이용해도 무방하니 참고하도록 하자.

Python IDE and Code Editors

기초 용어 정리

* IDE(Integrated Development Environment): 통합 개발 환경이라는 뜻으로 프로그래머가 프로그래밍을 좀 더 효율 적으로 할 수 있도록 도와주는 소프트웨어, 즉 소스 코드를 작성하는 툴

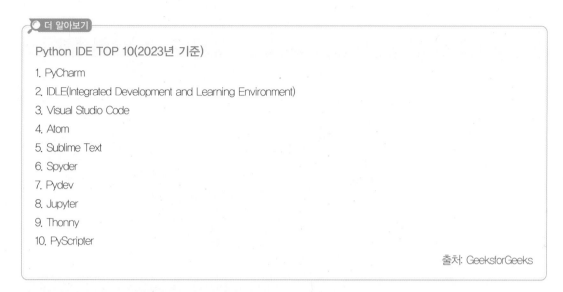

더 알아보기

Python IDE TOP 10(2023년 기준)

1. PyCharm
2. IDLE(Integrated Development and Learning Environment)
3. Visual Studio Code
4. Atom
5. Sublime Text
6. Spyder
7. Pydev
8. Jupyter
9. Thonny
10. PyScripter

출처: GeeksforGeeks

파이참은 jetbrains 사이트(https://www.jetbrains.com)에서 받을 수 있다. Developer Tools 메뉴를 누르고 PyCharm(파이참)을 클릭한다.

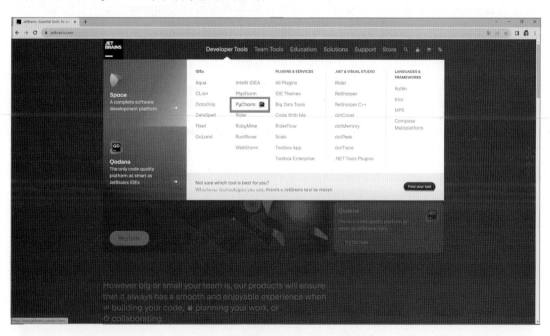

Download 버튼을 눌러 설치 파일이 있는 페이지로 이동한다.

위에 있는 Professional 버전이 아니라 아래에 무료로 제공되는 Community 버전을 선택하도록 하자. 물론 돈을 지불하고 Professional 버전을 사용해도 좋다.

맥(Mac) 자신의 환경에 맞는 dmg 파일을 다운로드한다.

설치 파일이 다 받아졌으면 실행시켜 파이참을 설치하도록 한다.

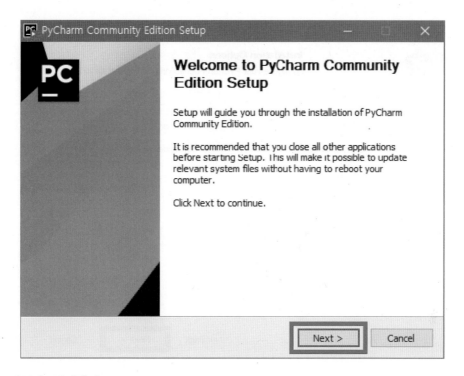

NEXT 버튼을 클릭한다.

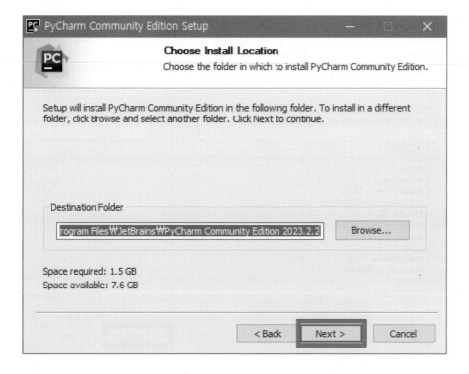

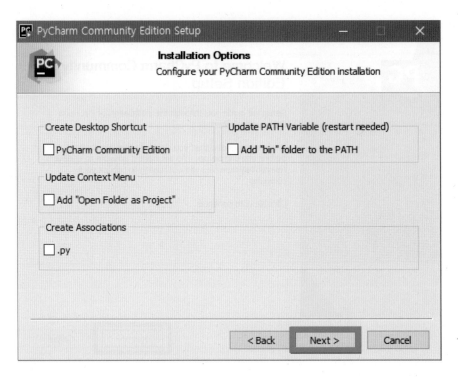

Install을 누르면 설치가 시작된다.

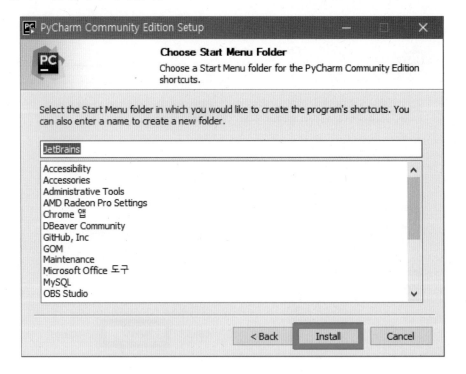

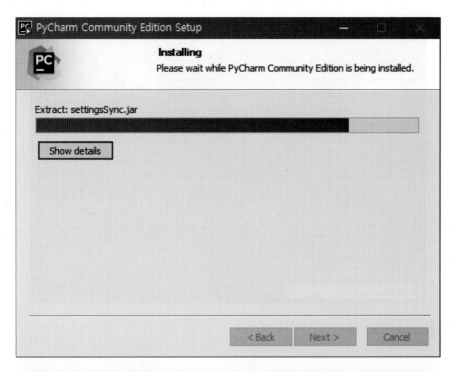

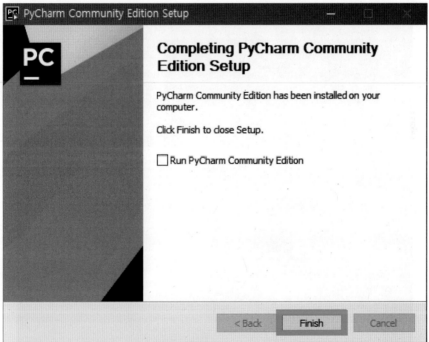

설치가 끝났으면 시작 버튼을 누르고 Pycharm을 입력하여 파이참을 실행시킨다.

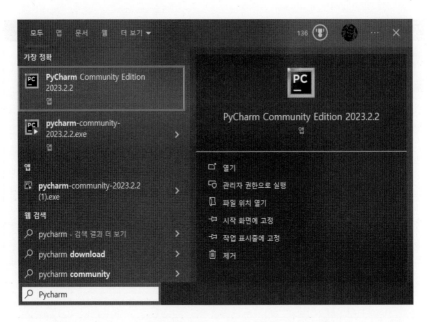

Open 아이콘을 클릭한 뒤 아까 생성해 놓았던 프로젝트 경로(C:\workspace\mydiary)를 선택한다.

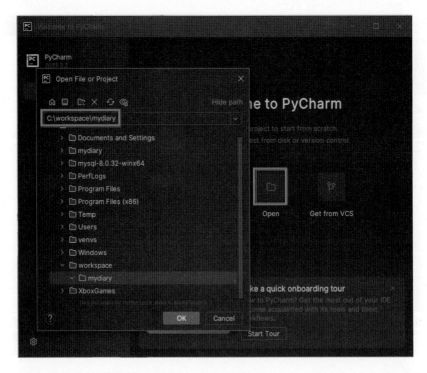

파이참이 열렸으면 맨 처음 파이썬 인터프리터를 설정해 준다. [File 〉 Settings]를 클릭한 뒤 [Project: mydiary 〉 Python Interpreter]를 선택하면 현재 설정되어 있는 Python Interpreter 경로가 보인다.

맥(Mac) [PyCharm 〉 Preferences]를 클릭한다.

파이썬 인터프리터 위치를 가상 환경이 셋팅된 위치로 변경하기 위해 우측 Add Interpreter
버튼을 누른다.

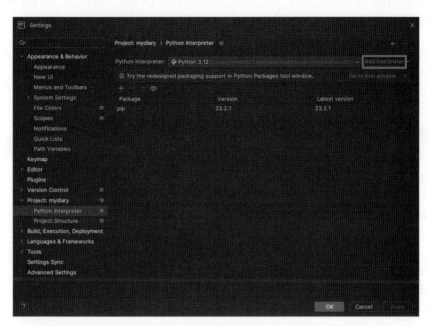

Existing을 선택하고 우측에 있는 [...] 버튼을 클릭한 뒤 가상 환경 경로(C:\venvs\mydiary
\Scripts\)에 위치한 python.exe 파일을 선택한 뒤 OK를 누른다.

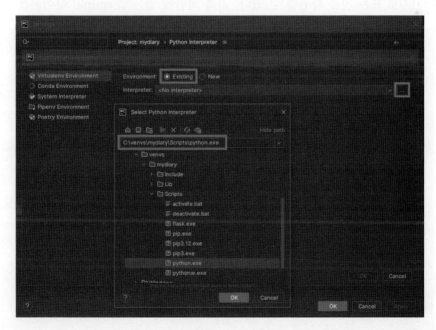

이제 모든 설정이 끝났다. 지금부터는 본격적으로 소스 코드를 작성해 보도록 하겠다.

Hello, world!

컴퓨터를 전공한 사람이라면 누구나 알겠지만 프로그래밍 언어를 배울때 맨 처음으로 다루는 것이 Hello, world!를 출력하는 예제이다. 이를 따르기 위해 Hello, world!를 출력하는 파이썬 소스를 작성해 보도록 하겠다.

C:\workspace\mydiary 경로 아래에 자동으로 생성되어 있는 main.py 파일이 보일 것이다. 그 파일을 지우고 app.py 파일을 생성한 뒤 아래 소스를 그대로 입력한다. Hello, world!를 출력하는 소스이다.

```python
from flask import Flask

app = Flask(__name__)


@app.route('/')
def hello_world():
    return "Hello, world!"
```

소스를 작성했으면 로컬 서버를 구동할 차례이다. 로컬 서버를 구동하면 해당 소스가 브라우저에서 웹 페이지로 뜨는 것을 확인할 수 있다. 좌측 하단에 있는 Terminal 아이콘을 클릭한다.

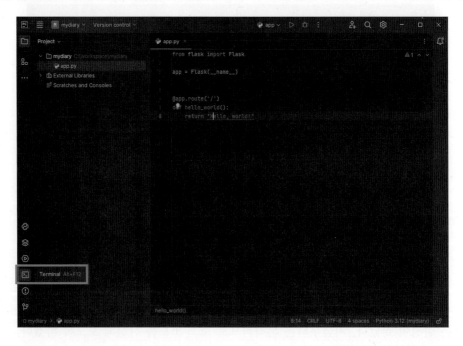

가상 환경에 진입한 채로 터미널이 열린 것이 보일 것이다. 그 상태에서 flask run 명령어를 입력한다.

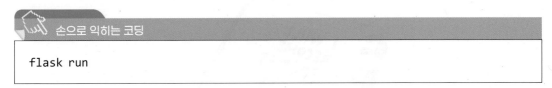

손으로 익히는 코딩

```
flask run
```

(mydiary) PS C:\workspace\mydiary>flask run
 * Debug mode: off
WARNING: This is a development server. Do not use it in a production deployment. Use a production WSGI server instead.
 * Running on http://127.0.0.1:5000
Press CTRL+C to quit

서버가 구동되었다. 이제 [http://127.0.0.1:5000]을 클릭하면 브라우저에서 Hello, world!를 볼 수 있을 것이다.

다이어리 테이블 생성

이제 데이터베이스에 우리가 작성할 다이어리 데이터를 저장할 테이블을 만들어 보자. 대략 아래와 같은 형태가 될 것이다.

날짜	제목	내용
2023-10-10	떡볶이	엽떡은 너무 맵다. 먹는 순간 후회하면서 왜 계속 사 먹게 되는 걸까?
2023-11-11	빼빼로데이	아몬드 빼빼로가 최고다.
2023-12-24	크리스마스 이브	빛이 나는 솔로~

아래 SQL은 위와 같은 형태의 테이블을 생성한다.

손으로 익히는 코딩

```
CREATE TABLE mydiary (
    diary_no     INT    PRIMARY KEY,
    regist_date DATE,
    title       VARCHAR(30),
    content     VARCHAR(4000)
);
```

Clear Comment

diary_no는 PK 역할을 하기 위한 컬럼입니다. 글을 변경하거나 삭제하기 위해서는 해당 글을 유일하게 식별할 수 있는 데이터가 필요합니다.

아래 SQL을 실행하여 샘플 데이터를 생성한다.

```
INSERT INTO mydiary VALUES (1, '2023-10-10', '떡볶이', '엽떡은 너무 맵다. 먹는 순
간 후회하면서 왜 계속 사 먹게 되는 걸까?');
INSERT INTO mydiary VALUES (2, '2023-11-11', '빼빼로데이', '아몬드 빼빼로가 최고다.');
INSERT INTO mydiary VALUES (3, '2023-12-24', '크리스마스 이브', '빛이 나는 솔로~');

COMMIT;
```

아래 SQL을 실행하여 데이터가 제대로 생성되었는지 확인한다.

```
SELECT * FROM mydiary;
```

실행 결과

diary_no	regist_date	title	content
1	2023-10-10	떡볶이	엽떡은 너무 맵다. 먹는 순간 후회하면서 왜 계속 사 먹게 되는 걸까?
2	2023-11-11	빼빼로데이	아몬드 빼빼로가 최고다.
3	2023-12-24	크리스마스 이브	빛이 나는 솔로~

02

다이어리 조회하기

#SELECT #DIARY #MySQL연동 #PyMySQL #pip

여기서는 무얼 배울까

이제 본격적으로 다이어리 사이트를 만들기 위해 우리가 이제까지 사용해 왔던 MySQL을 파이썬 프로그램과 연동시킬 것이다. 여기에서의 목표는 mydiary 테이블에 저장된 데이터를 조회하여 화면에 출력하는 것까지이다. 그렇다면 모두 파이팅!

파이썬과 MySQL 연동

파이썬에서 MySQL을 사용하기 위해 pymysql이라는 라이브러리*를 설치할 것이다. 파이참 터미널에서 아래 명령어를 입력하여 실행시킨다. 여기서 pip란 파이썬으로 만든 라이브러리들을 설치할 수 있게 도와주는 인터페이스라고 생각하면 되겠다.

 손으로 익히는 코딩

```
pip install pymysql
```

```
(mydiary) PS C:\workspace\mydiary> pip install pymysql
Collecting pymysql
  Obtaining dependency information for pymysql from
https://files.pythonhosted.org/packages/e5/30/20467e39523d0cfc2b6227902d3687a16364307260c75e6a1cb4422
b0c62/PyMySQL-1.1.0-py3-none-any.whl.metadata
  Downloading PyMySQL-1.1.0-py3-none-any.whl.metadata (4.4 kB)
Downloading PyMySQL-1.1.0-py3-none-any.whl (44 kB)
                                   ──────── 44.8/44.8 kB 2.3 MB/s eta 0:00:00
Installing collected packages: pymysql
Successfully installed pymysql-1.1.0
```

기초 용어 정리

* **라이브러리:** 프로그래밍에 필요한 기능들이 모듈화된 집합체를 의미

그다음 아래와 같은 형태로 폴더를 생성한다.

```
- mydiary/
  - app/
    - static/
    - templates/
    - __init__.py
```

여기서 __init__.py는 app.py를 Rename한 뒤에 app 폴더 안으로 이동시킨 것이다. 이제 __init__.py 파일의 내용을 다음 소스 코드로 교체한다.

* __init__.py

MySQL을 연동하여 mydiary 테이블을 SELECT하는 소스 코드이다.

손으로 익히는 코딩

```python
from flask import Flask, render_template, abort
import pymysql

app = Flask(__name__)

conn = pymysql.connect(host='localhost', user='root', password='1234',
db='mysql', charset='utf8')
cursor = conn.cursor()

@app.route('/')
def my_diary():
    sql = "SELECT diary_no, regist_date, title, content FROM mydiary"

    cursor.execute(sql)
    data = cursor.fetchall()

    if data:
        return render_template('select_mydiary.html', items=data)
    return abort(404, "no data")
```

소스 코드에 대한 설명을 간략하게 하자면,

```
app = Flask(__name__)
```

플라스크 클래스를 이용하여 app 객체를 만든다.

```
conn = pymysql.connect(host='localhost', user='root', password='1234',
db='mysql', charset='utf8')
```

이 부분이 MySQL과 connection을 맺는 소스 코드인데, 안에 들어가는 인자값에는 각자 본인의 정보를 기입하면 된다.

```
sql = "SELECT diary_no, regist_date, title, content FROM mydiary"
```

그리고 여기에서 sql이라는 변수에 SELECT 쿼리를 작성하여 저장한 뒤에,

```
cursor.execute(sql)
data = cursor.fetchall()
```

해당 sql을 실행하고 결과 데이터를 받아온다.

```
if data:
    return render_template('select_mydiary.html', items=data)
return abort(404, "no data")
```

이 부분은 받아온 데이터를 화면에 뿌려 주는 설정을 하는 소스 코드인데 해당 소스가 정상적으로 동작하게 만들기 위해서는 select_mydiary.html 파일이 필요하다.

다이어리 조회하기

그렇다면 이제부터 select_mydiary.html 파일을 작성해 보도록 하자. select_mydiary.html 을 templates 폴더 내에 생성한다.

```
- mydiary/
  - app/
    - static/
    - templates/
        - select_mydiary.html
    - __init__.py
```

* select_mydiary.html

__init__.py에서 SELECT한 데이터를 화면에 출력하는 HTML* 소스 코드이다.

손으로 익히는 코딩

```html
<!DOCTYPE html>
<html>
<head>
    <meta charset="UTF-8">
    <meta name="viewport" content="width=device-width, initial-scale=1.0">
    <title>SELECT</title>
    <link rel="stylesheet" href="{{ url_for('static', filename='style.css')
}}">
</head>
<body>
<div class="main">
    <section class="content">
        <h1>My Diary</h1>
        <p></p>
    </section>
    <table class="heavyTable">
        <thead>
            <tr>
                <th>DATE</th>
                <th>TITLE</th>
                <th>CONTENT</th>
```

기초 용어 정리

* HTML(Hyper Text Markup Language): 웹 페이지 표현을 위한 개발 언어로, Javascript나 CSS와 함께 사용할 수 있음

```
            </tr>
        </thead>
        <tbody>
            {% for item in items %}
            <tr>
                <td>{{ item[1] }}</td>
                <td>{{ item[2] }}</td>
                <td>{{ item[3] }}</td>
            </tr>
            {% endfor %}
        </tbody>
    </table>
</div>
</body>
</html>
```

비교적 간단한 위 소스에서 가장 중요한 부분은 아래 단락이다.

```
{% for item in items %}
<tr>
    <td>{{ item[1] }}</td>
    <td>{{ item[2] }}</td>
    <td>{{ item[3] }}</td>
</tr>
{% endfor %}
```

이 소스 코드는 앞서 SELECT 쿼리로 가져온 데이터를 items에 담은 뒤 for 문을 이용하여 하나씩 꺼내 화면에 출력하는 구문이다. 여기까지 작성했으면 하단의 터미널 창에서 Ctrl+C를 눌러 서버를 중지시킨 뒤 다시 flask run을 입력하여 서버를 재기동시킨다.

서버가 시작되었으면 이번에는 브라우저 창에 http://127.0.0.1:5000/라고 입력한다.

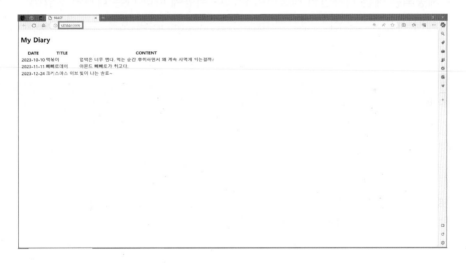

데이터가 웹 브라우저에 출력된 것을 확인할 수 있다. 그런데 왠지 보기에 썩 아름답지가 않다. 이런 경우 CSS*를 활용하여 웹 페이지에 디자인 요소를 가미해 줄 수가 있다. 우리가 전에 작성했던 html 파일을 보면,

---

기초 용어 정리

* CSS(Cascading Style Sheet): HTML에 디자인을 입히는 스타일 언어로, 웹 페이지를 보기 좋게 꾸미는 역할을 담당

```
<link rel="stylesheet" href="{{ url_for('static', filename='style.css')
}}">
```

이런 코드가 보일 것이다. 그럼 이제부터 style.css 파일을 생성하여 다이어리를 꾸며 보도록 하자. static 폴더 내에 style.css 파일을 생성한다.

```
─ mydiary/
  ─ app/
    ─ static/
        ─ style.css
    ─ templates/
      ─ select_mydiary.html
    ─ __init__.py
```

* style.css

select_mydiary.html 파일에 디자인을 입히는 CSS 태그이다. 이 밖에도 구글링을 해 보면 오픈 소스로 제공되는 예쁜 디자인의 템플릿이 많으니 취향에 따라 다른 디자인을 입혀도 좋다. 참고로 이 책에서 사용한 디자인은 코드펜(https://codepen.io)의 오픈 소스를 활용하였으니 관심이 있다면 한번쯤 방문해 보는 것도 좋겠다.

손으로 익히는 코딩

```
* {
  box-sizing: border-box;
}
body {
  background: steelblue;
  font-family: "Open Sans", arial;
}
a:link, a:visited {
  text-decoration: none;
  color: black;
}
table {
  width: 100%;
  max-width: 1200px;
  height: 320px;
  border-collapse: collapse;
```

```css
  border: 1px solid #38678f;
  margin: 50px auto;
  background: white;
}
td{
}
th {
  background: steelblue;
  height: 54px;
  font-weight: lighter;
  text-shadow: 0 1px 0 #38678f;
  color: white;
  border: 1px solid #38678f;
  box-shadow: inset 0px 1px 2px #568ebd;
  transition: all 0.2s;
}
tr {
  border-bottom: 1px solid #cccccc;
}
tr:last-child {
  border-bottom: 0px;
}
td {
  border-right: 1px solid #cccccc;
  padding: 10px;
  transition: all 0.2s;
  text-decoration: none;
}
td:last-child {
  border-right: 0px;
}
td.selected {
  background: #d7e4ef;
  z-index: ;
}
td input {
  font-size: 14px;
  font-family: "Open Sans", arial;
  background: none;
  outline: none;
  border: 0;
```

```
  display: table-cell;
  height: 100%;
  width: 100%;
}
td input:focus {
  box-shadow: 0 1px 0 steelblue;
  color: steelblue;
}
td textarea {
  font-size: 14px;
  font-family: "Open Sans", arial;
  background: none;
  outline: none;
  border: 0;
  display: table-cell;
  height: 100%;
  width: 100%;
  padding-top: 5px;
}
td textarea:focus {
  box-shadow: 0 1px 0 steelblue;
  color: steelblue;
}
::-moz-selection {
  background: steelblue;
  color: white;
}
::selection {
  background: steelblue;
  color: white;
}
.heavyTable {
  box-shadow: 0 10px 30px rgba(0, 0, 0, 0.2);
  animation: float 5s infinite;
}
.main {
  max-width: 1200px;
  padding: 10px;
  margin: auto;
}
.content {
```

```
  color: white;
  text-align: center;
}
.buttonArea {
  color: white;
  text-align: right;
}
.content p,
.content pre,
.content h2 {
  text-align: left;
}
.content pre {
  padding: 1.2em 0 0.5em;
  background: white;
  background: rgba(255, 255, 255, 0.7);
  border: 1px solid rgba(255, 255, 255, 0.9);
  color: #38678f;
}
.buttonArea .decoration {
  margin: auto;
  background: rgba(255, 255, 255, 0.1);
  display: inline-block;
  padding: 1em 1em;
  border-radius: 12em;
  margin-bottom: 2em;
}
.buttonArea .button {
  display: inline-block;
  text-decoration: none;
  color: white;
  height: 48px;
  line-height: 48px;
  padding: 0 20px;
  border-radius: 24px;
  border: 1px solid #38678f;
  background: steelblue;
  box-shadow: 0 1px 0 rgba(255, 255, 255, 0.1), inset 0 1px 3px rgba(255,
  255, 255, 0.2);
  transition: all 0.1s;
  font-size: 15px;
```

```css
    cursor: pointer;
}
.buttonArea .button:hover {
  background: #4f8aba;
  box-shadow: 0 1px 0 rgba(255, 255, 255, 0.1), inset 0 0 10px rgba(255,
  255, 255, 0.1);
}
.buttonArea .button:active {
  color: #294d6b;
  background: #427aa9;
  box-shadow: 0 1px 0 rgba(255, 255, 255, 0.1), inset 0 0 5px rgba(0, 0, 0,
  0.2);
}
.buttonArea .button:focus {
  outline: none;
}
.text_input {
    width: 100%;
    height:100%;
    border:1px #999 solid;
}
.title_box {
    width: 20%;
    font-family: "Open Sans", arial;
}
.content_box {
    width: 80%;
    font-family: "Open Sans", arial;
}
h1 {
  text-shadow: 0 5px 15px rgba(0, 0, 0, 0.1);
  text-align: center;
}
```

이제 브라우저를 새로고침 해 보자.

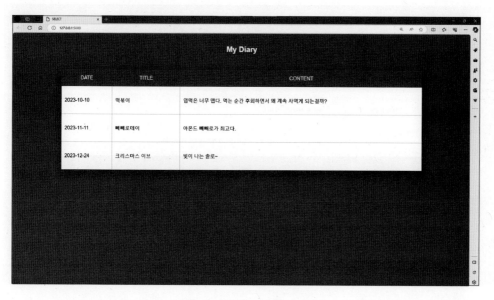

My Diary가 한층 보기 좋아졌다. 그런데 DATE 항목을 살펴보니 날짜의 순서가 과거순으로 정렬되어 있다. 이것도 취향에 따라 갈릴 수는 있겠지만 일반적으로 최신순으로 정렬하는 것이 사용하기 편리하기 때문에 이전에 작성했었던 sql 변수를 살짝 수정하여 변경해 보도록 하겠다. __init__.py 파일의 9번째 라인으로 간다.

```
sql = "SELECT diary_no, regist_date, title, content FROM mydiary"
```

sql 변수에 저장된 SELECT 쿼리에 ORDER BY 구문을 추가하여 데이터가 regist_date를 기준으로 내림차순 정렬이 되도록 변경한다.

```
sql = "SELECT diary_no, regist_date, title, content FROM mydiary ORDER BY
regist_date desc"
```

코드를 수정했으면 플라스크 서버를 재시작하고 브라우저를 새로고침 한다.

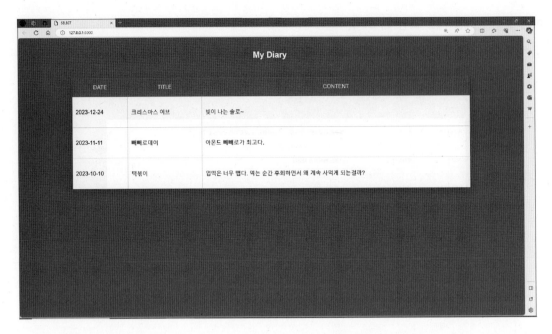

우리가 의도한 대로 데이터가 최신순으로 정렬되어 출력된 것을 확인할 수 있다. 이렇게 해서 SELECT 쿼리를 활용한 데이터 조회 프로그래밍이 모두 끝났다. 굉장히 간단하지 않은가? 혹시 파이썬을 더 공부해 보고 싶은 독자들은 별도로 학습하여 페이징 기능이나 검색 기능 등을 추가해 볼 수도 있으니 추후 활용하는 것도 좋겠다.

03

다이어리 입력하기

✓ 핵심 키워드

#INSERT #VALUE #DIARY

여기서는 무얼 배울까

여기에서는 다이어리에 새로운 글을 입력하는 기능을 구현해 볼 것이다. 데이터를 입력하기 위해서는 INSERT 쿼리를 사용해야 하며, 새로운 글을 입력할 수 있는 페이지도 필요하다. 그럼 지금부터 다이어리 입력하기 기능을 만들어 보도록 하자.

입력 버튼 만들기

우선 기존에 만들어 놓았던 다이어리 조회 페이지에 입력 페이지로 이동하기 위한 버튼을 달아 줄 것이다. select_mydiary.html 소스 파일을 열어 게시글 리스트 위에 버튼을 달아 준다.

* select_mydiary.html

입력 페이지로 이동하기 위한 Diary Write 버튼을 추가한다.

> 손으로 익히는 코딩

```
<!DOCTYPE html>
<html>
<head>
    <meta charset="UTF-8">
    <meta name="viewport" content="width=device-width, initial-scale=1.0">
    <title>SELECT</title>
    <link rel="stylesheet" href="{{ url_for('static', filename='style.css')
    }}">
</head>
<body>
```

```
<div class="main">
    <section class="content">
        <h1>My Diary</h1>
        <p></p>
    </section>
    <section class="buttonArea">
      <div class="decoration">
        <a class="button" href="/insert_mydiary"> Diary Write </a>
      </div>
    </section>
    <table class="heavyTable">
        <thead>
            <tr>
                <th>DATE</th>
                <th>TITLE</th>
                <th>CONTENT</th>
            </tr>
        </thead>
        <tbody>
            {% for item in items %}
            <tr>
                <td>{{ item[1] }}</td>
                <td>{{ item[2] }}</td>
                <td>{{ item[3] }}</td>
            </tr>
            {% endfor %}
        </tbody>
    </table>
</div>
</body>
</html>
```

코드를 수정했으면 플라스크 서버를 재시작하고 브라우저를 새로고침 한다.

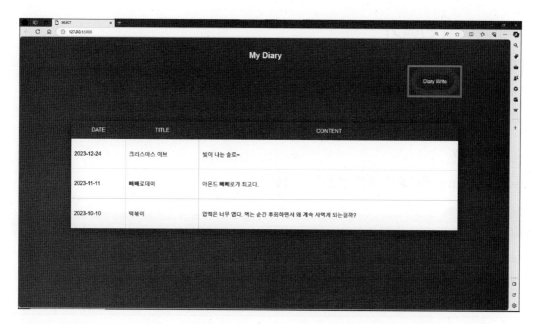

우측 상단에 Diary Write라는 버튼이 생긴 것을 확인할 수 있다. 하지만 아직 입력 페이지를 만들지 않았기 때문에 해당 버튼을 클릭하면 아래와 같은 화면이 나타날 것이다.

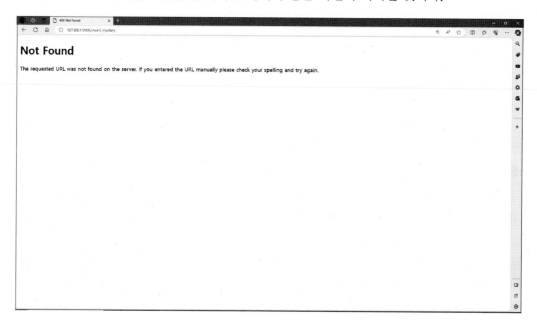

입력 페이지 만들기

이제 새로운 글을 입력할 수 있는 페이지를 만들어 보도록 하자. 먼저 __init__.py 파일을 열고 맨 끝에 아래 구문을 추가해 준다.

* __init__.py

insert_mydiary 페이지에 대한 설정을 추가한다.

 손으로 익히는 코딩

```python
@app.route('/insert_mydiary')
def insert_diary():
    return render_template('insert_mydiary.html')
```

그리고 templates 폴더 내에 insert_mydiary.html 파일을 생성한다.

```
mydiary/
  − app/
    − static/
      − style.css
    − templates/
      − select_mydiary.html
        − insert_mydiary.html
    − __init__.py
```

코·드·소·개

insert_mydiary.html
mydiary에 새로운 title과 content를 입력하기 위한 페이지이다.

손으로 익히는 코딩

```html
<!DOCTYPE html>
<html>
<head>
    <meta charset="UTF-8">
    <meta name="viewport" content="width=device-width, initial-scale=1.0">
    <title>INSERT</title>
    <link rel="stylesheet" href="{{ url_for('static', filename='style.css')
```

```
        }}">
</head>
<body>
<div class="main">
    <section class="content">
        <h1>My Diary</h1>
        <p></p>
    </section>
    <form action="" method="post">
        <section class="buttonArea">
          <div class="decoration">
            <input type="submit" class="button" value="Diary Save">
          </div>
          <div class="decoration">
            <a class="button" href="/"> Diary List </a>
          </div>
        </section>
        <table class="heavyTable">
            <tr>
                <th class="title_box">TITLE</th>
                <td class="content_box"><input type="text" name="title"
                placeholder="Please enter a title." class="text_input"></td>
            </tr>
            <tr>
                <th>CONTENT</th>
                <td style="height:400px"><textarea name="content" placeholder="Please
                enter a content." class="text_input"></textarea></td>
            </tr>
        </table>
    </form>
</div>
</body>
</html>
```

서버를 재시작하고 브라우저를 새로고침 하면 아래와 같은 화면이 나타나는 것을 확인할 수 있다.

위 화면의 Diary List 버튼은 아까 만들어 놓았던 전체 리스트 페이지로의 링크 버튼이고, 우리는 이제 Diary Save 버튼이 동작하도록 만들어 볼 것이다. 그렇다면 Diary Save 버튼을 클릭했을 때 어떤 액션들이 일어나야 할지 생각해 보자. 화면에 입력한 TITLE과 CONTENT의 내용을 SQL을 활용하여 데이터베이스에 있는 mydiary 테이블에 저장을 해야 전체 리스트 페이지에서 SELECT를 했을 때 해당 내용이 보이게 될 것이다. 이를 위해서는 SQL의 insert 구문을 활용해야 한다. 우선 TITLE과 CONTENT의 내용을 임시로 담아 놓기 위해 15번째 라인의 form action 부분에 {{ url_for('insert_event') }}라고 입력한다.

* insert_mydiary.html

다이어리에 입력한 내용들을 데이터베이스에 담기 위한 페이지를 설정한다.

손으로 익히는 코딩

```
<!DOCTYPE html>
<html>
<head>
    <meta charset="UTF-8">
    <meta name="viewport" content="width=device-width, initial-scale=1.0">
```

```html
    <title>INSERT</title>
    <link rel="stylesheet" href="{{ url_for('static', filename='style.css') }}">
</head>
<body>
<div class="main">
    <section class="content">
        <h1>My Diary</h1>
        <p></p>
    </section>
    <form action="{{ url_for('insert_event') }}" method="post">
        <section class="buttonArea">
          <div class="decoration">
            <input type="submit" class="button" value="Diary Save">
          </div>
          <div class="decoration">
            <a class="button" href="/"> Diary List </a>
          </div>
        </section>
        <table class="heavyTable">
          <tr>
              <th class="title_box">TITLE</th>
              <td class="content_box"><input type="text" name="title"
              placeholder="Please enter a title." class="text_input"></td>
          </tr>
          <tr>
              <th>CONTENT</th>
              <td style="height:400px"><textarea name="content" placeholder="Please
              enter a content." class="text_input"></textarea></td>
          </tr>
        </table>
    </form>
</div>
</body>
</html>
```

18번째 라인에 Diary Save 버튼의 input type이 submit으로 되어 있는 것이 보일 것이다. form action은 이 submit 버튼을 눌렀을 때 이동할 페이지의 url을 의미하고, 이제부터는 insert_event에 해당하는 기능을 구현하면 된다. 다시 __init__.py 소스 파일로 이동하여 다음 단락을 추가해 보자.

* __init__.py

다이어리에 입력한 내용들을 데이터베이스에 담기 위한 페이지인 insert_event의 기능을 구현한다.

```python
from flask import Flask, render_template, abort
import pymysql

app = Flask(__name__)

conn = pymysql.connect(host='localhost', user='root', password='1234',
db='mysql', charset='utf8')
cursor = conn.cursor()

@app.route('/')
def my_diary():
    sql = ("SELECT diary_no, regist_date, title, content "
            "FROM mydiary ORDER BY regist_date DESC")

    cursor.execute(sql)
    data = cursor.fetchall()

    if data:
        return render_template('select_mydiary.html', items=data)
    return abort(404, "no data")

@app.route('/insert_mydiary')
def insert_diary():
    return render_template('insert_mydiary.html')

@app.route('/insert_event', methods=('POST',))
def insert_event():
    title = request.form['title']
    content = request.form['content']

    sql = "SELECT COALESCE(MAX(diary_no),0)+1 AS diary_no FROM mydiary"

    cursor.execute(sql)
    diary_no = cursor.fetchone()[0]

    sql = "INSERT INTO mydiary VALUES ({0}, NOW(), '{1}', '{2}')"
```

```
    cursor.execute(sql.format(diary_no, title, content))
    conn.commit()

    return my_diary()
```

여기까지 추가하면 request 부분에 빨간색으로 밑줄이 생길 것이다. request를 사용하기 위해
필요한 라이브러리가 import되지 않아서 생기는 현상이다. 여기에 마우스 커서를 올려놓으면
아래와 같은 창이 생기는 것을 볼 수가 있는데 import this name을 클릭하여 필요한 라이브러
리를 추가해 준다.

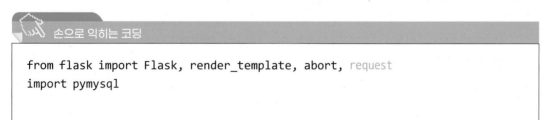

* __init__.py

다이어리에 입력한 내용들을 가져오기 위한 request 라이브러리가 추가되었다.

손으로 익히는 코딩

```
from flask import Flask, render_template, abort, request
import pymysql
```

```python
app = Flask(__name__)

conn = pymysql.connect(host='localhost', user='root', password='1234',
db='mysql', charset='utf8')
cursor = conn.cursor()


@app.route('/')
def my_diary():
    sql = "SELECT diary_no, regist_date, title, content FROM mydiary ORDER
BY regist_date DESC"

    cursor.execute(sql)
    data = cursor.fetchall()

    if data:
        return render_template('select_mydiary.html', items=data)
    return abort(404, "no data")


@app.route('/insert_mydiary')
def insert_diary():
    return render_template('insert_mydiary.html')


@app.route('/insert_event', methods=('POST',))
def insert_event():
    title = request.form['title']
    content = request.form['content']

    sql = "SELECT COALESCE(MAX(diary_no),0)+1 AS diary_no FROM mydiary"

    cursor.execute(sql)
    diary_no = cursor.fetchone()[0]

    sql = "INSERT INTO mydiary VALUES ({0}, NOW(), '{1}', '{2}')"

    cursor.execute(sql.format(diary_no, title, content))
    conn.commit()

    return my_diary()
```

insert_event 부분을 보면 request를 이용하여 title과 content에 해당하는 내용을 가져오는데, 여기서 title과 content는 insert_mydiary.html 소스 파일의 form 태그 내부에서 해당 name을 가진 항목들을 찾는 거라고 이해하면 된다.

```html
<table class="heavy_table">
    <tr>
        <th class="title_box">TITLE</th>
        <td class="content_box"><input type="text" name="title" placeholder="Please enter a title." class="text_input"></td>
    </tr>
    <tr>
        <th>CONTENT</th>
        <td style="height:400px"><textarea name="content" placeholder="Please enter a content." class="text_input"></textarea></td>
    </tr>
</table>
```

그리고 아래 구문은 mydiary 테이블에 저장할 diary_no를 지정하기 위한 쿼리 구문인데

```python
sql = "SELECT COALESCE(MAX(diary_no),0)+1 as diary_no FROM mydiary"
```

MAX 함수를 이용하여 기존에 저장된 diary_no 중에 가장 큰 수를 찾은 다음 거기에 1을 더한 값을 새로 저장할 데이터의 diary_no로 지정한다. COALESCE 함수는 기존 저장된 데이터가 하나도 없는 경우를 대비하여 적용한 것으로, 그런 경우 MAX(diary_no)가 NULL 값이 되기 때문에 0으로 대체되어 diary_no가 1로 지정된다. 아래 구문은 드디어 데이터를 mydiary 테이블에 집어넣는 쿼리 구문이다.

```python
sql = "INSERT INTO mydiary VALUES ({0}, NOW(), '{1}', '{2}')"

cursor.execute(sql.format(diary_no, title, content))
conn.commit()
```

{0}, '{1}', '{2}'에는 sql.format 안에 설정된 diary_no, title, content가 각각 파라미터로 들어가게 되고 title과 content는 varchar 타입이므로 작은따옴표로 감싸 주었다. 여기서 주의해야할 점은 파라미터의 순서를 정확하게 맞춰 주어야 한다는 것과 INSERT 구문을 수행했으니 conn.commit() 하는 것을 잊지 말아야 한다는 것이다. 이제 플라스크 서버를 재시작하고 다이어리에 새로운 내용을 입력해 보자.

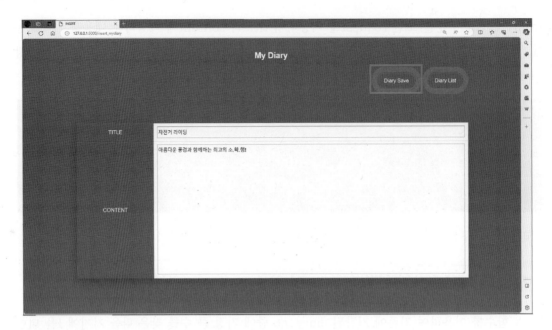

내용을 입력하고 Diary Save 버튼을 클릭한다.

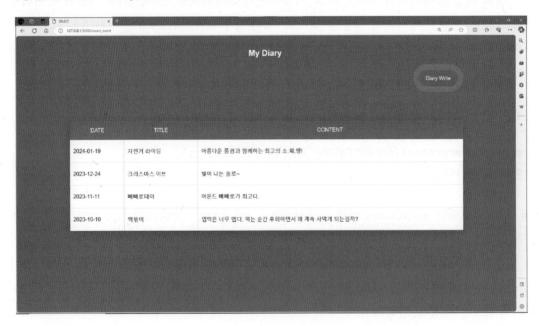

맨 윗줄에 방금 입력한 내용이 출력된 것을 확인할 수 있다.

04

다이어리 수정하기

✓핵심 키워드

#UPDATE #SET #DIARY

여기서는 무얼 배울까

여기에서는 다이어리에 입력한 글을 수정하는 기능을 구현해 볼 것이다. 데이터를 수정하기 위해서는 UPDATE 쿼리를 사용해야 하며 입력한 글을 수정할 수 있는 페이지도 필요하다. 지금부터 다이어리 수정하기 기능을 만들어 보도록 하자.

수정 링크 만들기

우선 기존에 만들어 놓았던 다이어리 조회 페이지에 수정 페이지로 이동하기 위한 링크를 추가할 것이다. select_mydiary.html 소스 파일을 열어 클릭 이벤트를 추가해 준다.

* select_mydiary.html

각 TITLE을 클릭했을 때 해당 글의 수정 페이지로 이동하도록 링크를 달아 준다.

손으로 익히는 코딩

```
<!DOCTYPE html>
<html>
<head>
    <meta charset="UTF-8">
    <meta name="viewport" content="width=device-width, initial-scale=1.0">
    <title>SELECT</title>
    <link rel="stylesheet" href="{{ url_for('static', filename='style.css') }}">
</head>
<body>
<div class="main">
```

```html
        <section class="content">
            <h1>My Diary</h1>
            <p></p>
        </section>
        <section class="buttonArea">
          <div class="decoration">
            <a class="button" href="/insert_mydiary"> Diary Write </a>
          </div>
        </section>
        <table class="heavyTable">
            <thead>
                <tr>
                    <th>DATE</th>
                    <th>TITLE</th>
                    <th>CONTENT</th>
                </tr>
            </thead>
            <tbody>
                {% for item in items %}
                <tr>
                    <td>{{ item[1] }}</td>
                    <td><a href="{{ url_for('update_diary', diary_no=item[0]) }}">{{
                    item[2] }}</a></td>
                    <td>{{ item[3] }}</td>
                </tr>
                {% endfor %}
            </tbody>
        </table>
    </div>
    </body>
    </html>
```

이 상태로 서버를 재시작하고 브라우저를 새로고침 하면 에러가 발생하게 되는데 update_diary 페이지가 아직 생성되지 않았기 때문이다. 이제 update_diary 페이지를 생성해 보도록 하자.

수정 페이지 만들기

기존 글을 수정할 수 있는 페이지를 만들어 보도록 하자. 먼저 __init__.py 파일을 열고 맨 끝에 아래 구문을 추가한다.

* __init__.py

insert_mydiary 페이지에 대한 설정을 추가한다.

```python
@app.route('/update_diary/<int:diary_no>', methods=('GET', 'POST'))
def update_diary(diary_no):
    sql = "SELECT diary_no, title, content FROM mydiary WHERE diary_no={0}"

    cursor.execute(sql.format(diary_no))
    data = cursor.fetchone()

    if data:
        return render_template('update_mydiary.html', item=data)
    return abort(404, "no data")
```

/update_diary/ 다음에 〈int:diary_no〉가 오는 것을 볼 수 있는데, 이는 선택한 글에 대한 수정 작업을 하겠다는 의미로 파라미터라고 부른다. 수정을 하기 위해 일단 아래 쿼리를 이용하여 해당 글의 기존 내용을 불러온다.

```python
sql = "SELECT diary_no, title, content FROM mydiary where diary_no={0}"
```

그리고 앞서 보았던 구문과 마찬가지로 {0}에는 sql.format 안에 설정된 diary_no가 파라미터로 들어가게 된다. 이제 templates 폴더 내에 update_mydiary.html 파일을 생성해 보도록 하자.

```
- mydiary/
  - app/
    - static/
      - style.css
    - templates/
      - select_mydiary.html
      - insert_mydiary.html
        - update_mydiary.html
    - __init__.py
```

* update_mydiary.html

mydiary에 입력해 놓았던 데이터를 변경하기 위한 페이지이다.

```html
<!DOCTYPE html>
<html>
<head>
    <meta charset="UTF-8">
    <meta name="viewport" content="width=device-width, initial-scale=1.0">
    <title>UPDATE</title>
    <link rel="stylesheet" href="{{ url_for('static', filename='style.css') }}">
</head>
<body>
<div class="main">
    <section class="content">
        <h1>My Diary</h1>
        <p></p>
    </section>
    <form action="" method="post">
        <input type="hidden" name="diary_no" value="{{ item[0] }}">
        <section class="buttonArea">
          <div class="decoration">
            <input type="submit" class="button" value="Update">
          </div>
          <div class="decoration">
            <a class="button" href="/"> Diary List </a>
          </div>
        </section>
        <table class="heavyTable">
          <tr>
            <th class="title_box">TITLE</th>
            <td class="content_box"><input type="text" name="title"
            value="{{ item[1] }}" class="text_input"></td>
          <tr>
          </tr>
            <th>CONTENT</th>
            <td style="height:400px"><textarea name="content" class="text_
            input">{{ item[2] }}</textarea></td>
          </tr>
        </table>
```

```
        </form>
    </div>
    </body>
    </html>
```

여기까지 했으면 서버를 재시작한 뒤 리스트 페이지에서 TITLE에 해당하는 글을 클릭해 보자.

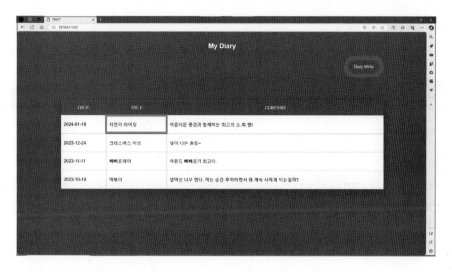

클릭 후 아래와 같은 화면으로 이동하게 되는데 여기서 url을 보면 /update_diary/ 다음에 변경할 글의 diary_no인 4가 표시된 것을 볼 수 있다.

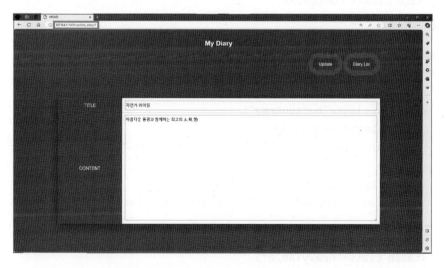

현재 상태에서는 Diary List 버튼을 클릭하면 리스트 페이지로 이동하지만 Update 버튼을 클릭하면 아무런 액션이 일어나지 않는다. 지금부터는 다이어리의 내용을 변경하고 Update 버튼을 눌렀을 때 데이터베이스의 데이터가 변경되어 저장되도록 기능을 구현해 보도록 하겠다. 우선 데이터 입력 기능을 구현했을 때와 마찬가지로 Update 버튼을 클릭했을 때 어떤 액션들이 일어나야 할지 생각해 보자. 화면에 변경해 놓은 TITLE과 CONTENT의 내용을 SQL을 활용하여 데이터베이스에 있는 mydiary 테이블에 반영해야 한다. 이를 위해서는 SQL의 update 구문을 활용해야 한다. 우선 TITLE과 CONTENT의 변경된 내용을 임시로 담아 놓기 위해 15번째 라인의 form action 부분에 {{ url_for('update_event') }}라고 입력한다.

* update_mydiary.html

다이어리에 변경한 내용들을 데이터베이스에 담기 위한 페이지를 설정한다.

손으로 익히는 코딩

```
<!DOCTYPE html>
<html>
<head>
    <meta charset="UTF-8">
    <meta name="viewport" content="width=device-width, initial-scale=1.0">
    <title>UPDATE</title>
    <link rel="stylesheet" href="{{ url_for('static', filename='style.css') }}">
</head>
<body>
<div class="main">
    <section class="content">
        <h1>My Diary</h1>
        <p></p>
    </section>
    <form action="{{ url_for('update_event') }}" method="post">
        <input type="hidden" name="diary_no" value="{{ item[0] }}">
        <section class="buttonArea">
          <div class="decoration">
            <input type="submit" class="button" value="Update">
          </div>
          <div class="decoration">
            <a class="button" href="/"> Diary List </a>
          </div>
        </section>
        <table class="heavyTable">
            <tr>
                <th class="title_box">TITLE</th>
                <td class="content_box"><input type="text" name="title"
```

```
                     value="{{ item[1] }}" class="text_input"></td>
             <tr>
             </tr>
                 <th>CONTENT</th>
                 <td style="height:400px"><textarea name="content"
                 class="text_input">{{ item[2] }}</textarea></td>
             </tr>
         </table>
     </form>
 </div>
 </body>
 </html>
```

16번째 라인을 보면 diary_no가 input type이 hidden으로 되어 있는 것이 보일 것이다. 실제로 페이지에 노출되진 않지만 어떤 데이터를 업데이트할지에 대한 조건을 주기 위한 용도로 필요하기 때문에 명시해 놓았다.

그리고 19번째 라인을 보면 Update 버튼의 input type이 submit으로 되어 있는데 이 버튼을 누르면 form action에 설정된 url로 이동한다고 보면 된다. 이제부터 update_event에 해당하는 기능을 구현하기 위해 다시 __init__.py 소스 파일로 이동하여 아래 단락을 추가해 보자.

* __init__.py

다이어리에 변경한 내용들을 데이터베이스에 반영하기 위한 페이지인 update_event의 기능을 구현한다.

손으로 익히는 코딩

```python
from flask import Flask, render_template, abort, request
import pymysql

app = Flask(__name__)
```

```python
conn = pymysql.connect(host='localhost', user='root', password='1234',
db='mysql', charset='utf8')
cursor = conn.cursor()

@app.route('/')
def my_diary():
    sql = ("SELECT diary_no, regist_date, title, content "
           "FROM mydiary ORDER BY regist_date desc")

    cursor.execute(sql)
    data = cursor.fetchall()

    if data:
        return render_template('select_mydiary.html', items=data)
    return abort(404, "no data")

@app.route('/insert_mydiary')
def insert_diary():
    return render_template('insert_mydiary.html')

@app.route('/insert_event', methods=('POST',))
def insert_event():
    title = request.form['title']
    content = request.form['content']

    sql = "SELECT COALESCE(MAX(diary_no),0)+1 as diary_no FROM mydiary"

    cursor.execute(sql)
    diary_no = cursor.fetchone()[0]

    sql = "INSERT INTO mydiary VALUES ({0}, NOW(), '{1}', '{2}')"

    cursor.execute(sql.format(diary_no, title, content))
    conn.commit()

    return my_diary()

@app.route('/update_diary/<int:diary_no>', methods=('GET', 'POST'))
def update_diary(diary_no):
    sql = "SELECT diary_no, title, content FROM mydiary where diary_no={0}"
```

```
        cursor.execute(sql.format(diary_no))
        data = cursor.fetchone()

        if data:
            return render_template('update_mydiary.html', item=data)
        return abort(404, "no data")

@app.route('/update_event', methods=('POST',))
def update_event():
    diary_no = request.form['diary_no']
    title = request.form['title']
    content = request.form['content']

    sql = "UPDATE mydiary SET title = '{0}', content = '{1}' WHERE diary_no = {2}"

    cursor.execute(sql.format(title, content, diary_no))
    conn.commit()

    return my_diary()
```

update_event 부분을 보면 request를 이용하여 diary_no와 title, content에 해당하는 내용을 가져오는데 여기서 diary_no와 title, content는 update_mydiary.html 소스 파일의 form 태그 내부에서 해당 name을 가진 항목들을 찾는 것이라고 이해하면 된다.

```html
<form action="{{ url_for('update_event') }}" method="post">
    <input type="hidden" name="diary_no" value="{{ item[0] }}">
    <section class="buttonArea">
        <div class="decoration">
            <input type="submit" class="button" value="Update">
        </div>
        <div class="decoration">
            <a class="button" href="/"> Diary List </a>
        </div>
    </section>
    <table class="heavyTable">
        <tr>
            <th class="title_box">TITLE</th>
            <td class="content_box"><input type="text" name="title" value="{{ item[1] }}" class="text_input"></td>
        </tr>
        <tr>
            <th>CONTENT</th>
            <td style="height:400px"><textarea name="content" class="text_input">{{ item[2] }}</textarea></td>
        </tr>
    </table>
</form>
```

그리고 아래 구문은 mydiary 테이블에서 diary_no에 해당하는 데이터를 변경하는 쿼리 구문이다.

```
sql = "UPDATE mydiary SET title = '{0}', content = '{1}' WHERE diary_no = {2}"

cursor.execute(sql.format(title, content, diary_no))
conn.commit()
```

'{0}', '{1}', {2}에는 sql.format 안에 설정된 title, content, diary_no가 각각 파라미터로 들어가게 되고 title과 content는 varchar 타입이므로 작은따옴표로 감싸 주었다. 여기서 주의해야 할 점은 파라미터의 순서를 정확하게 맞춰 주어야 한다는 것과 UPDATE 구문을 수행했으니 conn.commit() 하는 것을 잊지 말아야 한다는 것이다. 이제 플라스크 서버를 재시작하고 다이어리 내용을 변경해 보자.

내용을 변경하고 Update 버튼을 클릭한다.

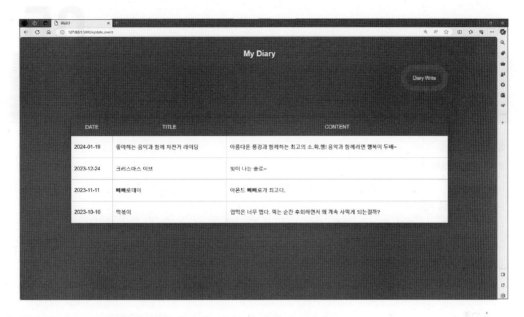

맨 윗줄에 방금 변경한 내용이 반영된 것을 확인할 수 있다.

05

다이어리 삭제하기

#DELETE #DIARY

여기서는 무얼 배울까

여기에서는 다이어리에 입력한 글을 삭제하는 기능을 구현해 볼 것이다. 데이터를 삭제하기 위해서는 DELETE 쿼리를 사용해야 하며, 입력이나 수정과는 다르게 별도의 페이지는 없어도 무방하다. 지금부터 다이어리 삭제하기 기능을 만들어 보도록 하자.

삭제 버튼 만들기

앞서 만들어 놓았던 다이어리 수정 페이지의 Update 버튼 옆에 삭제 버튼을 만들어 볼 것이다. update_mydiary.html 소스 파일에서 아래 구문을 추가해 준다.

* update_mydiary.html

데이터를 삭제하기 위한 Delete 버튼을 추가한다.

손으로 익히는 코딩

```html
<!DOCTYPE html>
<html>
<head>
    <meta charset="UTF-8">
    <meta name="viewport" content="width=device-width, initial-scale=1.0">
    <title>UPDATE</title>
    <link rel="stylesheet" href="{{ url_for('static', filename='style.css')
    }}">
</head>
<body>
```

```
<div class="main">
    <section class="content">
        <h1>My Diary</h1>
        <p></p>
    </section>
    <form action="{{ url_for('update_event') }}" method="post">
        <input type="hidden" name="diary_no" value="{{ item[0] }}">
        <section class="buttonArea">
          <div class="decoration">
             <a class="button" href=""> Delete </a>
          </div>
          <div class="decoration">
            <input type="submit" class="button" value="Update">
          </div>
          <div class="decoration">
            <a class="button" href="/"> Diary List </a>
          </div>
        </section>
        <table class="heavyTable">
            <tr>
                <th class="title_box">TITLE</th>
                <td class="content_box"><input type="text" name="title"
                value="{{ item[1] }}" class="text_input"></td>
            </tr>
            <tr>
                <th>CONTENT</th>
                <td style="height:400px"><textarea name="content"
                class="text_input">{{ item[2] }}</textarea></td>
            </tr>
        </table>
    </form>
</div>
</body>
</html>
```

코드를 수정했으면 플라스크 서버를 재시작하고 브라우저를 새로고침 한 뒤 업데이트 페이지로
이동해 본다.

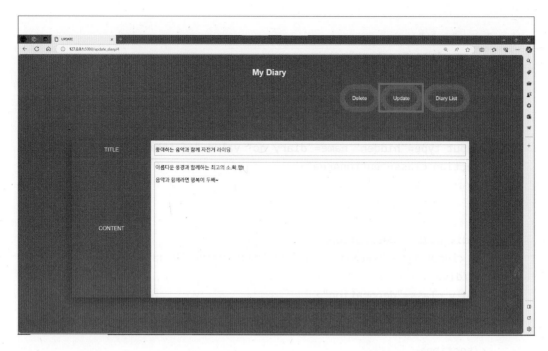

상단에 위치한 Update 버튼 왼쪽에 Delete 버튼이 생긴 것을 확인할 수 있다. 하지만 현재 상태에서 이 버튼을 클릭하면 아무런 액션이 일어나지 않는다. 지금부터는 Delete 버튼을 눌렀을 때데이터베이스의 데이터가 삭제되도록 기능을 구현해 보도록 하겠다. 데이터를 삭제하기 위해서는 SQL의 delete 구문을 활용해야 하고 어떤 diary_no의 글을 삭제할 것인지에 대한 정보도 가지고 있어야 한다. 이제 19번째 라인에 Delete 버튼을 눌렀을 때 이동할 url을 추가하고 해당url의 기능을 구현해 보자.

* update_mydiary.html

다이어리에 저장한 내용을 삭제하기 위한 페이지를 설정한다.

손으로 익히는 코딩

```
<!DOCTYPE html>
<html>
<head>
    <meta charset="UTF-8">
    <meta name="viewport" content="width=device-width, initial-scale=1.0">
    <title>UPDATE</title>
    <link rel="stylesheet" href="{{ url_for('static', filename='style.css') }}">
</head>
```

```html
<body>
<div class="main">
    <section class="content">
        <h1>My Diary</h1>
        <p></p>
    </section>
    <form action="{{ url_for('update_event') }}" method="post">
        <input type="hidden" name="diary_no" value="{{ item[0] }}">
        <section class="buttonArea">
          <div class="decoration">
             <a class="button" href="{{ url_for('delete_event', diary_no=item[0])
             }}"> Delete </a>
          </div>
          <div class="decoration">
            <input type="submit" class="button" value="Update">
          </div>
          <div class="decoration">
            <a class="button" href="/"> Diary List </a>
          </div>
        </section>
        <table class="heavyTable">
          <tr>
              <th class="title_box">TITLE</th>
              <td class="content_box"><input type="text" name="title"
              value="{{ item[1] }}" class="text_input"></td>
          </tr>
          <tr>
              <th>CONTENT</th>
              <td style="height:400px"><textarea name="content"
              class="text_input">{{ item[2] }}</textarea></td>
          </tr>
        </table>
    </form>
</div>
</body>
</html>
```

이 상태로 서버를 재시작하고 브라우저를 새로고침 하면 에러가 발생하게 되는데 delete_event
가 아직 생성되지 않았기 때문이다. 그럼 이제 delete_event를 구현해 보도록 하자.

삭제 기능 만들기

이제 기존 글을 삭제할 수 있는 기능을 만들어 보도록 하자. 먼저 __init__.py 파일을 열고 맨 끝에 아래 구문을 추가해 준다.

* __init__.py

delete_event 기능을 추가한다.

손으로 익히는 코딩

```
@app.route('/delete_event/<int:diary_no>')
def delete_event(diary_no):
    sql = "DELETE FROM mydiary WHERE diary_no = {0}"

    cursor.execute(sql.format(diary_no))
    conn.commit()

    return my_diary()
```

/delete_event/ 다음에 〈int:diary_no〉가 오는 것을 볼 수 있는데, 이는 선택한 글에 대한 수정 작업을 하겠다는 의미로 파라미터라고 부른다. 아래 구문을 보면 해당하는 diary_no의 글만 삭제하는 것을 알 수 있다.

```
sql = "DELETE FROM mydiary WHERE diary_no = {0}"

cursor.execute(sql.format(diary_no))
```

그리고 아래 구문을 활용하여 insert, update 쿼리와 마찬가지로 commit하는 것도 잊지 말아야 한다.

```
conn.commit()
```

이제 서버를 재시작하고 원하는 글을 삭제해 보도록 하자.

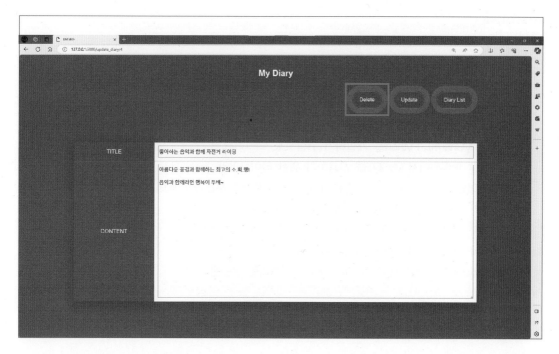

Delete 버튼을 누르는 순간 데이터베이스에서 해당 글이 삭제되고 리스트 페이지에 출력이 되지 않는 것을 확인할 수 있다.

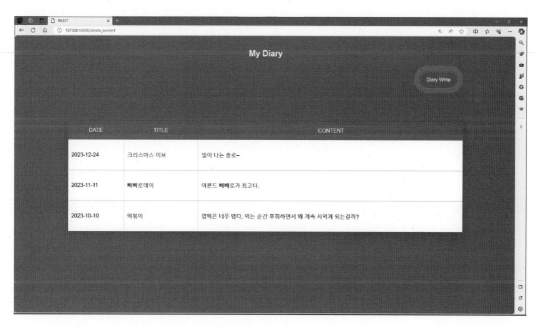

- SQL은 어떤 프로그래밍 언어와도 연동할 수 있는 매우 유연하고 광범위한 언어이다.
- 파이썬(Python): 비교적 간결하고 쉬운 문법으로 이루어져 있으며 데이터 분석이나 AI 인공지능 분야에서 많이 활용
- 플라스크(Flask): 가볍고 이해하기 쉬운 파이썬 웹 프레임 워크
- 파이참(PyCharm): Python을 개발하기 위한 IDE
- pymysql: 파이썬에서 MySQL을 사용하기 위한 라이브러리
- pip: 파이썬으로 만든 라이브러리를 설치할 수 있게 도와주는 인터페이스
- 다이어리 조회기능을 구현하기 위해 SELECT 쿼리를 활용한다.
- 다이어리 입력기능을 구현하기 위해 INSERT 쿼리를 활용한다.
- 다이어리 수정기능을 구현하기 위해 UPDATE 쿼리를 활용한다.
- 다이어리 삭제기능을 구현하기 위해 DELETE 쿼리를 활용한다.

memo

memo

memo

더 멋진 내일(Tomorrow)을 위한 내일(My Career)